Die

Reichsversicherungsordnung

Handausgabe

mit

gemeinverständlichen Erläuterungen

von

Dr. Manes
Professor
Dozent der
Handelshochschule Berlin

Dr. Mentzel
Regierungs-Rat
Mitglied des
Reichsversicherungsamts

Dr. Schulz
Regierungs-Rat
Mitglied des
Reichsversicherungsamts

Vierter Band

Die Invaliden- und Hinterbliebenen-
Versicherung

Leipzig
G. J. Göschen'sche Verlagshandlung
1912

Die Invaliden- und Hinterbliebenen-Versicherung

Erläutert

von

Regierungsrat Dr. Mentzel
Ständigem Mitglied des Reichsversicherungsamts

Leipzig
G. J. Göschen'sche Verlagshandlung
1912

Inhalt

Abkürzungen:

a. a. O.	= am angeführten Ort.
Abs.	= Absatz.
a. E.	= am Ende.
A. N.	= Amtliche Nachrichten des Reichsversicherungsamts.
Anl.	= Anleitung des RVA. betreffend den Kreis der versicherten Personen.
Anm.	= Anmerkung.
Art.	= Artikel.
AV.	= Altersversicherung.
Ausf.-Ges.	= Ausführungsgesetz.
Bd.	= Band.
Begr.	= Begründung des Entwurfs der Reichsversicherungsordnung.
Bek.	= Bekanntmachung.
Besch.	= Bescheid oder Beschluß (in A. N.).
BRB.	= Bundesratsbeschluß.
betr.	= betreffend.
BG. (n)	= Berufsgenossenschaft (en).
BGB.	= Bürgerliches Gesetzbuch.
BUVG.	= Bau-Unfallversicherungsgesetz v. 30. 6. 1900.
Einf.-Ges.	= Einführungsgesetz zur Reichsversicherungsordnung.
Entsch.	= Entscheidung.
forstw.	= forstwirtschaftlich.
G. oder Ges.	= Gesetz.
Gen.	= Genossenschaft
Gew. O.	= Gewerbe-Ordnung.
GVG.	= Gerichtsverfassungsgesetz.
GUVG.	= Gewerbeunfallversicherungsgesetz v. . . .
HG.	= Hauptgesetz, d. i. Gesetz betr. die Abänderung der Unfallversicherungsgesetze v. 30. 6. 1900.
HGB.	= Handelsgesetzbuch.
Handbuch	= Handbuch der Unfallversicherung. III. Aufl.
HKG.	= Hilfskassengesetz.
HV.	= Hinterbliebenenversicherung.
I. u. AV.	= Invaliden- und Altersversicherung.
I. u. HV.	= Invaliden- u. Hinterbliebenenversicherung.
KK.	= Krankenkasse.
IV.	= Invalidenversicherung.
IVG.	= Invalidenversicherungsgesetz.

Kom. Ber.	= Bericht der 16. Kommision über den Entwurf einer Reichsversicherungsordnung.
KVG.	= Krankenversicherungsgesetz v. 15. 6. 1883, 10. 4. 1892, 30. 6. 1900, 25. 5. 1903.
KV.	= Krankenversicherung.
landw.	= landwirtschaftlich.
LUVG.	= landwirtschaftliches Unfallversicherungsgesetz v. 30. 6. 1900.
LV. Amt (er)	= Landesversicherungsamt (-ämter).
LV. Anst.	= Landesversicherungsanstalt.
Nr.	= Nummer.
OVA.	= Oberversicherungsamt.
R. Anz.	= Reichsanzeiger.
Rek. Entsch.	= Rekursentscheidung.
Rev. Entsch.	= Revisionsentscheidung.
RG.	= Reichsgericht.
RGBl.	= Reichsgesetzblatt.
RVA.	= Reichsversicherungsamt.
RVO.	= Reichsversicherungsordnung.
S.	= Seite.
Sch. V.	= Verordnung betr. Verfahren vor d. Schiedsgerichten für Arbeiterversicherung vom 22. 11. 1900.
SUVG.	= See-Unfallversicherungsgesetz v. 30. 6. 1900.
Sten. Ber.	= Stenographischer Bericht über die Verhandlungen des Reichstags 12. Legislatur-Periode II. Session 1909/1911.
StGB.	= Strafgesetzbuch.
u.	= und.
usw.	= und so weiter.
UVBeh.	= Untere Verwaltungs-Behörde.
U. Verh.	= Unfallverhütung.
U. V.	= Unfallversicherung.
UVG.	= Unfallversicherungsgesetz vom 6. 7. 1884.
v.	= vom.
V. v. 19. 10. 00.	= Verordnung betr. den Geschäftsgang und das Verfahren des RVA. v. 19. 10. 1900.
V. Amt	= Versicherungsamt.
V. Anst.	= Versicherungsanstalt.
vgl.	= vergleiche.
Z.	= Ziffer.
z. B.	= Zum Beispiel.
Z. B.	= Zentralblatt ür das Deutsche Reich.
ZPO.	= Zivilprozeßordnung.

Die Anordnung dieser Ausgabe, deren Bände I bis IV vorliegen und einzeln käuflich sind, ist folgende:

Band I: Die für alle Versicherungszweige geltenden Vorschriften der Reichsversicherungsordnung (1., 5. und 6. Buch) nebst Einleitung und Einführungsgesetz.

Band II: Die Krankenversicherung.

Band III: Die Unfallversicherung.

Band IV: Die Invaliden- und Hinterbliebenenversicherung.

Ergänzungsband: Die zur Reichsversicherungsordnung ergangenen Gesetze, Verordnungen und sonstigen offiziellen Bekanntmachungen (erscheint Mitte 1912).

Vorwort.

Diese Ausgabe der Reichsversicherungsordnung (RVO.) einschließlich ihres Einführungsgesetzes (Einf.-Ges.) und aller zu ihr ergehenden Gesetze, Verordnungen und sonstigen offiziellen Bekanntmachungen, will in bequemer und praktischer Form eine für das Studium und die Handhabung der neuen Kodifikation geeignete Grundlage bieten. Sie möchte zwischen Textausgabe und Kommentar eine Mittelstellung einnehmen: dem Juristen will sie das wichtigste der Gesetzesmaterialien und der bisher ergangenen aber auch noch künftig geltenden Rechtsprechung bieten, dem Nichtjuristen durch gemeinverständliche Erläuterungen die Tragweite und den Zusammenhang der gesetzlichen Bestimmungen klarmachen, beide aber auch auf die wirtschaftliche Bedeutung der Reichsversicherungsgesetzgebung hinweisen.

In die Bearbeitung des ganzen Stoffes haben sich die Verfasser in folgender Weise geteilt:

1. Buch . . . . Manes
2. Buch . . . . Manes
3. Buch . . . . Schulz
4. Buch . . . . Mentzel
5. Buch . . . . Mentzel
6. Buch . . . . Schulz

Jeder Verfasser hat auch die einschlägigen Teile des Einführungsgesetzes erläutert. Bei Bearbeitung des 1. und 2. Buches hat sich Herr Regierungsassessor Dr. Sitzler umfassend beteiligt.

Der Wunsch der Verfasser ist es, daß diese Ausgabe sich insbesondere brauchbar erweisen möge einerseits für den Studenten der Universitäten wie der Handelshochschulen, andrerseits für den Industriellen und den Kaufmann.

Berlin, im September 1911.

Die Verfasser.

Viertes Buch.

Invaliden- und Hinterbliebenenversicherung.

Einleitung.

Außer der Versicherung gegen Krankheit und Unfall bestand bisher nur noch eine Versicherung gegen Invalidität und Alter, eingeführt durch das Gesetz, betreffend die Invaliditäts- und Altersversicherung, vom 22. Juni 1889 (RGBl. S. 97), dem alsbald zur Abänderung des § 157 das Gesetz vom 8. Juni 1891 (RGBl. S. 337) — wie das erstere mit Wirkung vom 1. Januar 1891 — folgte. Das Gesetz vom 22. Juni 1889 ist beherrscht von dem Grundsatze des Versicherungszwangs, dem es alle gegen Barlohn beschäftigten Personen der Arbeiterklasse und die Betriebsbeamten sowie die nicht in Apotheken beschäftigten Handlungsgehilfen und -Lehrlinge mit einem 2000 M. nicht übersteigenden Jahresarbeitsverdienst unterwarf. Es führte ferner die Selbstversicherung ein für kleine Betriebsunternehmer und Hausgewerbtreibende, sofern der Bundesrat von seiner Befugnis, sie für versicherungspflichtig zu erklären, keinen Gebrauch machte, und gestattete die freiwillige Fortsetzung und Erneuerung der Versicherung für solche Personen, die aus dem Versicherungsverhältnis ausschieden. Den Gegenstand der Versicherung bildete der Anspruch auf Invalidenrente, auf Altersrente sowie auf Beitragserstattung in Heirats- und Todesfällen. Voraussetzung dieser Ansprüche bildete die Zurücklegung einer Wartezeit und die Erhaltung der Anwartschaft, bei der Altersrente auch die Vollendung des 70. Lebensjahres. Die Renten bestanden aus einem von der V. Anst. aufzubringenden Betrag und aus einem festen Reichszuschusse. Die V. Anst. fand ihre Deckung in den von den Arbeitgebern und Versicherten in gleicher Höhe aufzubringenden Wochenbeiträgen, deren Höhe nach 4 verschiedenen Lohnklassen abgestuft war. Die Erhebung der Beiträge erfolgte nach dem sog. Markensystem. Danach hatte jede V. Anst. für jede Lohnklasse Marken mit der Bezeichnung ihres Geldwerts auszugeben, die durch Einkleben in Quittungskarten zu verwenden waren. Zu Trägern der Versicherung bestellte das Gesetz die V. Anstalten mit Vorstand und Ausschuß als Organen. Daneben konnten besondere Kasseneinrichtungen zur selbständigen Durchführung der Versicherung ihrer Mitglieder zugelassen werden.

An die Stelle der Gesetze vom 22. Juni 1889 und 8. Juni 1891 trat am 1. Januar 1900 das Invalidenversicherungsgesetz vom 13. Juli 1899 (RGBl. S. 393), welches an den oben dargelegten Grundzügen der Invaliditäts- und Altersversicherung nichts änderte. Die Ausgestaltung der Versicherung im Einzelnen erfuhr allerdings vielfache, und zum Teil einschneidende Änderungen. Hierhin gehören insbesondere die Vorschriften über die Ausdehnung der Versicherungspflicht und der Beitragserstattung, die anderweite Bemessung der Wartezeiten für die Ansprüche aus der Versicherung, sowie der Anwartschaftsfristen, die Einführung einer neuen (der 5.) Lohnklasse, die anderweite Berechnung der Renten, der Vermögensausgleich unter den V. Anstalten, die fakultative Zulassung von Rentenstellen u. a. m.

Auch die Reichsversicherungsordnung hat die bewährten Grundlagen des Invaliditäts- und Altersversicherungsgesetzes unangetastet gelassen und sich — abgesehen von dem anderweiten Aufbau in organisatorischer Beziehung — hinsichtlich der Invaliditäts- und Altersversicherung auf eine weitere Ausgestaltung der bisherigen Gesetze beschränkt. So ist die Versicherungspflicht auf Gehilfen und Lehrlinge in Apotheken sowie auf Bühnen- und Orchestermitglieder ohne Rücksicht auf den Kunstwert ihrer Leistungen ausgedehnt worden (§ 1226). Auch § 1228 dehnt die Versicherungspflicht über die bisherigen Grenzen aus. Ferner sind die Vorschriften über Befreiung von der Versicherungspflicht (§§ 1232 ff.) teilweise geändert worden, desgleichen über Lohnklassenzugehörigkeit (§ 1246), Gewährung von Krankenrente (§ 1255 Abs. 3), Heilverfahren (§ 1274), Berechnung des Grundbetrags der Invalidenrente (§ 1288), Ruhen der Rente und Kapitalabfindung (§§ 1311 ff), Satzung der V. Anst. (§ 1338), Vermögensverwaltung der V. Anst. (§ 1356), Höhe der Beiträge (§ 1392), Gemein- und Sonderlast (§§ 1395 ff), Verteilung und Erstattung der Versicherungsleistungen (§§ 1403 ff), Beitragsverfahren (insbesondere §§ 1444 bis 1446), Beitragsstreitigkeiten (§ 1459) und Überwachung (§§ 1465 ff).

Der Versicherung gegen Invalidität und Alter hat die RVO. aber durch die Einführung der Hinterbliebenenversicherung einen neuen Versicherungszweig hinzugefügt. Dieser bildet mit der bisherigen Versicherung gegen Alter und Invalidität eine einheitliche Einrichtung. Die Mittel zu ihrer Durchführung werden in erster Linie durch Beiträge der Arbeitgeber und Arbeitnehmer aufgebracht, welche für beide Versicherungszweige einheitlich sind und deshalb gegenüber den Beiträgen des IVG. eine Erhöhung erfahren mußten. Eine weitere Erhöhung wurde für die drei höchsten Klassen durch die im § 1291 durch Kom.-Beschluß eingeführte Kinderzuschußrente festgesetzt (§ 1392). An der Beitragsleistung für beide Versicherungen sind Arbeitgeber und Versicherte in gleicher Höhe beteiligt (§ 1387 Abs. 2). Zu den Kosten werden die unverheirateten Versicherten in gleicher Weise wie die verheirateten herangezogen. Das Beitragsverfahren und das Lohnklassensystem des IVG. sind beibehalten worden. Zu den Beiträgen treten ebenso wie bei der Invalidenversicherung, aber in verschiedener

Höhe, die Zuschüsse des Reichs für die Hinterbliebenenversicherung (§ 1285).

Eine besondere Wartezeit für die Hinterbliebenenversicherung besteht nicht. Vielmehr gilt die für den Anspruch auf Invalidenrente vorgeschriebene Wartezeit der Versicherten selbst auch für die Ansprüche ihrer Hinterbliebenen. Beim Witwengeld und der Waisenaussteuer muß außerdem die Witwe für sich die Wartezeit erfüllt haben (§ 1252).

Um zu verhüten, daß die Wirksamkeit der neuen Versicherung erst in verhältnismäßig später Zeit eintritt — was der Fall wäre, wenn die Wartezeit nur durch Beitragswochen aus der Zeit nach Eintritt der neuen Versicherung nachgewiesen werden könnte — sind bezüglich der Wartezeit für eine Übergangszeit erleichternde Vorschriften erlassen worden (vgl. Art. 68, 70 Einf.-Ges., vgl. auch Anm. zu §§ 1252, 1278). Für die Bemessung der Hinterbliebenenbezüge gilt die Übergangsbestimmung des Art. 69 Einf.-Ges. (vgl. Anm. zu § 1292).

Die Leistungen der Hinterbliebenenversicherung bestehen in Witwen-, Witwer- und Waisenrenten, Witwengeld und Waisenaussteuer (§§ 1258 ff). Über die Höhe dieser Leistungen vgl. §§ 1292, 1294 bis 1297 in Verbindung mit § 1285 (Reichszuschuß).

Ihrem Umfange nach gilt die neue Fürsorge für die Hinterbliebenen aller Personen, welche der Invalidenversicherung — sei es auf Grund der Versicherungspflicht (§ 1226 ff.), sei es auf Grund der Selbstversicherung (§ 1243) oder der Weiterversicherung (§ 1244), angehören. Der Entwurf erwartet von ihrer Einführung, daß die freiwillige Versicherung mehr als bisher Anklang finden werde.

Die Hinterbliebenenversicherung tritt mit sämtlichen Vorschriften des IV. Buches und mit den zu ihrer Durchführung erforderlichen anderen Vorschriften der RVO. am 1. Januar 1912 in Kraft. (Art. 2 Einf.-Ges.). Sie bezieht sich aber nicht auf die Hinterbliebenen solcher Versicherten, die am 1. Januar 1912 bereits verstorben waren oder zwar erst später verstorben sind, aber an dem genannten Tage dauernd erwerbsunfähig waren und die Erwerbsfähigkeit nicht wiedererlangt haben (Art. 71 Abs. 1, 2 Einf.-Ges.).

Infolge der Einführung der Hinterbliebenenversicherung sind die Ansprüche auf Beitragserstattung, wie sie die §§ 42 bis 44 IVG. vorsahen, beseitigt worden. Inwieweit den bis 1. Januar 1912 bereits entstandenen Erstattungsansprüchen noch Folge zu geben ist, bestimmen die Artikel 75 bis 78 Einf.-Ges.

Infolge der Neugestaltung der Versicherungsbehörden sind die Rentenstellen (§§ 79 ff. IVG.) in Fortfall gekommen.

Neu eingeführt ist die freiwillige Zusatzversicherung (§§ 1472 ff.); diese dient nur zur Erhöhung der Invalidenrente, gilt aber nicht für die Alters- und Hinterbliebenenversicherung.

Das 4. Buch und die zu seiner Durchführung erforderlichen anderen Vorschriften der RVO. treten, soweit das Einf.-Ges. nichts andres vorschreibt, am 1. Januar 1912 an die Stelle der entsprechenden Vorschriften des IVG. (Art. 2, 5 Einf.-Ges.); die übrigen Vorschriften des IVG. bleiben vorläufig noch in Geltung. Das gilt insbesondere von den Vorschriften des IVG. über das Verhältnis der IV. zur KV. und UV. (§ 15 Abs. 2, Satz 2, § 18 Abs. 3, §§ 19, 21, 23, § 47 Abs. 2, Satz 2, § 113). Denn die entsprechenden Vorschriften der RVO. befinden sich nicht im 4., sondern im 5. Buche (vgl. §§ 1518 bis 1526). Sie sind auch nicht den zur Durchführung des 4. Buches erforderlichen anderen Vorschriften dere RVO. zuzurechnen, da hierzu nur solche gehören können, die am 1. Januar 1912 Gesetzeskraft erlangen. Das ist aber bei den fraglichen Vorschriften ausgeschlossen, da sie das Bestehen der KV. und UV. nach der RVO. voraussetzen, und die Vorschriften der RVO. über diese Versicherungszweige erst später in Kraft treten (§ 4 Abs. 1 Einf.-Ges.). Wohl aber werden die Vorschriften des 1. u. 6. Buches der RVO.

— soweit sie sich auf die Invaliden- und Hinterbliebenenversicherung beziehen — mit der Maßgabe am 1. Januar 1912 Geltung erlangen, daß, bevor V. Ämter und OV. Ämter errichtet sind, die im Art. 7 Einf.-Ges. bestimmten Behörden vorläufig an ihre Stelle treten. Im einzelnen werden sich Zweifel ergeben. Diese müssen durch die Rechtsprechung beseitigt werden. Gegebenenfalls hat der Bundesrat gemäß Art. 100 Einf.-Ges. Abhülfe zu schaffen. Dies wird z. B. im Falle des § 1246 Abs. 2, Nr. 1 RVO. zu geschehen haben, da das bisherige KVG. Grundlöhne, wie sie die §§ 180, 181 RVO. vorsehen, nicht kannte, und diese Grundlöhne erst durch die noch zu beschließenden Satzungen der nach dem 2. Buch zu errichtenden Krankenkassen bestimmt werden können. Ebenso wird der Ortslohn (§§ 149 ff., 1246 Abs. 2, Nr. 3 a. a. O. und auch die Beziehung der Hinterbl.-Vers. zur KV. u. UV. nach Art. 100 Einf.-Ges. vorläufig zu regeln sein.

Welche große Bedeutung für das deutsche Volks- und Wirtschaftsleben die Invaliden- und Hinterbliebenenversicherung hat, mögen folgende, nur die Hauptpunkte berücksichtigenden Zahlen veranschaulichen:

Nach den für die finanzielle Begründung des Entwurfs zur RVO. benutzten Unterlagen erstreckt sich die Invalidenversicherung in ihrem bisherigen Umfang für den 1. Januar 1910 auf etwa 14 844 822 Personen. Infolge der Einführung der Hinterbliebenenversicherung kommen bei überhaupt 774 480 Arbeiterwitwen, von denen 406 789 erwerbstätig und 367 691 nicht erwerbstätig sind, für den Bezug der Witwenrente zunächst etwa 174 564 Witwen und für den Bezug von Waisenrenten etwa 1 057 700 Waisen in Betracht. Die Kinderzuschußrente wird für zunächst etwa 89 000 Kinder festzusetzen sein (vgl. § 1291).

Nach dem Geschäftsberichte des RVA. für das Jahr 1910 (A. N. 1911, S. 221 ff.) sind auf Grund der Invalidenversicherung seit deren Bestehen bis zum

Schlusse des Jahres 1910 von den 41 Versicherungsträgern Entschädigungen im Betrage von 1 871 606 656 M. gezahlt worden. Am 1. Januar 1911 liefen überhaupt 1 034 060 Renten, darunter 918 760 Dauerrenten, 16 965 Krankenrenten und 98 335 Altersrenten. Das Vermögen der Versicherungsträger belief sich bis Ende 1910 auf etwa 1660 Millionen Mark. Was die Nutzbarmachung dieses Vermögens für das allgemeine Volkswohl anlangt, so waren in eigenen gemeinnützigen Veranstaltungen der Versicherungsträger (Krankenhäusern, Heilanstalten, Lungenheilstätten, Erholungs- und Genesungsheimen, Invalidenhäusern usw.) gegen 60 Millionen Mark angelegt. Ferner waren zur Förderung des Arbeiterwohnungswesens etwa 320 Millionen Mark, zur Befriedigung des landwirtschaftlichen Kreditbedürfnisses (für Bodenverbesserung, Wegebau, Hebung der Viehzucht, Linderung der Futternot usw.) gegen 110 Millionen Mark, für den Bau von Kranken- und Genesungshäusern, Volksheilstätten, Invaliden- und Erholungsheimen, Siechenhäusern, sowie für Kranken- und Invalidenpflege überhaupt gegen 97 Millionen M., zur Förderung der öffentlichen Gesundheitspflege, insbesondere zum Bau von Volksbädern, Wasserleitungen, Kanalisationen usw. über 152 Millionen Mark, für Hebung der Volksbildung über 82 Millionen Mark und für sonstige Wohlfahrtszwecke gegen 116 Millionen Mark ausgeliehen worden. Der Gesamtbetrag der von den Versicherungsträgern für gemeinnützige Zwecke überhaupt bis zum Ende des Jahres 1910 aufgewendeten Mittel belief sich auf 936 987 928 M. —

Nach der „Nachweisung der Geschäfts- und Rechnungsergebnisse der auf Grund des IVG. errichteten V.Anstalten und zugelassenen Kasseneinrichtungen für das Jahr 1909“ (A. N. 1911, S. 166 ff.) haben die 41 Träger der Invalidenversicherung im Jahre 1909 aus Beiträgen eine Einnahme von 188 438 472 M. gehabt. Für Renten wurden insgesamt 106 765 227 M., für Heilverfahren 19 346 186 M. und für Invalidenhauspflege 613 375 M.

gezahlt. Im Jahre 1909 betrug der Zugang an Invalidenrenten 116 294 im Jahresbetrage von 20 328 091 M., an Krankenrenten 12 884 im Jahresbetrage von 2 243 779 M. und an Altersrenten 11 036 im Jahresbetrage von 1 805 263 M.

Die Höhe der jährlichen durch Reichszuschuß und Beiträge aufzubringenden Kosten der Hinterbliebenenversicherung ist in der finanziellen Begründung zum Entwurfe der RVO. auf 66 564 940 M. angenommen worden. Dazu kommen die jährlichen Kosten der Kinderzuschußrenten mit etwa 12,8 Millionen Mk., an denen das Reich nicht beteiligt ist. Die Kosten der freiwilligen Zusatzversicherung tragen die Versicherten allein.

Erster Abschnitt.

Umfang der Versicherung.

I. Versicherungspflicht.

Personenkreis im Allgemeinen.

§ 1226. Für den Fall der Invalidität und des Alters sowie zu Gunsten der Hinterbliebenen werden vom vollendeten sechzehnten Lebensjahr an versichert

1. Arbeiter, Gehilfen, Gesellen, Lehrlinge, Dienstboten,
2. Betriebsbeamte, Werkmeister und andere Angestellte in ähnlich gehobener Stellung, sämtlich, wenn diese Beschäftigung ihren Hauptberuf bildet,
3. Handlungsgehilfen und -lehrlinge, Gehilfen und Lehrlinge in Apotheken,
4. Bühnen- und Orchestermitglieder ohne Rücksicht auf den Kunstwert der Leistungen,
5. Lehrer und Erzieher,
6. die Schiffsbesatzung deutscher Seefahrzeuge und die Besatzung von Fahrzeugen der Binnenschiffahrt.

Voraussetzung der Versicherung ist für alle diese Personen, daß sie gegen Entgelt (§ 160) beschäftigt werden, für die unter Nr. 2 bis 5 Bezeichneten sowie für Schiffer außerdem, daß nicht ihr regelmäßiger Jahresarbeitsverdienst zweitausend Mark an Entgelt übersteigt.

Vgl. § 1 IVG.

Der Gesetzgeber hat die Versicherungskreise des II. und IV. Buches so gleichmäßig wie möglich zu gestalten gesucht und dabei die Invalidenversicherung zugrunde gelegt. Demzufolge deckt sich der Kreis der nach § 1226 Abs. 1 dem Versicherungszwang unterworfenen Personen fast genau mit dem Personenkreise, welcher gemäß § 165 Abs. 1 Nr. 1 bis 5 und Nr. 7 gegen Krankheit versichert ist. Auch § 1226 Abs. 2 stimmt im wesentlichen mit § 165 Abs. 2 überein. Ferner läßt sich eine Übereinstimmung des § 1232 mit dem § 168, des § 1234 mit dem § 169, des § 1235 mit dem § 172 Nr. 1 bis 3 bezüglich der ohne Antrag eintretenden Befreiungen von der Versicherungspflicht feststellen.

Allerdings ließ sich keine völlige Gleichheit der für die beiden Versicherungsgebiete in Betracht kommenden Personenkreise erzielen. So besteht die Krankenversicherung auch für Personen, welche das 16. Lebensjahr — die Altersgrenze für den Einritt in die Invaliden- und Hinterbliebenenversicherung — noch nicht vollendet haben und bezieht sich kraft Gesetzes auf alle Hausgewerbtreibenden, während diese nach § 1229 nur durch Beschluß des Bundesrats in die Invaliden- und Hinterbliebenenversicherung einbezogen werden können. Ferner geht § 1226 Abs. 1, Nr. 6 weiter als § 165 Abs. 1, Nr. 7, weil hier alle diejenigen zur Schiffsbesatzung deutscher Seefahrzeuge gehörenden Personen auszunehmen waren, für welche im Erkrankungsfalle durch die Vorschriften der Seemannsordnung oder des HGB. bereits anderweit gesorgt ist. Während nach § 165 Abs. 2 Lehrlinge ganz unbeschränkt der Krankenversicherung unterliegen, sind sie nach § 1226 Abs. 2 nur versicherungspflichtig, wenn sie gegen Entgelt beschäftigt sind. Sehr wesentlich ist der Unterschied zwischen der Kranken- und der Invaliden- pp. Versicherung, der darin besteht, daß eine Beschäftigung, die nur gegen freien Unterhalt stattfindet, gemäß § 1227 versicherungsfrei ist, während das Entgelt, gegen das auch nach der Krankenversicherung — abgesehen von den Lehrlingen — die versicherungspflichtige Beschäftigung stattfinden muß, sich nach § 160 bestimmt und außer Bargeld auch Sach- und andere Bezüge ohne Unterschied umfaßt. —

Vor allem aber kommt in Betracht, daß für die im § 1226 Abs. 1, Nr. 2 bis 5 genannten Personen sowie für Schiffer die Versicherungspflicht nur bei einem Jahresarbeitsverdienst von nicht mehr als 2000 M. besteht, während die Krankenversicherungspflicht nach § 165 Abs. 2 für dieselben Personen erst bei einem Jahresarbeitsverdienst von mehr als 2500 M. endigt. Nach dem Entwurf waren 2000 M. die Grenze für die Versicherungspflicht der genannten Personen in beiden Versicherungszweigen.

Auch bezüglich der auf Antrag eintretenden Befreiung von der Versicherungspflicht bestehen in den beiden Versicherungszweigen Unterschiede. So ist sie in weiterem Umfange bei der I. u. HV. vorgesehen in den §§ 1237, 1238, 1242 Nr. 2, umgekehrt bei der KV. in den §§ 172 Nr. 4, 173, 174. Noch größere Unterschiede gelten für die Versicherungsberechtigung auf beiden Gebieten (vgl. § 1243 mit § 176).

Der Kreis der der Invaliden- und Hinterbliebenenversicherung unterstellten Personen hat sich gegenüber dem IVG. nicht erheblich verändert (vgl. S. 24), sodaß die Grundsätze, welche das RVA. über Versicherungspflicht und Versicherungsrecht nach dem IVG. aufgestellt hat, auch für die Auslegung der §§ 1226 ff. von Bedeutung sind (vgl. darüber die Anleitung des RVA.s, betr. den Kreis der nach dem IVG. versicherten Personen, vom 6. Dezbr. 1905 — A. N. 1905, S. 613 ff., welche im Folgenden, da eine neue Anleitung noch nicht erschienen, benutzt worden ist). — Die neue Anleitung, die sich auf die Krankenversicherung miterstrecken wird, soll im Ergänzungsbande abgedruckt werden.

Der Beginn der Versicherungspflicht ist der erste Tag des 17. Lebensjahres. Eine Befreiung von der Versicherungspflicht wegen Vollendung des 70. Lebensjahres (§ 6 Abs. 1 IVG.) findet nicht mehr statt (vgl. Anm. zu § 1237). Das Lebensalter spielt aber im IV. Buche noch insofern eine Rolle, als für den Eintritt in die Selbstversicherung (§ 1243) die Altersgrenze von 40 Jahren, für die Altersrente diejenige von 70 Jahren vorgeschrieben ist, die Waisenrenten (§§ 1259, 1261, 1262) nur bis zum vollendeten 15. Lebensjahre gewährt und die Waisenaussteuern bei Vollendung des 15. Lebensjahrs fällig werden.

Das Geschlecht ist auf die Versicherung ohne Einfluß. Auch der Familienstand ist grundsätzlich ohne Bedeutung. Indessen ist ein Arbeitsverhältnis unter Ehegatten — entsprechend der bisherigen Rechtsübung des RVA.s — nach der ausdrücklichen Vorschrift des § 159 ausgeschlossen. Zwischen Verwandten ist dagegen ein die Versicherungspflicht oder die Versicherungsberechtigung begründendes Arbeitsverhältnis möglich. Unter nahen Verwandten bedarf es aber stets einer genauen

Prüfung, ob ein wirkliches Arbeitsverhältnis und nicht nur ein familienhaftes Gemeinschaftsleben mit beiderseitiger unverbindlicher Hülfeleistung vorliegt. So ist ein Arbeitsverhältnis der Tochter zum Vater angenommen in der Rev. Entsch. 1512 (A. N. 1910, S. 647) und in dem Beschl. 1489 (A. N. 1910, S. 532); in ersterem Falle begründete es die Versicherungspflicht, in letzterem das Recht zur Selbstversicherung. Dagegen ist in dem Beschl. 1505 (A. N. 1910, S. 582) zwischen Adoptivvater und Adoptivsohn und im Beschl. 1529 (A. N. 1910, S. 659) zwischen Schwester und Bruder ein Arbeitsverhältnis verneint worden.

Die Versicherungspflicht ist von der Staatsangehörigkeit unabhängig. Sie erstreckt sich daher auch auf die im Inlande beschäftigten Ausländer; s. jedoch § 1233.

Nur freie Personen können versicherungspflichtig sein. Nicht dagegen Strafgefangene, Korrigenden u. dgl. (Anl. Ziff. 18 d; sie können sich aber weiterversichern (§ 1244).

In räumlicher Beziehung endigt der Versicherungszwang an den Grenzen der inländischen Staatsgewalt. Arbeiter, die im Auslande wohnen, aber im Inlande beschäftigt sind, unterliegen daher der Versicherungspflicht. Ebenso die im Inlande tätigen Arbeiter eines ausländischen Betriebs. Fremde Kriegsschiffe und unter der Flagge ihres Staatsoberhauptes fahrende fremde Seeschiffe gelten allerdings auch beim Aufenthalt in deutschen Häfen nach völkerrechtlichen Grundsätzen nicht als Inland (Rev. Entsch. 587, A. N. 1897, S. 380). Auf andere fremde Seeschiffe in deutschen Häfen und Gewässern erstreckt sich die deutsche Versicherung nach § 1226 Abs. 1, Nr. 6 wenigstens insoweit, als es sich um nicht zur Schiffsbesatzung gehörige Personen handelt, während die Besatzung von Fahrzeugen der Binnenschiffahrt schlechthin der Versicherungspflicht unterliegt. Deutsche Seefahrzeuge werden nach § 1226 Abs. 1, Nr. 6 auch beim Aufenthalt im Auslande als zum Inlande gehörig anzusehen sein. Die deutschen Schutzgebiete gelten im allgemeinen als Ausland; siehe jedoch § 1254 Abs. 2 letzter Satz, § 1315. Die außerhalb der Grenzen der inländischen Staatsgewalt beschäftigten Personen unterliegen grundsätzlich nicht der Versicherungspflicht, gleichgültig, ob sie Inländer oder Ausländer sind, und ob sie bei Inländern oder Ausländern beschäftigt sind. Dabei kann freilich eine Tätigkeit im Auslande sich als Teil, Zubehör oder unselbständige Ausstrahlung eines inländischen Betriebs darstellen und insofern einer Beschäftigung im Inlande gleichzuachten sein. Darüber, daß auch hiervon abgesehen Deutsche im Auslande versichert sein können, vgl. § 1228. Über freiw. Versicherung im Ausland vgl. S. 47, 48.

Wegen der Zulässigkeit von Vereinbarungen mit anderen Staaten über die Anwendung der nach der RVO. oder dem ausländischen Rechte geltenden Fürsorgevorschriften auf die zeitweise im Ausland beschäftigten Versicherten, über eine von der RVO. abweichende Regelung der Versicherung von Ausländern sowie über die gegenseitige Unterstützung bei der Durchführung solcher Vereinbarungen und die Anwendung eines Vergeltungsrechts vgl. §§ 157, 158.

In zeitlicher Beziehung ist zu bemerken, daß die Vorschriften über Versicherungspflicht mit dem gesamten IV. Buch am 1. Jan. 1912 an die Stelle des IVG. treten (Art. 2, 5 Einf.-Ges.). Soweit darin eine Ausdehnung (§ 1226 Abs. 1, Nr. 3, 4) oder Einschränkung (Nr. 2) der Versicherungspflicht enthalten ist, findet eine Rückwirkung auf die Zeit vor dem 1. Jan. 1912 nicht statt. Hiervon abgesehen werden aber Ansprüche auf Invaliden- und Altersrenten, über die am 1. Jan. 1912 das Feststellungsverfahren noch schwebt, nach den Vorschriften der RVO. beurteilt, wenn diese für die Berechtigten günstiger ist (Art. 79 Einf.-Ges.; vgl. auch § 1696).

Die Versicherungspflicht ist kraft Gesetzes ausgeschlossen für Personen, welche eine reichsgesetzliche Invaliden- oder Hinterbliebenenrente beziehen oder invalide sind (§ 1236) und für eine Reihe von Personen, die anderweit sichergestellt sind, oder für die aus anderen Gründen ein Bedürfnis zur Versicherung nicht besteht (§ 1234, 1235); in den Fällen der §§ 1232, 1237, 1238, 1239, 1242 kann sie ausgeschlossen werden.

In begrifflicher Beziehung setzt die Versicherungspflicht zwar nicht, wie bei der Unfallversicherung, die Zugehörigkeit zu einem bestimmten Betriebe, wohl aber ein bestimmtes, mit persönlicher und wirtschaftlicher Abhängigkeit verbundenes entgeltliches Beschäftigungsverhältnis voraus.

Ausnahmsweise kommt auch die Versicherungspflicht selbständiger Personen in Betracht, und zwar bei den Lehrern und Erziehern, wo sie bei einem Jahresarbeitsverdienst unter 2000 Mk. kraft Gesetzes besteht, und bei den im § 1229 erwähnten Gewerbtreibenden, auf die sie durch den Bundesrat erstreckt werden kann.

Die Frage, ob die zur Begründung der Versicherungspflicht erforderliche persönliche und wirtschaftliche Abhängigkeit vorliegt, ist nicht nach rein zivilrechtlichen und formellen, sondern hauptsächlich nach tatsächlichen und wirtschaftlichen Gesichtspunkten zu entscheiden. Auf den Abschluß eines sog. Dienst- oder Arbeitsvertrages kommt es daher nicht an. Die äußerliche Gestaltung eines Beschäftigungsverhältnisses läßt häufig seine wirkliche Natur nicht erkennen. Wer über gewisse Betriebsmittel verfügt, ständige Betriebseinrichtungen besitzt, regelmäßig gelohnte Hilfskräfte beschäftigt, einen wesentlichen Teil seiner Arbeitskraft und Arbeitszeit auf die Leitung und Beaufsichtigung verwendet, nicht sowohl Einzelleistungen zu verrichten, als vielmehr einen Arbeitserfolg zu vertreten hat, Arbeitszeit und Arbeitsfolge nach eigenem Ermessen regelt, für eine Mehrzahl von Auftraggebern tätig ist, die Arbeit nicht persönlich auszuführen braucht, aus seiner Tätigkeit einen Gewinn erzielt, der über den üblichen Verdienst eines Arbeiters seiner Berufsgruppe hinausgeht, Gewerbe- und Einkommensteuer zahlt, wird regelmäßig als selbständig anzusehen sein. Natürlich brauchen nicht alle diese Merkmale zusammenzutreffen, um eine solche Annahme zu rechtfertigen. Sie sind auch nicht erschöpfend und können bei der Vielgestaltigkeit des wirtschaftlichen Lebens nicht erschöpfend sein, sollen vielmehr nur einen Anhalt geben. Merkmale der Unselbständigkeit sind: Verrichtung gewöhnlicher, eine besondere Ausbildung nicht erfordernder Handarbeiten, Regelung der Arbeitszeit und Überwachung der Arbeitsausführung durch den Auftraggeber, Tätigkeit an der Betriebsstätte oder in der Behausung des Auftraggebers und dergl.

Treffen Merkmale der einen und der andern Art zusammen, so ist zu prüfen, welchen die überwiegende Bedeutung zukommt. Unselbständig sind meist die sog. Akkordanten. Arbeitgeber der von den Akkordanten angenommenen Hülfskräfte sind die Auftraggeber der Akkordanten.

Auch eine sonst selbständige Person kann in unselbständiger und deshalb versicherungspflichtiger Beschäftigung stehen; vgl. jedoch § 1239. Ebenso kann unter Umständen eine an einem Unternehmen als Mitunternehmer beteiligte Person in demselben Unternehmen als Arbeitnehmer tätig sein, so z. B. der Gewerke als Häuer im Betriebe seiner Gewerkschaft.

Die Art der Tätigkeit ist für die Frage der Versicherungspflicht insofern von Bedeutung, als nach der Absicht des Gesetzgebers Personen mit einer mehr wissenschaftlichen oder sonstigen höheren geistigen Tätigkeit dem Versicherungszwange nicht unterstellt werden sollten. Namentlich gilt dies für Personen, die mit einer auf Hochschulen erworbenen Vorbildung ausgerüstet eine selbständige wissenschaftliche oder gleichwertige Tätigkeit entfalten, ohne zu materieller, lediglich ausführender Arbeit herangezogen zu werden. Vgl. Anl. Ziff. 25. Dieser Grundsatz wird jedoch insofern durchbrochen, als bestimmte höhere Berufsgruppen der Versicherungspflicht unterstellt sind (insbesondere Lehrer und Erzieher sowie Bühnen- und Orchestermitglieder). Die im § 1238 benannten Personen sind zwar nicht kraft Gesetzes von der Versicherungspflicht ausgeschlossen, können sich aber davon befreien lassen.

Die Dauer der Beschäftigung ist auf die Versicherungspflicht grundsätzlich ohne Einfluß; vgl. jedoch § 1232.

Streitigkeiten darüber, ob eine Person der Versicherungspflicht unterliegt oder nicht, sind, wenn sie bei der Rentenfestsetzung hervortreten, im instanziellen Verfahren, sonst als Beitragsstreitigkeiten gemäß § 1459 zu entscheiden. —

Von den im § 1226 aufgezählten Personenklassen sind neu in die Versicherungspflicht aufgenommen die Gehilfen und Lehrlinge in Apotheken (Nr. 3) sowie die Bühnen- und Orchestermitglieder (Nr. 4). Während insoweit die Versicherungspflicht gegenüber dem IVG. ausgedehnt worden ist, hat sie dadurch eine Einschränkung erfahren, daß die Betriebsbeamten und Werkmeister (Nr. 2) jetzt nur noch versicherungspflichtig sind, wenn sie im Hauptberufe als solche beschäftigt werden. Sie sind also jetzt den anderen Angestellten gleichgestellt, was bisher nicht der Fall war (§ 1 Ziffer 2 IVG.).

Den Hauptberuf bildet diejenige Beschäftigung, welche für die Lebensstellung maßgebend ist. Sie bestimmt sich bei mehreren Erwerbstätigkeiten in der Regel nach dem Verhältnisse der auf sie verwendeten Arbeitszeit und des dafür gewährten Entgelts (Anl. Ziffer 23 Abs. 2). Im übrigen ist die nach Abs. 2 maßgebende Jahresverdienstgrenze gegenüber dem Entwurf nicht wie bei der Krankenversicherung (§ 165 Abs. 2) auf 2500 M. erhöht worden, sondern beträgt, wie bisher, 2000 M.

Im Einzelnen ist zu Abs. 1 zu bemerken:

Nr. 1:

Arbeiter in dem hier fraglichen engeren Sinne ist, wer im wesentlichen seine körperliche Arbeitskraft einem andern berufsmäßig zur Verfügung stellt. Der Begriff ist aber nicht fest abgegrenzt. Häufig setzt die Tätigkeit des Arbeiters auch höhere Kenntnisse und geistige Fähigkeiten voraus.

Gehilfen sind die mit Diensten niederer Art betrauten Personen, welche den im vorigen Absatz besprochenen „Arbeitern" hinsichtlich der Art ihrer Tätigkeit verwandt sind, aber in Beschäftigungsverhältnissen stehen, für welche die Bezeichnung „Arbeiter" nicht sprachgebräuchlich ist. Hierher gehören nicht nur die Gehilfen im Sinne der GewO., sondern auch die niederen Beamten im öffentlichen Dienst, wie Polizeidiener, Flur- und Feldhüter, Kirchendiener u. dergl.

Gesellen sind die in Handwerksbetrieben beschäftigten, technisch vorgebildeten Personen. Gew.O. § 121.

Als Lehrling ist zu bezeichnen, wer zum Zwecke seiner — namentlich gewerblichen — Fachausbildung in einem Beschäftigungsverhältnisse steht. Gew. O. § 126. Lehrlinge sind häufig noch nicht 16 Jahre alt und vielfach nicht gegen bares Entgelt beschäftigt; alsdann sind sie nicht versicherungspflichtig.

Als Dienstboten sind im allgemeinen die mit niederen Diensten in der Haus- und Landwirtschaft beschäftigten Personen anzusehen; wer im einzelnen darunter fällt, richtet sich nach den jeweils maßgebenden landesrechtlichen Vorschriften.

Nr. 2:

Die hier genannten Personen unterliegen sämtlich der Versicherungspflicht nur, wenn die angegebenen Beschäftigungen ihren Hauptberuf bilden (vgl. S. 24).

Im Entwurf waren hier, wie im IVG., auch die Techniker genannt. Sie sind aber auf Grund eines Kommissionsbeschlusses gestrichen. Sie fallen in der Regel unter die Angestellten mit gehobener Stellung (s. u.) und können sich unter Umständen gemäß § 1238 von der Versicherungspflicht befreien lassen; bei höherer, mehr wissenschaftlicher Tätigkeit sind sie im Gegensatz zur bisherigen Spruchübung nach allgemeinen Grundsätzen versicherungsfrei (vgl. oben den Abs. über die Art der Tätigkeit).

Als Betriebsbeamter ist anzusehen, wer in einem Betriebe entweder als Bevollmächtigter, oder in leitender und beaufsichtigender Stellung tätig ist (s. Handb. d. UV. III. Aufl., Bd. I, S. 68). Dabei ist der Begriff des Betriebs weiter zu fassen, als in der Unfallversicherung, und ganz allgemein als Inbegriff fortdauernder wirtschaftlicher Tätigkeit zu verstehen; ob diese Tätigkeit sich als technische oder kaufmännische äußert, ist belanglos. Zu den Betriebsbeamten gehören z. B. Privatförster, Gutsverwalter, Versicherungsinspektoren.

Werkmeister sind Personen, die zwischen den Betriebsbeamten und den Gehilfen stehen und teils leitend teils ausführend tätig sind (Anl. Ziffer 21). Hierher gehören z. B. die Zuschneider in größeren Garderobengeschäften. (Beschl. 851, A. N. 1900 S. 832.)

Angestellte in gehobener Stellung sind dieselben Personen, welche das IVG. als „sonstige Angestellte“ bezeichnete. Getroffen werden hauptsächlich solche Personen, die innerhalb eines nicht unter den Begriff „Betrieb“ fallenden, aber ähnlich gearteten Inbegriffs von Geschäften eine von dessen Leitung abhängige Stellung einnehmen, aber nach der Art ihrer Tätigkeit einerseits nicht zur Klasse der niederen, lediglich ausführenden Hülfsarbeiter gehören, anderseits auch nicht eine höhere, mehr wissenschaftliche Tätigkeit ausüben (Begr. S. 388). Hierher gehören z. B. die mittleren Beamten in öffentlichen oder privaten Verwaltungen, wie Registratoren, Expedienten, desgleichen gewisse Hülfspersonen im Haushalt mit einer den Dienstboten übergeordneten Stellung, wie Privatsekretäre, Gesellschafterinnen. Es ist indessen nicht ausgeschlossen, den Angestelltenbegriff auch auf Personen anzuwenden, die in einem „Betriebe“ tätig sind, z. B. auf das Büreaupersonal in Geschäftsbetrieben aller Art, auf Rechnungsführer von Gutsverwaltungen u. dergl. Darüber, daß Angestellte mit höherer geistiger Bildung sich unter Umständen von der Versicherungspflicht befreien lassen können, vgl. § 1238.

Nr. 3:

Handlungsgehilfen sind Personen, die in einem Handelsgewerbe zur Leistung kaufmännischer Dienste angestellt sind (§ 59 HGB.). Hierher gehören Verkäufer, Reisende, Buchhalter, nicht dagegen Hausdiener, Kutscher, Packer und andere Personen, die sich entweder in gesindeähnlicher Stellung befinden, oder gewerblich-technische Arbeiten verrichten (Anl. Ziffer 22). Über den Begriff des Handelsgewerbes vgl. §§ 1 bis 3 HGB.

Handlungslehrlinge sind Personen, die in einem Handelsgewerbe zum Zwecke ihrer kaufmännischen Ausbildung und zur Leistung der erlernten Dienste durch Vertrag angestellt sind (vgl. Staub, Kommentar zum HGB. 8. Aufl. Bd. I, Anm. 1 zu § 76).

Die Gehilfen und Lehrlinge in Apotheken sind neu in die Versicherung einbezogen. Sie gehören weder zu den Gewerbelehrlingen oder -Gehülfen (§§ 126, 154 Gew.-O.), noch zu den Handlungslehrlingen oder -Gehülfen (§§ 59 ff. HGB.), sondern nehmen eine Sonderstellung ein. Sie werden häufig zu denjenigen Personen gehören, die gemäß § 1238 ihre Befreiung von der Versicherungspflicht beantragen können.

Nr. 4:

Bühnen- und Orchestermitglieder waren nach der Praxis des RVA.s unter der Herrschaft des IVG. versicherungsfrei, wenn sie in einem Unternehmen tätig waren, bei dessen Darbietungen ein höheres Kunstinteresse obwaltete. Auf den höheren oder geringeren Kunstwert der persönlichen Leistungen der einzelnen Bühnen- und Orchestermitglieder kam es dabei nicht an (Anl. Ziffer 25). In letzterer Beziehung wird auch jetzt kein Unterschied gemacht. Aber jetzt wird ferner nicht mehr unterschieden zwischen Unternehmungen von höherem oder geringerem Kunstwert, vielmehr sind nunmehr alle Bühnenangehörigen und Musiker in abhängiger Stellung versicherungspflichtig, soweit nicht Abs. 2 entgegensteht. Die Begriffe „Bühne und „Orchester“ sind in weitestem Sinne zu verstehen. Als Bühne ist daher auch ein Zirkus anzusehen (vgl. Kom. Ber. 2. Teil, S. 13). Der Begriff des Orchesters setzt voraus, daß sich mehrere Musiker zu musikalischen Darbietungen vereinigen und dabei einem Leiter derart unterordnen, daß sie als seine Gehilfen, nicht als seine Mitunternehmer anzusehen sind (Kom. Ber. 4. Teil, S. 19). Die Vorschrift bezieht sich auf Schauspieler, Sänger, Choristen, Souffleure, Musiker ohne Rücksicht auf die Art des Unternehmens, an dem sie tätig sind. Auch Artisten in einem Zirkus gehören hierher. Ausgenommen sind solche Schauspieler, Sänger usw., welche nicht einer Bühne oder einem Orchester angehören, sondern selbständig erwerbstätig sind.

Nr. 5:

Als Lehrer und Erzieher kommen nicht alle Personen in Betracht, die irgend eine Lehr- oder Erziehertätigkeit ausüben. Vielmehr muß die Lehrtätigkeit in erster Linie der geistigen Entwicklung des Schülers, die Erziehertätigkeit in erster Reihe der Charakter- und Gemütsbildung dienen. Unterricht in körperlichen oder mechanischen Fertigkeiten gehört nur dann hierher, wenn er gleichzeitig dem Erziehungszwecke dient; das ist namentlich dann anzunehmen, wenn er in den Lehrplan einer Erziehungsanstalt aufgenommen ist (z. B. Turn-, Schwimm-, Zeichen- und Handarbeitsunterricht in Schulen), nicht dagegen, wenn er als Gewerbe betrieben wird (z. B. Reit-, Tanz-, Fechtunterricht). — Die in solchen Gewerbebetrieben tätigen Personen können aber als „Angestellte" versicherungspflichtig sein.

Im übrigen ist die Art der Lehrtätigkeit ohne Belang. Es kommt daher nicht darauf an, ob sie der allgemeinen Bildung oder der Fachbildung dient. Auch der höhere oder geringere Grad der Vorbildung, den der Lehrer oder Erzieher genossen hat, ist an sich ebensowenig von Bedeutung, wie der Umstand, ob er mehr wissenschaftliche oder nur elementare Kenntnisse vermittelt.

Der Versicherungspflicht unterliegen nicht nur Lehrer an Schulen und Hauslehrer, sondern sie wird nach der Begründung zum IVG. wie bisher auch fernerhin — trotz selbständiger Erwerbstätigkeit — für solche Personen (insbesondere Musik- und Sprachlehrer) anzunehmen sein, welche stundenweis in ihren oder fremden Wohnungen Unterricht erteilen (Anl. Ziffer 24).

Nr. 6:

Zur Schiffsbesatzung deutscher Seefahrzeuge gehören alle auf dem Schiffe angestellten, im Dienste des Fahrzeugs beschäftigten Personen, also die sog. Seeleute im Sinne des § 1046 Nr. 1, insbesondere die Schiffer, Schiffsoffiziere, die Schiffsmannschaft, Maschinisten, Aufwärter und sonstige für den Schiffsdienst als solchen verpflichtete Personen. Nicht dahin gehören solche Personen, die, ohne für den Schiffsdienst verpflichtet zu sein, nur zu vorübergehenden Verrichtungen an Bord gehen, wie Lotsen, Handwerker. Näheres vgl. bei § 1046.

Die Schiffer, d. h. die Schiffsführer (Kapitäne) unterliegen der Versicherungspflicht nur, wenn ihr regelmäßiger Jahresarbeitsverdienst den im Abs. 2 bezeichneten Betrag nicht übersteigt.

Als deutsches Seefahrzeug gilt nach § 163 jedes Fahrzeug, das unter deutscher Flagge fährt und ausschließlich oder vorzugsweise zur Seefahrt benutzt wird. Im übrigen vgl. die Anm. zu § 163.

Zur Besatzung von Fahrzeugen der Binnenschiffahrt gehören der Schiffer (Schiffsführer), die Schiffsmannschaft und alle übrigen zum Schiffahrtsdienst angenommenen Personen mit Ausnahme des Zwangslotsen (§ 3 Abs. 2 des Gesetzes, betr. die privatrechtlichen Verhältnisse der Binnenschiffahrt, v. 20. Mai 1898, vgl. auch § 21 daselbst).

Über die Abgrenzung der Binnenschiffahrt gegen die Seeschiffahrt vgl. §§ 163, 1046 bis 1050, 1058; vgl. auch Handbuch d. UV. III. Aufl. Bd. I S. 158, Anm. 115 zu § 1 GUVG.; danach gehören zur Binnenschiffahrt diejenigen Fahrzeuge, welche ausschließlich oder überwiegend innerhalb der Grenzen verkehren, die durch den § 1 der zum § 25 des Flaggengesetzes vom 22. Juni 1899 erlassenen Ausführungsbestimmungen vom 10. November 1899 festgesetzt sind.

Zu Abs. 2:

Zum Entgelt gehören nach § 160 Abs. 1 „neben Gehalt oder Lohn auch Gewinnanteile, Sach- und andere Bezüge, die der Versicherte, wenn auch nur gewohnheitsmäßig, statt des Gehaltes oder Lohnes oder neben ihm von dem Arbeitgeber oder einem Dritten erhält". Nach § 160 Abs. 2 wird „der Wert der Sachbezüge nach Ortspreisen" berechnet, die das V. Amt festsetzt (vgl. auch die Anm. zu § 160).

Freier Unterhalt.

§ 1227. Eine Beschäftigung, für die als Entgelt nur freier Unterhalt gewährt wird, ist versicherungsfrei.

Vgl. § 3 Abs. 2 IVG.
Vgl. § 160.

Diese für die Krankenversicherung als entbehrlich angesehene Bestimmung soll die Träger der Invalidenversicherung gegen Ausbeutung durch vorgeschützte Arbeitsverhältnisse sichern, wie sie namentlich häufig unter nahen Verwandten konstruiert werden, indem ältere Personen in die häusliche Gemeinschaft verwandter Familien aufgenommen werden, wo sie Verpflegung erhalten und naturgemäß auch im Haushalt tätig sind (Kom. Ber. 4. Teil, S. 19). Im übrigen vgl. über Arbeitsverhältnis unter Verwandten die Anm. zu § 1226 in dem Absatz über Verwandtschaft.

Nach den zu § 3 Abs. 2 IVG. ergangenen Entscheidungen des RVA.'s ist als freier Unterhalt dasjenige Maß von wirtschaftlichen Gütern anzusehen, welches zur unmittelbaren Befriedigung der notwendigen Lebensbedürfnisse des Arbeitnehmers erforderlich ist; in Betracht kommen hier namentlich

Unterkunft, Beköstigung, Kleidung u. dergl. Es genügt, daß einzelne dieser Naturalleistungen gewährt werden, vorausgesetzt, daß nur sie gewährt werden (Rev. Entsch. 74, 75, 76, A. N. I. u. A. V. 1891, S. 178, 179, 180). Der Arbeitgeber braucht aber diese Naturalleistungen nicht selbst zu übernehmen; er gewährt seinem Arbeiter auch dann freien Unterhalt, wenn er ihn beispielsweise bei einem Dritten unterbringt und diesem den Unterhalt für ihn bezahlt, oder wenn er ihm selbst das Geld zur Beschaffung des Unterhalts bei dem Dritten gibt. (Rev. Entsch. 194, A. N. I. u. A. V. 1892, S. 139).

Geringfügige Barlohnzahlungen, insbesondere sog. Taschengeld, die neben dem freien Unterhalt gewährt werden, schließen die Anwendung des § 1227 nicht aus. Sie müssen aber so nebensächlich sein, daß ihnen nach den Verhältnissen des Arbeitnehmers ein selbständiger wirtschaftlicher Wert nicht beigemessen werden kann. Ob dies zutrifft, läßt sich nur nach den besonderen Umständen des Einzelfalles entscheiden. (Rev. Entsch. 165, 244, 503 A. N. I. u. A. V. 1892, S. 120, 1893, S. 91, 1896, S. 271).

Naturalleistungen, die ihrer Natur nach nicht zur unmittelbaren Befriedigung notwendiger Lebensbedürfnisse dienen, fallen nicht unter den § 1227. Dahin gehören Gespannleistungen, Zuweisung von Ackerland, Deputatgewährung und dergl. (Rev. Entsch. 74, 166, A. N. I. u. A. V. 1891, S. 178, 1892 S. 120). Aber auch Naturalleistungen, die an sich den Begriff des freien Unterhalts zu erfüllen geeignet sind, können der Anwendung des § 1227 entgegenstehen, nämlich dann, wenn sie das Maß des persönlichen Bedarfs so erheblich überschreiten, daß sie darüber hinaus selbständige und insbesondere verwertbare Vermögensobjekte darstellen. Hierher gehört der Fall einer ledigen Pförtnerin, der für ihre Leistungen eine aus 3 Zimmern und Küche bestehende Wohnung zur Verfügung gestellt wurde (Rev. Entsch. 75, A. N. I. u. A. V. 1891, S. 179). Ebenso ist ein Fall beurteilt worden, in dem der Beschäftigte nicht nur für sich, sondern auch für seine Kinder freie Beköstigung erhielt (Rev. Entsch. 1166, A. N. 1904, S. 528).

Auch das bare Entgelt braucht nicht vom Arbeitgeber selbst gezahlt zu werden, sondern kann auch von dritten, z. B. in der Form von Trinkgeldern geleistet werden (vgl. § 160 Abs. 1, § 1437, sowie Kom. Ber. 4. Teil, S. 20).

Wenn zwar während der Beschäftigung tatsächlich nur freier Unterhalt gewährt wurde, aber ein Anspruch auf Barlohn bestand, liegt der Fall des § 1227 nicht vor. (Rev. Entsch. 1171, A. N. 1904, S. 624).

Nach § 1243 Abs. 1 Nr. 3 können sich die nach § 1227 nicht versicherungspflichtigen Personen selbst versichern.

Deutsche im Ausland.

§ 1228. Versichert sind auch Deutsche, die bei einer amtlichen Vertretung des Reichs oder eines Bundesstaats im Ausland oder bei deren Leitern oder Mitgliedern beschäftigt sind.

Die Vorschrift ist neu; sie bildet eine Ausnahme von dem allgemeinen Grundsatz, daß die Versicherung über die Grenzen der inländischen Staatsgewalt weder für Inländer noch für Ausländer hinausgreift. Sie hat den Zweck, einem schon unter der Herrschaft des IVG. durch Vereinbarung zwischen den beteiligten Verwaltungen geschaffenen tatsächlichen Zustande in Bezug auf die deutschen Bediensteten der im Auslande befindlichen diplomatischen Vertreter des Reichs und der Bundesstaaten die rechtliche Grundlage zu verschaffen.

Für die Krankenversicherung kam eine entsprechende Bestimmung der Natur der Sache nach nicht in Betracht.

Die Erhebung der Beiträge regelt der Bundesrat (vgl. § 1436).

Kleine Betriebsunternehmer und Hausgewerbtreibende.

§ 1229. Der Bundesrat kann allgemein oder in einzelnen Bezirken die Versicherungspflicht für bestimmte Berufszweige erstrecken auf

1. Gewerbtreibende und andere Betriebsunternehmer, die in ihren Betrieben regelmäßig keine oder höchstens einen Versicherungspflichtigen beschäftigen,
2. Hausgewerbtreibende (§ 162) ohne Rücksicht auf die Zahl ihrer hausgewerblich Beschäftigten.

Vgl. § 2 Abs. 1 IVG.

Der Entwurf wollte die Befugnis des Bundesrats in No. 1 gegenüber dem bisherigen Recht erweitern und die Einbeziehung solcher Kleinunternehmer in die Versicherungspflicht zulassen, die regelmäßig keinen und höchstens zwei Versicherungspflichtige beschäftigen. Auf Grund eines Kommissionsbeschlusses ist aber diese Erweiterung wieder beseitigt worden. Die gegenüber dem IVG. geänderte Fassung soll ohne sachliche Neuerung nur den Willen des Gesetzgebers klarer ausdrücken (Kom. Ber. 4. Teil S. 21). Danach ist die Bezeichnung „regelmäßig" nur auf das Wort „keine", nicht aber auch auf das Wort „einen" zu beziehen. Auf Betriebsunternehmer, die regelmäßig einen oder ausnahmsweise gelegentlich oder vorübergehend mehrere Versicherungspflichtige Personen beschäftigen, kann die Versicherungspflicht also nicht ausgedehnt werden. Dabei zählen Personen, die z. B. nur in der Hauswirtschaft des Unternehmers beschäftigt werden, nicht mit. Dies ist durch die von der Kommission hinzugesetzten Worte „in ihren Betrieben" klargestellt worden.

Die in Nr. 2 erwähnten Hausgewerbtreibenden sind selbständige Gewerbtreibende, die in eigenen Betriebsstätten im Auftrag und für Rechnung anderer Gewerbtreibenden gewerbliche Erzeugnisse herstellen oder bearbeiten; sie gelten als Hausgewerbtreibende auch dann, wenn sie die Roh- oder Hülfsstoffe selbst beschaffen, sowie für die Zeit, in der sie vorübergebend für eigene Rechnung arbeiten. Näheres vgl. bei § 162. Der Krankenversicherung sind sie kraft Gesetzes unterworfen (§ 165 Abs. 1, Nr. 6).

Auch bezüglich ihrer hat der Bundesrat neue Ausführungsbestimmungen noch nicht erlassen. Unter der Herrschaft des IVG. hat er die Versicherungspflicht durch Beschluß vom 16. Dezember 1891 (A. N. I. u. AV. 1892, S. 7) auf die Hausgewerbtreibenden der Tabakfabrikation und durch Beschluß vom 1. März 1894 (A. N. I. u. AV. 1894, S. 87; 1895, S. 263) auf solche der Textilindustrie erstreckt. Die zu erwartenden neuen Beschlüsse des Bundesrats werden im Ergänzungsbande abgedruckt werden.

Über das Selbstversicherungsrecht der in Nr. 1 und 2 erwähnten Personen und die dabei zu Gunsten der kleinen Betriebsunternehmer zugelassene Erweiterung vgl. § 1243 Abs. 1, Nr. 2; die Erhebung der Beiträge für die in Nr. 1 und 2 genannten Personen regelt § 1436.

Heranziehung der Arbeitgeber der Hausgewerbtreibenden.

§ 1230. Der Bundesrat kann bestimmen, wieweit Gewerbtreibende (Auftraggeber, § 469) die Pflichten der Arbeitgeber zu erfüllen haben für

1. die in ihrem Auftrag und für ihre Rechnung arbeitenden Hausgewerbtreibenden und deren hausgewerblich Beschäftigte,
2. die in ihrem Auftrag von Zwischenpersonen, Ausgebern, Faktoren, Zwischenmeistern hausgewerblich Beschäftigten.

Vgl. § 2 Abs. 2 IVG.

Die Bestimmung will dem Bundesrat die Möglichkeit eröffnen, die Gewerbtreibenden, in deren Auftrag und für deren Rechnung hausgewerblich gearbeitet wird, nicht nur dann, wenn sie mit der Hausindustrie im unmittelbaren Geschäftsverkehre stehen, sondern auch dann, wenn sie diesen Geschäftsverkehr durch selbständige Zwischenpersonen vermitteln lassen, als Arbeitgeber zu behandeln, ihnen deren gesetzliche Verpflichtungen gegenüber den Hausgewerbtreibenden selbst und den von diesen hausgewerblich Beschäftigten aufzuerlegen und so die minder kräftigen Schultern der Hausgewerbtreibenden und der Zwischenpersonen zu entlasten. Es handelt sich hier hauptsächlich um den Anteil des Arbeitgebers an den Versicherungsbeiträgen (§ 1387); aber auch andere Verpflichtungen kommen in Betracht (vgl. § 1426 ff., § 1466).

Zur Ausführung dieser Vorschrift ist ein Bundesratsbeschluß noch nicht erlassen; ein solcher war auch unter der Herrschaft des IVG. nicht ergangen. —

Erfüllung der Arbeitgeberpflichten für die im Dienst von Exterritorialen stehenden Deutschen.

§ 1231. Der Bundesrat kann bestimmen, wieweit die deutschen Bediensteten ausländischer Staaten und solcher Personen, welche nicht der inländischen Gerichtsbarkeit unterstehen, die Pflichten der Arbeitgeber zu erfüllen haben.

Die Bestimmung ist neu. Sie ist nach der Begr. (S. 389) aufgenommen wegen der Zweifel, wieweit die Arbeitgeber der inländischen Bediensteten ausländischer Staaten und solcher Personen, die von der inländischen Gerichtsbarkeit befreit sind, die den Arbeitgebern auferlegten Verpflichtungen zu erfüllen haben.

Ein Bundesratsbeschluß ist hierzu noch nicht erlassen. —

Vorübergehende Dienstleistungen.

§ 1232. Der Bundesrat bestimmt, wieweit vorübergehende Dienstleistungen versicherungsfrei bleiben.

Vgl. § 4 Abs. 1 IVG.

Diese Bestimmung hat den Zweck, zu verhindern, daß Personen der Versicherung unterworfen werden, welche wegen ihrer nur gelegentlichen und vorübergehenden Tätigkeit voraussichtlich die Wartezeit (§ 1278) nicht erfüllen werden, deren Versicherung also ihnen selbst und ihren Arbeitgebern Kosten und Weiterungen bringen würde, im allgemeinen aber nutzlos wäre.

Die Bezeichnung „Dienstleistung" dürfte eine besondere Bedeutung nicht haben, sondern mit „Beschäftigung" gleichbedeutend sein.

Die Bezeichnung „Dienstleistung" dürfte sachlich mit „Beschäftigung" gleichbedeutend und statt dieses sonst üblichen Ausdrucks nur gebraucht sein, weil letzterer mehr auf ein ständiges Arbeitsverhältnis hinweist.

Vorübergehend ist eine Dienstleistung nicht nur dann, wenn sie nur gelegentlich — z. B. Aushülfe beim Reinmachen seitens einer sonst selbständigen Frau — stattfindet, sondern auch dann, wenn sie zwar regelmäßig, aber jedesmal nur kurze Zeit ausgeführt wird (z. B. die tägliche Besorgung des Frühstücks).

Welchen Voraussetzungen eine vorübergehende Dienstleistung im einzelnen genügen muß, um versicherungsfrei zu sein, bestimmt der Bundesrat. Bisher ist ein Bundesratsbeschluß zur Ausführung der Vorschrift noch nicht erlassen. Unter der Herrschaft des IVG. bestimmte der Bundesratsbeschluß vom 27. Dezember 1899 (A. N. 1900, S. 181) das Nähere. —

Über die Abgrenzung dieser Bestimmung gegenüber dem § 1239 vgl. das Nähere dort.

Diese Bestimmung gilt auch für die Krankenversicherung (§ 168). Es ist aber nicht ausgeschlossen, daß der Bundesrat die Ausnahmen von der Versicherungspflicht für beide Versicherungsarten verschieden regelt. Die neuen Bestimmungen des Bundesrats werdeu im Ergänzungsbande abgedruckt werden.

Befreiung von Ausländern.

§ 1233. Der Bundesrat kann bestimmen, daß Ausländer versicherungsfrei sind, denen die Behörde den Aufenthalt im Inland nur für eine bestimmte Dauer gestattet hat.

Die Arbeitgeber zahlen dann nach Anordnung des Reichsversicherungsamts so viel an die Versicherungsanstalt, wie sie sonst aus eigenen Mitteln zahlen müßten.

Vgl. § 4 Abs. 2 IVG.

Die Bestimmung ist kürzer und klarer, als diejenige des § 4 Abs. 2 IVG. war. Sie hat den Zweck, den besonderen Verhältnissen der im Inlande beschäftigten Ausländer, die ja grundsätzlich der Versicherungspflicht in demselben Umfang unterliegen, wie die Inländer, in Fällen Rechnung zu tragen, wo die Bestimmungen der §§ 1232, 1239 nicht ausreichen.

Durch die jetzige Fassung des Abs. 1 ist außer Zweifel gestellt, daß es für die Anwendung der Vorschrift nur darauf ankommt, ob der inländische Aufenthalt des Ausländers einer rechtlichen Beschränkung unterliegt, dagegen nicht zu prüfen ist, ob die von der einzelstaatlichen Verwaltung getroffenen Vorkehrungen genügende Sicherheit dafür bieten, daß jeder einzelne Ausländer wirklich das Reichsgebiet verläßt (Begr. S. 389/390). In diesem Sinne hatte übrigens das RVA. schon die — allerdings Zweifel rechtfertigende — Vorschrift des § 4 Abs. 2 IVG. ausgelegt (Beschl. 1375, A. N. 1909, S. 427).

Den § 4 Abs. 2 IVG. hat der Bundesrat durch Beschluß vom 21. Februar 1901 auf polnische Arbeiter russischer und österreichischer Staatsangehörigkeit angewendet, die in inländischen land- oder forstwirtschaftlichen Betrieben oder in deren Nebenbetrieben beschäftigt werden (Zentralblatt für das Deutsche Reich 1901, S. 78).

Abs. 2 soll verhüten, daß Arbeitgeber, welche die in Abs. 1 bezeichneten Arbeiter beschäftigen, keine Beiträge zu zahlen brauchen und so vor denjenigen, die deutsche Arbeiter beschäftigen, bevorzugt werden. Es bleibt aber immer noch die Bevorzugung des ausländischen Arbeiters selbst übrig, der seine Beitragshälfte nicht zu zahlen braucht. Übrigens handelt es sich bei der für die Arbeitgeber nach Abs. 2 vorgesehenen Auflage nicht um einen eigentlichen Versicherungsbeitrag, da ja keine Versicherung besteht. —

Auf Grund des § 4 Abs. 2, Satz 2 IVG., welcher dem Abs. 2 des § 1233 entspricht, hat das RVA. am 31. März 1902 die näheren Bestimmungen erlassen (A. N. 1902 S. 380). Die neuen Bestimmungen werden im Ergänzungsbande abgedruckt werden.

Befreiung von der Versicherungspflicht kraft Gesetzes.

§ 1234. Versicherungsfrei sind die in Betrieben oder im Dienste des Reichs, eines Bundesstaats, eines Gemeindeverbandes, einer Gemeinde oder eines Versicherungsträgers Beschäftigten, wenn ihnen Anwartschaft auf Ruhegeld im Mindestbetrage der Invalidenrente nach den Sätzen der ersten Lohnklasse sowie auf Witwenrente nach den Sätzen der gleichen Lohnklasse und auf Waisenrente gewährleistet ist.

Das Gleiche gilt für Lehrer und Erzieher an öffentlichen Schulen oder Anstalten.

Vgl. § 5 Abs. 1, 2 IVG.

Die §§ 1234, 1235, 1237, 1242 knüpfen an die Vorschriften der §§ 5 Abs. 1 bis 3, § 6 Abs. 1 und § 7 IVG. an, enthalten aber gegenüber diesen mancherlei Änderungen, die sich einmal auf die Gruppierung der Paragraphen beziehen, sodann aber auch sachlicher Art sind, indem sie den in Betracht kommenden Personenkreis zum Teil anderweit abgrenzen und die Voraussetzungen für die Befreiung von der Versicherungspflicht, namentlich mit

Rücksicht auf die neuen Bestimmungen über die Hinterbliebenenversicherung teilweise verändern.

Die im § 1234 bezeichneten Personen waren bisher gemäß § 5 Abs. 1 und 2 IVG. von der Versicherungpflicht nach dem IVG. nur insoweit befreit, als es sich um Beamte des Reichs, der Bundesstaaten, der Kommunalverbände, um Lehrer und Erzieher an öffentlichen Schulen oder Anstalten, sowie um Beamte der V.-Anstalten und zugelassenen besonderen Kasseneinrichtungen handelte. In den Kommunalverbänden im Sinne des § 5 Abs. 1 a. a. O. waren auch die Gemeinden mit einbegriffen. Da jetzt nach § 111 Abs. 1, Nr. 2 die einzelne Gemeinde als Gemeindeverband nur dann gilt, wenn die oberste Verwaltungsbehörde dies vorschreibt, waren die Gemeinden jetzt besonders zu nennen, ohne daß dies eine sachliche Änderung bedeutet. § 1234 erstreckt sich aber auch auf andere — nicht beamtete — Bedienstete der genannten Verbände, sowie auf Beamte und Bedienstete der Berufsgenossenschaften und Krankenkassen. Er umfaßt denselben Personenkreis, wie er nach § 169 unter gewissen Voraussetzungen von der Krankenversicherungspflicht befreit ist. Dieser weitergehenden Beseitigung der Versicherungspflicht liegt nach der Begr. (S. 390) der Gedanke zugrunde, daß ein Bedürfnis zur Versicherung von Personen, welchen eine gleichwertige Fürsorge anderweit gesichert ist, nicht besteht, und daß es dabei gleichgültig ist, ob das Beschäftigungsverhältnis dieser Personen auf öffentlicher oder auf privatrechtlicher Grundlage beruht. Damit steht aber nicht völlig im Einklang, was in der 2. Beratung des Reichstags (Sten. Ber. S. 6906) über die Tragweite des § 1234 verhandelt worden ist. Denn danach sollen nur diejenigen gemäß § 1234 von der Versicherungspflicht befreit sein, die nach den dienstpragmatischen Vorschriften des Reichs, der Bundesstaaten usw. Anspruch auf Ruhegeld, Witwen- und Waisenrente haben, nicht aber diejenigen, welche in einem andern Verhältnisse stehen, wie z. B. Arbeiter in Reichs-, Staats- usw. Betrieben. Diesen Widerspruch hat nunmehr die Rechtsprechung zu lösen. Der Wortlaut der Vorschrift spricht jedenfalls für die weitergehende Befreiung im Sinne der Begründung. —

Da die Befreiung von der Versicherungspflicht nicht nur den Wegfall der Invaliden- und Altersrente, sondern auch denjenigen der Hinterbliebenenbezüge zur Folge hat, so mußte sie davon abhängig gemacht werden, daß neben der Anwartschaft auf Sicherstellung der in diesem Paragraphen erwähnten Personen selbst auch diejenige auf Hinterbliebenenfürsorge in einem der reichsgesetzlichen entsprechenden Umfange gewährleistet ist. In ersterer Beziehung ist nach dem Vorgange ähnlicher Vorschriften des IVG. ein Ruhegeld im Mindestbetrage der Invalidenrente nach den Sätzen der ersten Lohnklasse für ausreichend erachtet worden. In letzterer Beziehung ist zur Vermeidung umständlicher versicherungstechnischer Berechnungen, und weil die Leistungen der hier in Frage kommenden Fürsorge im allgemeinen höhere sein werden, als diejenigen der RVO., die Befreiung davon abhängig gemacht, daß die Anwartschaft auf eine Witwenrente nach den Sätzen der ersten Lohnklasse und auf Waisenrenten in beliebiger Höhe gesichert ist. (Begr. S. 390).

Die niedrigste Invalidenrente setzt sich, wie nach dem IVG. zusammen aus einem Grundbetrage von 500 × 12 Pf. = 60 Mk., aus dem Steigerungssatz von 200 (Mindestzahl der Beitragswochen) × 3 Pfg. = 6 Mk. und dem Reichszuschusse von 50 Mk., beträgt also 116 Mk. (§§ 1285, 1288, 1289). Die niedrigste Witwenrente setzt sich zusammen aus $^3/_{10}$ des für die wirkliche oder angenommene Invalidenrente des verstorbenen Ernährers maßgebenden Grundbetrags mit 18 Mk., aus $^3/_{10}$ des Steigerungssatzes mit 1,80 Mk. und aus einem Reichszuschusse von gleichfalls 50 Mk., beträgt also 69,80 Mk. (§§ 1285, 1288, 1289, 1292); zunächst ist sie gemäß Art. 69 Satz 3 Einf.-Ges. allerdings noch geringer, da für die Steigerungssätze nur die Beiträge anzurechnen sind, welche für die Zeit nach dem 1. Jan. 1912 geleistet worden sind.

Eine „Anwartschaft" auf Ruhegeld und Hinterbliebenenrenten wird nicht bloß dann als „gewährleistet" anzuerkennen sein, wenn für den Fall der Dienstunfähigkeit oder des Todes die Ansprüche auf diese Bezüge sofort bestehen würden, sondern auch dann, wenn nach der voraussichtlichen, dem gewöhnlichen tatsächlichen Verlauf entsprechenden Gestaltung der Verhältnisse angenommen werden kann, daß die im § 1234 genannten Personen in absehbarer Zeit die Pensionsberechtigung für sich bezw. ihre Hinterbliebenen erreichen werden. Dabei wird nicht einmal zu verlangen sein, daß sie sich bereits in einer Stellung befinden, die — nach Ablauf einer weiteren Dienstzeit — diese Berechtigung von selbst mit sich bringt; sondern es wird genügen, daß ihnen eine Stelle übertragen ist, die nach den bestehenden Verwaltungsgrundsätzen den allgemein üblichen Übergang zu einer Anstellung mit späterem Anspruch auf obige Bezüge bildet. (Beschl. 1004, A. N. 1902, S. 547). Dagegen wird von einer „Anwartschaft" im Sinne dieses Paragraphen nicht die Rede sein können, wenn nur eine unbestimmte Hoffnung auf eine solche Anstellung besteht. (Anl. Ziffer 9a). Von wesentlicher Bedeutung ist dabei die in Betracht kommende Zeitdauer. So hat das RVA. bei der Auslegung des § 5 Abs. 1 IVG. in seiner Rechtsprechung und Verwaltungspraxis, auf welche in der Begr. S. 391 ausdrücklich verwiesen ist, in einem Falle bei einer Zeitdauer von 16 bis 17 Jahren die „Anwartschaft" noch für „gewährleistet" erachtet, in einem anderen Falle bei einer Zeitdauer von 20 Jahren dagegen nicht mehr (vgl. Beschl. 1004, A. N. 1902, S. 547 und Beschl. 1432, A. N. 1909, S. 548).

Eine Anwartschaft auf die im § 1234 erwähnten Bezüge liegt ferner nur dann vor, wenn diese rechtlich geregelt sind. Liegt es dagegen in dem — wenn auch durch Rücksichten auf Bedürftigkeit und Würdigkeit beschränkten — Ermessen der vorgesetzten Dienstbehörde, ob sie die Bezüge gewähren oder die gewährten weiter zahlen will, so findet § 1234 keine Anwendung (z. vgl. z. B. Beschl. 1159, AN. 1904, S. 523).

Die Verleihung der Anwartschaft beseitigt auch dann, wenn sie mit rückwirkender Kraft ausgesprochen wird, die Beitragspflicht erst von dem Zeitpunkte der Verleihung ab (vgl. Beschl. 1048, A. N. 1903, S. 375).

Sollte es unter den im § 1234 genannten Personengruppen solche geben, die zwar nach § 5 Abs. 1, 2 IVG. versicherungsfrei waren, deren Angehörigen aber nicht die Anwartschaft auf Hinterbliebenenbezüge gewährleistet ist, so unterliegen sie vom 1. Januar 1912 ab der Versicherungspflicht (Art. 73 Abs. 1 des Einf.-Ges.)

Befreiung von der Versicherungspflicht kraft Gesetzes. (Fortsetzung.)

§ 1235. Versicherungsfrei sind

1. Beamte des Reichs, der Bundesstaaten, der Gemeindeverbände, der Gemeinden und der Versicherungsträger, Lehrer und Erzieher an öffentlichen Schulen oder Anstalten, solange sie lediglich für ihren Beruf ausgebildet werden.
2. Personen des Soldatenstandes, die eine der im § 1226 bezeichneten Tätigkeiten im Dienste oder während der Vorbereitung zu einer bürgerlichen Beschäftigung ausüben, auf die § 1234 anzuwenden ist,
3. Personen, die während der wissenschaftlichen Ausbildung für ihren zukünftigen Beruf gegen Entgelt unterrichten.

Vgl. § 5 Abs. 1, 3 IVG.

Diese Bestimmung stellt dieselben Personen versicherungsfrei, welche nach § 172 Nr. 1 bis 3 von der Krankenversicherungspflicht befreit sind.

In Nr. 1 handelt es sich hier um Personen, die im gewöhnlichen Lauf der Dinge in Ämter oder sonstige Stellungen gelangen, deren Inhaber ohne weiteres der Versicherungspflicht entzogen sind. Neuhinzugekommen sind hier die bei den Versicherungsträgern (Krankenkassen, Berufsgenossenschaften, V. Anstalten und Sonderanstalten) lediglich zur Ausbildung für ihren Beruf beschäftigten Beamten.

Nr. 2 stimmt insofern mit § 5 Abs. 3 IVG. überein, als schon dort Personen des Soldatenstandes, die dienstlich als „Arbeiter" beschäftigt werden, als nicht versicherungspflichtig bezeichnet worden sind; nur ist jetzt statt des Wortes „Arbeiter" zur besseren Klarstellung die Bezugnahme auf die in § 1226 bezeichneten Tätigkeiten getreten. Neu ist die Beseitigung der Versicherungspflicht von Personen des Soldatenstandes, die eine dieser Tätigkeiten zur Vorbereitung auf eine bürgerliche, mit den Wirkungen des § 1234 ausgestattete Beschäftigung ausüben. Diese Neuerung ist eingeführt worden, weil die Versicherung der außerdienstlich bei den im § 1234 bezeichneten Behörden und Verwaltungsstellen probeweise beschäftigten Militäranwärter regelmäßig keinen Zweck hätte (Begr. S. 391/392). Solche Militäranwärter, welche dem Soldatenstande nicht mehr angehören, fallen nicht unter die Vorschrift des § 1234. Ebenso unterliegt die außerdienstliche Beschäftigung von Militärpersonen gegen Barlohn an sich der Versicherungspflicht, so z. B. diejenige von Soldaten, die in der Ernte Aushülfe leisten.

Auch die in Nr. 3 bezeichneten Personen waren schon bisher auf Grund des § 5 Abs. 3 IVG von der Versicherungspflicht befreit. Die Vorschrift will namentlich Studierende aller Fächer treffen, die sich das Studium durch Erteilen von Privatunterricht zu erleichtern suchen.

Befreiung invalider Personen.

§ 1236. Versicherungsfrei ist, wer eine reichsgesetzliche Invaliden- oder Hinterbliebenenrente bezieht oder invalide ist (§§ 1255, 1258).

Vgl. § 5 Abs. 4 IVG.

Die Bestimmung betrifft nicht nur, wie § 5 Abs. 4 IVG., dauernd invalide, sondern schlechthin alle Invaliden. Dadurch sollte der in der Versicherungswissenschaft allgemein anerkannte, aber im IVG. (vgl. die Fassung des § 5 Abs. 4 a. a. O.) nicht durchgeführte Grundsatz, daß der Versicherte mit dem Eintritt des Versicherungsfalls aus der Versicherung ausscheidet, voll zur Geltung gebracht werden. Demgemäß schließt auch § 1443 beim Eintritt der Invalidität schlechthin die Entrichtung von freiwilligen Beiträgen aus. Wegen einer bei der Altersversicherung zu beachtenden Besonderheit vgl. die Anm. zu § 1257. Bei der Invalidenversicherung ist der Versicherungsfall gegeben, wenn die Invalidität dauernd ist, oder bei vorübergehender Dauer nach 26 Wochen, oder nach Fortfall des Krankengeldes noch fortbesteht (§ 1255). Vgl. auch S. 64.

Als Versicherte, die infolge Invalidität von der Versicherungspflicht ausgeschlossen sind, kommen jetzt auch die Witwen versicherter Personen in Betracht (§ 1258).

Den Invaliden sind diejenigen gleichgestellt, welche Invaliden- oder Hinterbliebenenrente beziehen. Dabei ist es nach Vorstehendem gleichgültig, ob es sich um Dauerrenten (§ 1255 Abs. 1, § 1258 Abs. 1) oder Krankenrenten (§ 1255 Abs. 3, § 1258 Abs. 3) handelt. Unter den Empfängern der Hinterbliebenenrenten sind hier nur die Witwen von Versicherten (§ 1258) zu verstehen.

Befreiung auf Antrag (Pensionäre).

§ 1237. Auf seinen Antrag wird von der Versicherungspflicht befreit,

wem von dem Reiche, einem Bundesstaat, einem Gemeindeverband, einer Gemeinde oder einem Versicherungsträger, oder

wem auf Grund früherer Beschäftigung als Lehrer oder Erzieher an öffentlichen Schulen oder Anstalten

Ruhegeld, Wartegeld oder ähnliche Bezüge im Mindestbetrage der Invalidenrente nach den Sätzen der ersten Lohnklasse bewilligt sind und daneben Anwartschaft auf Hinterbliebenenfürsorge (§ 1234) gewährleistet ist.

Vgl. § 6 Abs. 1 IVG.

Für die hier genannten Personen ist ein Anspruch auf Befreiung von der Krankenversicherungspflicht nicht vorgesehen. Die Bestimmung ist dem § 6 Abs. 1 IVG. nachgebildet, enthält aber gegenüber dieser Vorschrift mehrere Einschränkungen. Einmal ist das Befreiungsrecht der Empfänger reichsgesetzlicher Unfallrenten im Mindestbetrage der Invalidenrente und derjenigen Personen, welche das 70. Lebensjahr vollendet haben, weggefallen. Sodann ist der Anspruch auf Befreiung an die Voraussetzung geknüpft, daß die damit ausgestatteten Personen nicht nur selbst sichergestellt sind, sondern daß ihnen auch die Anwartschaft auf eine Hinterbliebenenfürsorge im Sinne des § 1234 gewährleistet ist. Die bisher auf Grund des § 6 Abs. 1 IVG. Befreiten werden nach dem 1. Januar 1912 wieder versicherungspflichtig, solange sie nicht nach der RVO. von neuem befreit sind (Art. 73 Abs. 2 Einf.-Ges.).

Zum Unterschied von § 1234 handelt es sich hier um Personen, die Pensionen, Wartegelder oder ähnliche Bezüge für sich selbst bereits erhalten. Ihr Kreis beschränkt sich nicht auf diejenigen, die diese Bezüge auf Grund ihrer früheren Beschäftigung in einer der im § 1234 bezeichneten Dienststellen erhalten, sondern umfaßt auch solche Personen, denen vom Reiche usw. aus irgend einem sonstigen Grunde die genannten Bezüge bewilligt worden sind, wobei indessen immer ein Verhältnis vorausgesetzt werden muß, aus dem gerade solche Bezüge erwachsen. Hierher gehört deshalb z. B. nicht eine Haftpflichtentschädigung, die der Staat in seiner Eigenschaft als Eisenbahnunternehmer zu zahlen hat. (Rev. Entsch. 753, A. N. 1899, S. 589) wohl aber die Pension einer Beamtenwitwe (Rev. Entsch. 756, A. N. 1899, S. 592). Nur bei Lehrern und Erziehern muß die Bewilligung auf Grund früherer Beschäftigung an öffentlichen Schulen oder Anstalten erfolgt sein.

Während unter Ruhegehalt (Pension) und Wartegeld rechtlich gesicherte und geregelte Bezüge zu verstehen sind, haben als „ähnliche Bezüge" solche zu gelten, welche, ohne auf einem Rechtsanspruche zu beruhen, doch tatsächlich so gesichert erscheinen, daß sie dem eigentlichen Ruhe- oder Wartegeld als gleichwertig an die Seite gestellt werden können. Hiernach können sogar widerrufliche Zuwendungen pensionsähnliche Bezüge sein, wenn ihre Widerruflichkeit nur von rein formaler Bedeutung ist, indem sie tatsächlich entweder garnicht oder nur in ganz seltenen, nicht voraussehbaren Fällen zur Anwendung kommt (vgl. Rev. Entsch. 1116, 1297, A. N. 1904, S. 358, 1907, S. 412). „Bewilligt" sind die Bezüge auch dann, wenn sie z. B. wegen anderweiter Beschäftigung des Berechtigten zu ruhen haben und aus diesem Grunde tatsächlich nicht gezahlt werden. Anderseits ist eine Pensionsbewilligung im Sinne des § 6 Abs. 1 IVG. auch in einem Falle gefunden worden, wo die Pension für den Berechtigten zwar von einer Privatbahngesellschaft festgesetzt worden war, aber vom Staate nach Übernahme der Bahngesellschaft und ihrer Verbindlichkeiten fortgezahlt wurde (vgl. Rev. Entsch. 309, 534, 1551 (A. N. d. RVA. I. u. AV. 1893, S. 163, A. N. RVA. 1896, S. 429, 1911, S. 434).

Befreiung auf Antrag (Personen mit Hochschulbildung).

§ 1238. Auf ihren Antrag werden von der Versicherungspflicht befreit Versicherungspflichtige, die während oder nach der Zeit eines Hochschulunterrichts zur Ausbildung für ihren künftigen Beruf oder in einer Stellung beschäftigt werden, die den Übergang zu einer der Hochschulbildung entsprechenden versicherungsfreien Beschäftigung bildet.

Diese Bestimmung ist erst durch einen Beschluß der Kommission in der Ausgleichslesung angenommen worden und soll insbesondere einer Petition der Diplomingenieure entgegenkommen (Kom. Ber. 4. Teil, S. 10 ff. und Sten. Ber. S. 6908). — Sie setzt voraus, daß Personen, welche Hochschulunterricht genießen oder genossen haben, sich nur vorübergehend in einer an sich die Versicherungspflicht bedingenden Stellung befinden. Eine abgeschlossene Hochschulbildung wird nicht verlangt. Unter „Hochschulen" werden insbesondere Universitäten, technische Hochschulen, landwirtschaftliche Hochschulen, Forst- und Bergakademien zu verstehen sein. Auch Handelshochschulen werden hierhin zu rechnen sein. — Eine der Hochschulbildung entsprechende versicherungsfreie Beschäftigung liegt namentlich dann vor, wenn sie in selbständiger wissenschaftlicher oder gleichwertiger Arbeit besteht (vgl. Anl. Ziffer 25).

Befreiung auf Antrag (gering beschäftigte Personen).

§ 1239. Auf seinen Antrag wird von der Versicherungspflicht befreit, wer im Laufe eines Kalenderjahrs Lohnarbeit nur in bestimmten Jahreszeiten für nicht mehr als zwölf Wochen oder überhaupt für nicht mehr als fünfzig Tage übernimmt, im übrigen aber seinen Unterhalt selbständig erwirbt oder ohne Entgelt tätig ist. Die Befreiung ist nur zulässig, solange nicht einhundert nach § 1279 anrechnungsfähige Wochenbeiträge entrichtet worden sind.

Der Bundesrat kann Näheres bestimmen.

Vgl. § 6 Abs. 2 IVG.

Nach dem früheren Rechte wurden in die eine Befreiung von der Versicherungspflicht ausschließenden 100 Beitragswochen freiwillige Beiträge, Ersatztatsachen (§ 1393) und solche Beiträge eingerechnet, aus denen die Anwartschaft erloschen war. Nunmehr ist die Befreiung ohne Rücksicht auf die Zahl der insgesamt geleisteten Beiträge erst dann ausgeschlossen, wenn 100 Beiträge auf Grund der Versicherungspflicht oder der Selbstversicherung oder beider Versicherungsarten geleistet worden sind.

Von der Bestimmung werden z. B. selbständige kleine Landwirte, die nur zu gewissen Zeiten des Jahres Lohnarbeit in der Forst verrichten, Handwerker, die nur in der Erntezeit Arbeit in der Landwirtschaft annehmen und dgl. betroffen, ferner Personen, die zwar das ganze Jahr hindurch, aber immer nur für einzelne Tage als Lohnarbeiter, z. B. zur Aushülfe bei besonderen Gelegenheiten tätig sind. Dagegen bezieht sich die Bestimmung nicht auf solche Personen, die im Wege des § 1232 von der Versicherungspflicht befreit sind.

Für die Berechnung der im Abs. 1 Satz 1 erwähnten 12 Wochen kommen nicht bloß solche Tätigkeiten in Betracht, die während der vollen Wochen ausgeübt worden sind. Es kommt hier nur darauf an, daß nicht in mehr als 12 verschiedenen Wochen eine an sich versicherungspflichtige Beschäftigung stattgefunden hat (vgl. § 1387 Abs. 2). Im übrigen findet die Bestimmung aber auch Anwendung auf denjenigen, der zwar in mehr als 12 verschiedenen Wochen, jedoch an zusammen nicht mehr als 50 Tagen und umgekehrt auf denjenigen, der zwar an zusammen mehr als 50 Tagen, aber nicht in mehr als 12 verschiedenen Wochen Lohnarbeit verrichtet.

Eine neue Ausführungsbestimmung gemäß Abs. 2 hat der Bundesrat noch nicht erlassen. Unter der Herrschaft des IVG. bestimmte der Bundesratsbeschluß vom 24. Dezember 1899 (A. N. 1900, S. 179) das Nähere. Der neue Beschluß wird im Ergänzungsbande abgedruckt werden.

Verfahren (Entscheidung auf den Befreiungsantrag).

§ 1240. Über den Antrag entscheidet das für den Wohnsitz des Antragstellers zuständige Versicherungsamt (Beschlußausschuß). Hat der Antragsteller im Inland keinen Wohnsitz, so entscheidet das Versicherungsamt seines dauernden Aufenthalts. Auf Beschwerde entscheidet das Oberversicherungsamt endgültig.

Die Befreiung wirkt vom Eingang des Antrags an.

Vgl. § 6 Abs. 1, Satz 3, 4 IVG.

Das in den §§ 1240, 1241 geordnete Verfahren bezieht sich auf die Anträge nach §§ 1237 bis 1239 und kann durch den Bundesrat auch für die Fälle des § 1242 zur Anwendung gebracht werden. An die Stelle der früher zur Entscheidung berufenen Behörden sind jetzt das V. Amt und OV. Amt getreten. Diese Stellen dürfen ihre Entscheidung in den Fällen der §§ 1237 bis

1239 nicht von Zweckmäßigkeitserwägungen abhängig machen, sondern haben beim Vorliegen der gesetzlichen Voraussetzungen den Befreiungsanträgen auch dann stattzugeben, wenn sie der Ansicht sind, daß sie nach den Umständen des Einzelfalls den Interessen des Berechtigten nicht entsprechen. Ist der Berechtigte minderjährig, so muß sein gesetzlicher Vertreter den Antrag stellen oder genehmigen.

Die Beschwerde ist an keine Frist gebunden. Hat das V. Amt gegen den Antrag entschieden, so bleibt die Versicherungspflicht bestehen, bis das OV. Amt entschieden hat. Die von diesem unter Aufhebung der Entscheidung des V. Amts ausgesprochene Befreiung von der Versicherungspflicht wirkt vom Eingang des Antrags bei dem V. Amt an.

Verfahren (Widerruf, Verzicht).

§ 1241. Das Versicherungsamt (Beschlußausschuß) widerruft die Befreiung, sobald ihre Voraussetzungen nicht mehr vorliegen. Auf Beschwerde entscheidet das Oberversicherungsamt endgültig.

Bei Verzicht auf die Befreiung und bei ihrem endgültigen Widerruf tritt die Versicherungspflicht wieder in Kraft.

Vgl. § 6 Abs. 1, Satz 5 IVG.

Zum Widerruf der Befreiung ist das für den Wohnort des Befreiten zur Zeit des Widerrufs zuständige V. Amt berufen. Der Widerruf kann von Amtswegen oder auf Antrag, insbesondere der V. Anstalt ausgesprochen werden. Er wird auch dann zulässig sein, wenn sich herausstellt, daß die Voraussetzungen der Befreiung überhaupt nicht vorgelegen haben, obwohl das Gesetz nur den Fall erwähnt, daß diese Voraussetzungen „nicht mehr“ vorliegen.

Dem Widerruf der Behörde steht der Verzicht des Befreiten gleich. Der Verzicht wird gegenüber dem für den Wohnort des Befreiten zuständigen V. Amt abzugeben sein. Beim Verzicht des Befreiten tritt die Versicherungspflicht mit der Abgabe der Verzichtserklärung bei dem V. Amt wieder in Kraft; sonst mit der Zustellung des Widerrufsbescheids des V. Amts an den Befreiten, sei es daß der Bescheid unangefochten bleibt, sei es daß die Beschwerde dagegen vom OV. Amte zurückgewiesen wird.

Befreiung auf Antrag des Arbeitgebers durch den Bundesrat.

§ 1242. Der Bundesrat kann auf Antrag des Arbeitgebers bestimmen, wieweit die §§ 1234, 1235 Nr. 1, §§ 1237, 1240, 1241 gelten für

1. die in Betrieben oder im Dienste anderer öffentlicher Verbände oder von Körperschaften oder als Lehrer und Erzieher an nicht öffentlichen Schulen oder Anstalten Beschäftigten, wenn ihnen die im § 1234 bezeichneten Anwartschaften gewährleistet sind, oder sie lediglich für ihren Beruf ausgebildet werden,
2. Personen, denen auf Grund früherer Beschäftigung bei solchen Verbänden oder Körperschaften, Schulen oder Anstalten Ruhegeld, Wartegeld oder ähnliche Bezüge im Mindestbetrage der Invalidenrente nach den Sätzen der ersten Lohnklasse bewilligt sind und daneben eine Anwartschaft auf Hinterbliebenenfürsorge (§ 1234) gewährleistet ist,
3. Beamte und Bedienstete der landesherrlichen Hof-, Domanial-, Kameral-, Forst- und ähnlichen Verwaltungen, der Herzoglich Braunschweigischen Landschaft und der Fürstlich Hohenzollernschen Fideikommißverwaltung.

Vgl. § 7. IVG.

Die in Ziffer 1 und 3 bezeichneten Personenkreise sind dieselben, wie sie in § 170 Abs. 1, § 171, § 170 Abs. 2, bei der Krankenversicherung aufgezählt sind.

Die Bestimmung gibt dem Bundesrate die Befugnis, die hier genannten Personen den nach § 1234, § 1235 No. 1 von der Versicherungspflicht Ausgeschlossenen und nach § 1237 zu dem Antrag auf Freistellung von der Versicherungspflicht Berechtigten gleichzustellen und für erstere das Verfahren nach §§ 1240, 1241 zur Anwendung zu bringen.

Unter den in No. 1 erwähnten Körperschaften sind sowohl öffentliche wie nicht öffentliche zu verstehen.

Auf die in No. 1 und 2 erwähnten Personen findet — abgesehen von denjenigen, die lediglich für ihren Beruf ausgebildet werden — die Bestimmung wegen der Neueinführung der Hinterbliebenenversicherung nur Anwendung bei ausreichender Sicherstellung nicht nur für sie selbst, sondern auch für ihre Hinterbliebenen.

Bei den in No. 3 aufgeführten, neu hinzugefügten Personengruppen, ist eine gleiche Bedingung nicht aufgestellt, weil bezüglich ihrer die notwendige Sicherstellung nach beiden Richtungen regelmäßig gewährleistet sein wird. Im übrigen handelt es sich hier im Grunde genommen nur um Anwendungsfälle der Nr. 1. Auf Grund des § 7 IVG. waren mehrere Bundesratsbeschlüsse ergangen. Neue Beschlüsse sind noch nicht erlassen. Auch hier ist, wie bei §§ 1234, 1237 die Vorschrift des Art. 78 Einf.-Ges. zu beachten.

Versicherungsberechtigung.

Vorbemerkung.

Das Gesetz unterscheidet ebenso wie früher § 14 IVG., dem die §§ 1243, 1244 nachgebildet sind, zwei Arten der Versicherungsberechtigung oder freiwilligen Versicherung, nämlich die Selbstversicherung (§ 1243) und die Weiterversicherung (§ 1244). Für diese beiden Versicherungsarten kommen ebenso, wie für die Pflichtversicherung nur Personen in Betracht, die nicht bereits dauernd oder vorübergehend invalide sind (§ 1443). Während aber Pflichtbeiträge noch nach Eintritt der Invalidität für Zeiten, die vor ihrem Beginn liegen, in den Grenzen des § 1442 nachentrichtet werden können, ist eine Entrichtung von freiwilligen Beiträgen nach Eintritt der Invalidität überhaupt unzulässig (§ 1443). Auch für die Erfüllung der Wartezeit haben freiwillige Beiträge nicht dieselbe Bedeutung, wie Pflichtbeiträge (§§ 1278, 1279). Ferner kommen die Ersatztatsachen der §§ 1393, 1394 für die Erhaltung der Anwartschaft (§§ 1280 ff.) nur denjenigen zugute, welche vor Eintritt dieser Tatsachen in versicherungspflichtiger Beschäftigung gestanden haben.

Wegen der Beitragsentrichtung in den Fällen der freiwilligen Versicherung vgl. §§ 1440, 1441.

Wegen der freiwilligen Versicherung bei Sonderanstalten vgl. § 1371.

Wegen der Anrechnung der in der irrtümlichen Annahme der Versicherungspflicht entrichteten Beitäge für die freiwillige Versicherung vgl. § 1446 und die Anm. dazu. Danach gelten nunmehr alle solche Beiträge, wenn sie nicht zurückgefordert werden, entweder für die Weiterversicherung oder für die Selbstversicherung, je nachdem das Recht für die eine oder andere Versicherungsform in der Zeit der Beitragsentrichtung bestanden hat.

Selbstversicherung.

§ 1243. Zum freiwilligen Eintritt in die Versicherung (Selbstversicherung) sind bis zum vollendeten vierzigsten Lebensjahre berechtigt

1. die im § 1226 unter No. 2 bis 5 Bezeichneten und Schiffer, wenn ihr regelmäßiger Jahresarbeitsverdienst mehr als zweitausend Mark, aber nicht über dreitausend Mark beträgt,
2. Gewerbtreibende und andere Betriebsunternehmer, die in ihren Betrieben regelmäßig keine oder höchstens zwei Versicherungspflichtige beschäftigen, sowie Hausgewerbtreibende,
3. Personen, die nach den §§ 1227, 1232 versicherungsfrei sind.

Die Berechtigten können die Selbstversicherung beim Ausscheiden aus dem Verhältnis, das die Berechtigung begründet hat, fortsetzen oder später nach § 1283 erneuern.

Vgl. § 14 Abs. 1, 2 IVG.

Mit dem Ausdruck „Selbstversicherung" umfaßt das Gesetz sowohl den Eintritt in die Selbstversicherung (Abs. 1) als auch deren Fortsetzung oder Erneuerung (Abs. 2).

Im Abs. 1 Nr. 1 ist der Kreis der zur Selbstversicherung berechtigten Personen gegenüber dem § 14 Abs. 1 No. 1 IVG. dadurch erweitert, daß jetzt auch Handlungslehrlinge, für die bisher nur Versicherungspflicht bestand, Gehülfen und Lehrlinge in Apotheken sowie alle Bühnen- und Orchestermitglieder einbezogen sind.

Die in Abs. 1 No. 2 bezeichneten Personen kommen für das Selbstversicherungsrecht nur insoweit in Betracht, als sie nicht vom Bundesrat gemäß § 1229 für versicherungspflichtig erklärt sind. Was die Kleinunternehmer anlangt, so ist ihr Kreis für das Selbstversicherungsrecht weitergezogen, als für die Befugnis des Bundesrats zu ihrer Einbeziehung in die Zwangsversicherung. Denn ihre Versicherungspflicht kann nur angeordnet werden, wenn sie regelmäßig keinen und ausnahmsweise vorübergehend oder gelegentlich einen Versicherungspflichtigen beschäftigen, während ihr Selbstversicherungsrecht zwar auch voraussetzt, daß regelmäßig keine Versicherungspflichtigen in ihren Betrieben beschäftigt werden, aber auch noch bei gelegentlicher Beschäftigung von zwei Versicherungspflichtigen bestehen bleibt. Da auch hier, wie bei § 1229 Nr. 1 der Ausdruck „regelmäßig" nur auf den Ausdruck „keine" bezogen werden kann, so wird angenommen werden müssen, daß jetzt das Selbstversicherungsrecht der Kleinunternehmer nicht soweit geht, wie nach § 14 Abs. 1, Nr. 2 IVG.; denn dort bestand es für solche Kleinunternehmer, die durchschnittlich regelmäßig nicht mehr als zwei Lohnarbeiter beschäftigten. Ob der Gesetzgeber eine solche Einschränkung gegenüber dem bisherigen Rechte beabsichtigt hat, kann zweifelhaft sein.

Abs. 2 gibt den nach Abs. 1 zur Selbstversicherung Berechtigten die Befugnis, die bestehende Selbstversicherung fortzusetzen oder die erloschene zu erneuern, wenn sie aus dem Selbstversicherungsverhältnis ausgeschieden sind. Voraussetzung dabei ist, daß diese Personen die Selbstversicherung tatsächlich begonnen, d. h. Beiträge dazu geleistet hatten. Die Fortsetzung und Erneuerung der Selbstversicherung ist auch nach Zurücklegung des 40. Lebensjahrs zulässig; vgl. jedoch wegen der für die Erneuerung des Versicherungsverhältnisses geltenden Beschränkungen, § 1283 Abs. 2, 3. —

Die Fortsetzung der Selbstversicherung ist auch während des Aufenthalts im Auslande zulässig; wegen des Ruhens der Rente bei Aufenthalt im Ausland vgl. §§ 1313.

Wegen der Erhaltung der Anwartschaft durch Selbstversicherungsbeiträge vgl. § 1282.

Weiterversicherung.

§ 1244. Wer aus einem versicherungspflichtigen Verhältnis ausscheidet, kann die Versicherung freiwillig fortsetzen oder später nach § 1283 erneuern (Weiterversicherung).

Vgl. § 14 Abs. 2 IVG.

Unter der Weiterversicherung ist die freiwillige Fortsetzung einer bestehenden oder die freiwillige Erneuerung einer erloschenen Pflichtversicherung zu verstehen; vgl. wegen der für die Er-

neuerung des Versicherungsverhältnisses geltenden Beschränkungen § 1283 Abs. 2, 3.

Das Recht der Weiterversicherung besteht für alle Personen, welche einmal in einem die Versicherungspflicht begründenden Verhältnisse gestanden haben und für welche aus diesem Grund mindestens ein Beitrag entrichtet worden ist. Im übrigen ist es unerheblich, wie lange das die Versicherungspflicht begründende Verhältnis bestanden hat, aus welchem Grunde das Ausscheiden aus diesem Verhältnisse erfolgt ist, ob die Personen, welche von der Weiterversicherung Gebrauch machen wollen, in einem Beschäftigungsverhältnisse stehen und — vorbehaltlich der Bestimmungen des § 1283 Abs. 2 und 3 — auch, in welchem Alter sie sich befinden. Sie können sich auch während des Aufenthalts im Auslande weiterversichern; wegen des Ruhens der Rente beim Aufenthalt im Auslande vgl. § 1313.

Wegen der Erhaltung der Anwartschaft durch Weiterversicherungsbeiträge vgl. § 1280.

III. Lohnklassen.

Die Bestimmungen über die Lohnklassen (§§ 1245 bis 1249) sind gegenüber dem § 34 IVG. teilweise verändert, namentlich vereinfacht. Die Lohnklasseneinteilung des IVG. ist aber beibehalten worden. Nur die auf die einzelnen Lohnklassen entfallenden Wochenbeiträge sind erhöht worden (§ 1392). Außer für die Höhe der Beiträge ist die Lohnklasseneinteilung für die Höhe der Versicherungsleistungen (§§ 1286 ff.) von wesentlicher Bedeutung.

Die Lohnklassen.

§ 1245. Nach der Höhe des Jahresarbeitsverdienstes werden für die Versicherten folgende Lohnklassen gebildet:

Klasse I bis zu 350 Mark,
„ II von mehr als 350 bis zu 550 Mark,
„ III „ „ „ 550 „ „ 850 „
„ IV „ „ „ 850 „ „ 1150 „
„ V „ „ „ 1150 Mark.

§ 34 Abs. 1, Satz 1 IVG.

Die Lohnklassen sind sowohl in Bezug auf ihre Zahl, wie in Bezug auf ihre Abgrenzung gegeneinander unverändert geblieben.

Sie gelten insofern für alle Versicherten, als die Versicherung stets in einer dieser Klassen erfolgen muß. Aber die Zugehörigkeit der Versicherten zu den einzelnen Lohnklassen regelt das Gesetz nur bei der Zwangsversicherung. Wegen der Versicherung in einer höheren als der an sich maßgebenden Lohnklasse vgl. § 1248. Den freiwillig Versicherten dagegen steht die Wahl der Lohnklasse grundsätzlich frei (§ 1440 Abs. 1). Wegen der besonderen Bestimmungen für diejenigen freiwillig Versicherten, welche auf Grund der §§ 1227, 1232 versicherungsfrei sind, vgl. § 1441.

Zugehörigkeit zu den einzelnen Lohnklassen.

§ 1246. Soweit die folgenden Vorschriften nichts anderes bestimmen, ist für die Zugehörigkeit zu den Lohnklassen statt des tatsächlichen Jahresarbeitsverdienstes ein Durchschnittsbetrag maßgebend.

Im einzelnen gilt als Jahresarbeitsverdienst

1. für Mitglieder einer Krankenkasse oder knappschaftlichen Krankenkasse das Dreihundertfache des Grundlohns (§§ 180, 181),
2. für die nach § 1046 Nr. 1 versicherten Seeleute, soweit der Reichskanzler für sie einen Durchschnittsbetrag festgesetzt hat (§§ 1067 bis 1071), dieser Betrag,
3. im übrigen der dreihundertfache Betrag des Ortslohns, soweit das Oberversicherungsamt für einzelne Berufszweige nichts anderes bestimmt.

Landwirtschaftliche Betriebsbeamte gehören zur dritten, Lehrer und Erzieher zur vierten Klasse, soweit nicht jene einen Jahresarbeitsverdienst von mehr als 850, diese von mehr als 1150 Mark nachweisen.

§ 34 Abs. 1, Satz 2 und Abs. 2 IVG.

Grundsätzlich sind die Versicherten, wie bisher, nicht nach ihrem tatsächlichen, sondern nach dem für ihre Berufsklasse oder -Gruppe maßgebenden durchschnittlichen Jahresarbeitsverdienst in eine der 5 Lohnklassen des § 1245 einzureihen.

In Abs. 2 Nr. 1 ist der in Betracht kommende Personenkreis gegenüber § 34 Abs. 2, Nr. 1 IVG. insofern erweitert, als er nunmehr auch die Mitglieder der Ersatzkassen umfaßt, die früher unter § 34 Abs. 2, Nr. 5 IVG. fielen. Im übrigen macht die Bestimmung besondere Vorschriften für die in der Land- und Forstwirtschaft beschäftigten Personen (früher § 34 Abs. 2, Nr. 2 IVG.) und für die Mitglieder von knappschaftlichen Krankenkassen (§ 34 Abs. 2, Nr. 4 IVG.) entbehrlich, weil der Jahresarbeitsverdienst aller dieser Personen nunmehr nach einem Grundlohn bemessen werden kann (Begr. S. 395). Dieser Grundlohn kann freilich erst durch die noch zu beschließenden Satzungen der neu zu errichtenden KK.en bestimmt werden. Hier wird es einer Übergangsvorschrift gemäß Art. 100 Einf.-Ges. bedürfen, ebenso beim Ortslohn nach Abs. 2 Nr. 3 (vgl. die Vorbemerkung zum 4. Buche).

Unter „knappschaftlichen Krankenkassen" versteht die RVO. die besonderen Einrichtungen, die bei den Knappschaftsvereinen (vgl. Anm. zu § 1322) für die Zwecke der Krankenversicherung bestehen. Wo die RVO. nur von Knappschaftsvereinen spricht, sind gegebenenfalls deren knappschaftliche Krankenkassen miterfaßt (Begr. S. 245/246).

Die Fassung des Abs. 2 Nr. 2 beruht auf einem Kommissionsbeschlusse.

Auf Grund der Bestimmung des Abs. 2 Nr. 3 wird das OV.-Amt, welches hier an die Stelle der höheren Verwaltungsbehörde getreten ist (§ 34 Abs. 2 Nr. 5 IVG.), in der Lage sein, für einzelne Berufszweige nicht nur einen höheren, sondern auch einen niedrigeren Durchschnittsverdienst, als den 300fachen Betrag des Ortslohns, ja sogar den tatsächlichen Jahresarbeitsverdienst als maßgebend festzusetzen.

Neu ist die im Abs. 3 aufgestellte Regel für die Einreihung der landwirtschaftlichen Betriebsbeamten in die Lohnklasse III.

Feste bare Vergütung.

§ 1247. Wenn im voraus für Wochen, Monate, Vierteljahre oder Jahre eine feste bare Vergütung vereinbart ist, die den Durchschnittsbetrag übersteigt, so ist diese maßgebend.

Vgl. § 34 Abs. 3 IVG.

Die Bestimmung bildet eine Ausnahme von § 1246 zu gunsten der Versicherten, da nur die den Durchschnittsbetrag übersteigende, nicht die niedrigere bare Vergütung in Betracht kommt. Auf Akkordlöhne findet die Bestimmung keine Anwendung. Naturalbezüge bleiben unberücksichtigt, weil sie keine bare Vergütung sind, schwankende Barbezüge, wie Tantiemen, Trinkgelder und dergl., ebenso Lohn, der nach dem Umfange der Arbeitsleistungen wechselt, weil sie keine feste Vergütung bilden (Besch. 809, A. N. 1900, S. 648, Beschl. 858, A. N. 1900, S. 837).

Versicherung in höherer Lohnklasse.

§ 1248. Die Versicherung in einer höheren Lohnklasse ist erlaubt, der Arbeitgeber aber zum höheren Beitrag nur verpflichtet, wenn er sie mit dem Versicherten vereinbart hat.

Vgl. § 34 Abs. 4 IVG.

Diese Bestimmung bildet eine Ausnahme sowohl von § 1246 als von § 1247. Der Versicherte hat danach das unbeschränkte Recht, sich in einer höheren als der an sich nach §§ 1246, 1247 maßgebenden Lohnklasse zu versichern, soweit nicht § 1443 entgegensteht. Die Höhe seines tatsächlichen Jahresarbeitsverdienstes ist dabei gleichgültig. Die Höherversicherung hat aber eine entsprechende Erhöhung der Beitragshälfte des Arbeitgebers nur dann zur Folge, wenn dieser sich mit dem Versicherten über die Höherversicherung geeinigt hat. Andernfalls hat der Arbeitgeber nur den nach den gesetzlichen Bestimmungen auf ihn entfallenden Beitragsanteil und der Versicherte das übrige zu entrichten (vgl. auch § 1432).

Bekanntmachung der Lohnklassen und Beiträge.

§ 1249. Die Versicherungsanstalt veröffentlicht für die einzelnen Orte ihres Bezirkes und für jede Gruppe der Versicherten die Lohnklassen und Beiträge.

Vgl. § 34 Abs. 5 IVG.

Während es früher der Landeszentralbehörde überlassen war, die Veröffentlichung der Lohnklassen und Beiträge durch die Versicherungsanstalten anzuordnen, ist die Veröffentlichung jetzt den V. Anstalten gesetzlich vorgeschrieben. —

Zweiter Abschnitt.

Gegenstand der Versicherung.

Vorbemerkung.

Als Leistungen der Invaliden- und Hinterbliebenenversicherung kommen in erster Linie die Invaliden-, Alters-, Witwen-, Witwer- und Waisenrenten, sowie das Witwengeld und die Waisenaussteuer in Betracht (§ 1250).

Diese Leistungen bilden den Gegenstand der Versicherung im engeren Sinne, sind in der Regel notwendiger Natur und in ihrer Höhe fest begrenzt. Über Ausnahmen vgl. § 1254 Abs. 2, § 1271 Satz 4, § 1272. Daneben sieht das Gesetz noch andere Leistungen vor, die zwar nicht vorgeschrieben, aber zugelassen sind und sich als Versicherungsleistungen im weiteren Sinne bezeichnen lassen. Dahin gehört die Einleitung des Heilverfahrens sowohl außerhalb einer Anstalt (§ 1269) wie innerhalb einer solchen (§ 1270) — in welch letzterem Falle die Zahlung eines Hausgeldes nach Maßgabe des § 1271 vorgeschrieben ist — und die Aufwendung von Mitteln zur Durchführung allgemeiner Maßnahmen auf gesundheitlichem Gebiete (§ 1274). Auch die nach § 1400 zulässige Erhöhung der Leistungen kommt hier in Betracht. — Alle diese Leistungen sind nach § 118 keine öffentlichen Armenunterstützungen. — Die Ansprüche der Versicherten können, vorbehaltlich des § 1325, nur in den Grenzen des § 119 übertragen, gepfändet und verpfändet werden. Ein Verzicht auf Rente ist an sich unbeschränkt zulässig (vgl. Rev. Entsch. 928, A. N. 1901, S. 612). Seine rechtliche Beurteilung unterliegt den Vorschriften des bürgerlichen Rechts. Danach bedarf es zur Gültigkeit des Verzichts einer entsprechenden der V. Anstalt gegenüber abgegebenen rechtsgeschäftlichen Erklärung des Berechtigten (vgl. Rev. Entsch. 1522, A. N. 1910, S. 655). Ein Verzicht auf Rente ist nicht anzunehmen, wenn die Gewährung einer Invalidenrente von einem nach dem Eintritte der dauernden Invalidität liegenden Zeitpunkt ab beantragt ist und der Antragsteller bei Stellung des Antrags nicht gewußt hat, daß ihm die Rente schon von einem früheren Zeitpunkt ab zustehe (vgl. Rev. Entsch. 1457, A. N. 1910, S. 455.) Auch ein Vergleich zwischen der V. Anstalt und dem Berechtigten über die Ansprüche des letzteren ist nicht schlechthin ungültig. Nur dürfen dadurch Vorschriften öffentlich-rechtlicher Natur nicht berührt werden. So ist ein Vergleich unzulässig, durch den den Versicherten eine Rente unter Abweichung von den Vorschriften über die Rentenberechnung oder auf Lebenszeit gewährt wird. Über Verzichte und Vergleiche im Streitverfahren wird die gemäß § 35 Abs. 2 zu erlassende Kais. Verordn. das Nähere enthalten (vgl. auch § 1666). Die Leistungen der V. Anstalt sind in der Regel Barleistungen. Statt ihrer können in den Fällen des § 1275 und bei Trunksucht des Berechtigten (§ 120) auch Sachleistungen gewährt werden; auch die Unterbringung der Rentenempfänger in Invaliden- oder Waisenhäusern (§ 1277) gehört hierher.

Schließlich enthält der 2. Abschnitt noch Vorschriften über die Wartezeit (§§ 1278, 1279), über das Erlöschen der Anwartschaft (§§ 1280 ff.), über die Berechnung der Versicherungsleistungen (§§ 1284 ff.), über ihren Wegfall (§§ 1298 ff.), über Rentenentziehung (§§ 1304 ff.), über das Ruhen der Renten (§§ 1311 bis 1315, § 1318), über Kapitalabfindungen (§§ 1316, 1317), über besondere Befugnisse der V. Anstalten (§§ 1319, 1320) und über das Verhältnis zu anderen Ansprüchen (§§ 1321 ff.).

I. Allgemeines.

Gegenstand der Versicherung im engeren Sinne.

§ 1250. Gegenstand der Versicherung sind Invaliden- oder Altersrenten sowie Renten, Witwengeld und Waisenaussteuer für Hinterbliebene.

Vgl. § 15 Abs. 1 IVG.

Gegenstand der Versicherung im engeren Sinne sind nicht mehr bloß, wie nach § 15 Abs. 1 IVG., Invaliden- und Altersrenten, sondern ferner Renten für Hinterbliebene, Witwengeld und Waisenaussteuer.

Als Renten für Hinterbliebene kommen in Betracht Witwenrente (§ 1258), Waisenrenten (§§ 1259 bis 1262) und Witwerrente (§ 1260 Abs. 1).

Über die Berechnung und die Höhe der Versicherungsleistungen vgl. §§ 1284 bis 1297, über den Wegfall dieser Leistungen §§ 1298 bis 1303, über die Entziehung der Renten §§ 1304 bis 1310, über das Zusammentreffen von Ansprüchen auf mehrere Renten aus der Invaliden- und Hinterbliebenenversicherung § 1318 (vgl. auch § 1301 Abs. 2), über das

Zusammentreffen von Ansprüchen auf Renten aus der Invaliden- und Hinterbliebenenversicherung mit solchen aus der Unfallversicherung, bei Verschiedenheit des Rechtsgrundes § 1311, über das Zusammentreffen von Ansprüchen auf Invaliden- (nicht Alters-) und Hinterbliebenenrente mit Unfallrentenansprüchen bei Gleichheit des Rechtsgrundes § 1522.

Der Anspruch auf die Versicherungsleistungen nach den §§ 1251, 1252 beruht nicht auf einem durch tatsächliche Entrichtung und Annahme von Beiträgen zustande gekommenen Versicherungsvertrage, sondern stellt sich als ein auf öffentlichrechtlicher Grundlage beruhender Anspruch dar, welcher unmittelbar aus dem Gesetze selbst entsteht, sobald seine Voraussetzungen tatsächlich gegeben sind (vgl. Rev. Entsch. 418, A. N. I. u. AV. 1895, S. 135). Eine Besonderheit enthält jetzt § 1445 Abs. 2, Satz 2. Die Feststellung der Versicherungsleistungen aus der Invaliden- und Hinterbliebenenversicherung findet im Gegensatz zu der Unfallversicherung nur auf Antrag der Berechtigten statt. Dafür sind die Rentenansprüche aus jener Versicherung aber auch nicht, wie bei dieser, an eine Frist gebunden. Nur die Nachzahlung unterliegt nach § 1253 einer zeitlichen Beschränkung.

Invaliden- und Altersrente.

§ 1251. Invaliden- oder Altersrente erhält, wer die Invalidität oder das gesetzliche Alter nachweist sowie die Wartezeit erfüllt und die Anwartschaft aufrecht erhalten hat.

Die Vorschrift enthält die allgemeinen Voraussetzungen für die Gewährung der Invaliden- und Altersrenten.

Diese sind

1. für die Invalidenrente:
   a) der Nachweis der Invalidität; der Ausdruck „Nachweis" ist nicht dahin zu verstehen, daß den Rentenbewerber eine Beweislast im Sinne des bürgerlichen Prozeßrechts trifft. Näheres vgl. im 6. Buch über das Verfahren, bes. §§ 1613, 1617, § 1622 Abs. 2, § 1679 Abs. 1. Was unter Invalidität zu verstehen ist, bestimmt § 1255 Abs. 2. Die Invalidität kann eine dauernde (§ 1255 Abs. 1) oder vorübergehende (§ 1255 Abs. 2) sein;
   b) die Erfüllung der Wartezeit (§ 1278 Nr. 1, § 1279), welche nach Beitragswochen berechnet wird. Über die Anrechnung von Ersatztatsachen vgl. §§ 1393, 1394;
   c) die Aufrechterhaltung der Anwartschaft (vgl. § 1280 ff.);

2. für die Altersrente:
   a) die Zurücklegung des gesetzlichen Alters, d. i. des 70. Lebensjahres (§ 1257);
   b) die Erfüllung der Wartezeit (§ 1278 Nr. 2); auch dabei findet eine Anrechnung von Ersatztatsachen gemäß § 1393, 1394 statt;
   c) die Aufrechterhaltung der Anwartschaft, wie bei der Invalidenrente.

Nach der Übergangsvorschrift des Art. 79 Satz 1 Einf.-Ges. unterliegen Ansprüche auf Invaliden- oder Altersrenten, über die am 1. Januar 1912 das Feststellungsverfahren noch schwebt, vorbehaltlich des Art. 71 Abs. 3 a. a. O. (Kinderzuschußrente) und der das Verfahren betreffenden Artikel 85, 94 bis 99 a. a. O. den Vorschriften der RVO., wenn diese für die Berechtigten günstiger ist (vgl. das Nähere in der Anm. zu Art. 79 Einf.-Ges.).

Hinterbliebenenfürsorge.

§ 1252. Hinterbliebenenfürsorge wird gewährt, wenn der Verstorbene zur Zeit seines Todes die Wartezeit für die Invalidenrente erfüllt und die Anwartschaft aufrechterhalten hat. Witwengeld und Waisenaussteuer nur, wenn außerdem die Witwe zur Zeit der Fälligkeit der Bezüge selbst die Wartezeit für die Invalidenrente erfüllt und die Anwartschaft aufrechterhalten hat.

Ihrem Umfange nach erstreckt sich die neue Fürsorge auf die Hinterbliebenen sämtlicher Personen, die der Invalidenversicherung nach der RVO. auf Grund der Versicherungspflicht, der Selbstversicherung oder der Weiterversicherung angehören. Der Entwurf wollte, um zu verhindern, daß die freiwillig Versicherten auf Kosten der Pflichtversicherten begünstigt würden, die Zahl der freiwillig geleisteten Beiträge bei der Bemessung der Hinterbliebenenbezüge nur zur Hälfte in Ansatz bringen. Die Kommission hat diese Bestimmungen aber gestrichen (vgl. Kom. Ber. 4. Teil, S. 11 ff.).

Was die zeitliche Anwendung der neuen Fürsorge anlangt, so bezieht sie sich nur auf die Hinterbliebenen von solchen Versicherten, die erst nach Inkrafttreten dieser Versicherung, d. i. also nach dem 1. Januar 1912 gestorben sind und auch nicht bereits seit jenem Tage und bis zu ihrem Tode ununterbrochen im Sinne des § 5 Abs. 4 des IVG. dauernd erwerbsunfähig waren (Art. 71 Abs. 1, 2 in Verbindung mit Art. 2 Abs. 1 Einf.-Ges.). Die neue Versicherung hat also keine rückwirkende Kraft.

Zu ihren allgemeinen Voraussetzungen gehört außerdem, daß der Verstorbene zur Zeit seines Todes die Wartezeit für die Invalidenrente (§ 1278 Nr. 1, §§ 1279, 1393, 1394) erfüllt und die Anwartschaft aufrecht erhalten hat (§§ 1280 ff.). Hiernach genügt die Erfüllung der Wartezeit für die Invalidenrente eines Versicherten zugleich für den Rentenanspruch seiner Hinterbliebenen. Auch bei der Selbstversicherung bewendet es bezüglich der Hinterbliebenenfürsorge bei der gewöhnlichen Wartezeit, die hier 500 Wochen beträgt. Nach der Übergangsvorschrift des Art. 68 Einf.-Ges. werden auf die Wartezeit bis zum 31. Dezember 1930 auch die nach dem IVG., nachher aber nur die für die Zeit nach dem 1. Januar 1912 entrichteten Beiträge angerechnet. Wenn nach dem 1. Januar 1912 die Invalidenversicherung auf Berufszweige neu erstreckt wird, so gelten nach Art. 70 a. a. O. die Vorschriften des Art. 64 a. a. O. bei Berechnung der Wartezeit für die Hinterbliebenenansprüche. Vgl. das Nähere in den Anm. zu den angeführten Art. des Einf.-Ges.

Auch die Hinterbliebenen eines Invalidenrentenempfängers, dessen Ehe erst nach Eintritt der Invalidität geschlossen ist, haben an sich Anspruch auf die Hinterbliebenenfürsorge (Kom. Ber. 4. Teil, S. 97).

Zu den gemeinsamen Voraussetzungen für alle Hinterbliebenenbezüge treten dann noch die besonderen Erfordernisse der einzelnen Arten der Hinterbliebenenfürsorge:

a) Witwenrente wird nur der invaliden Witwe gewährt (§ 1258);

b) Waisenrente erhalten nur Kinder oder elternlose Enkel unter 15 Jahren nach näherer Bestimmung der §§ 1259 bis 1262;

c) für die Witwerrente enthält § 1260 die näheren Voraussetzungen;

d) Witwengeld erhält nur diejenige Witwe, welche zur Zeit der Fälligkeit dieses Bezuges, d. i. beim Tode ihres Ehemannes für sich selbst den Anspruch auf Invalidenrente bereits erworben oder die Wartezeit für die Invalidenrente erfüllt und die Anwartschaft erhalten hat (§§ 1252, 1264);

e) Waisenaussteuer wird ebenfalls nur gewährt, wenn die Witwe selbst die Wartezeit für die Invalidenrente erfüllt und die Anwartschaft aufrecht erhalten hat; auch hier ist der Fall gleichzustellen, daß sie den Anspruch auf Invalidenrente für sich selbst bereits erworben hat. — Aus dem Umstande, daß auch hier diese Voraussetzungen zur Zeit der Fälligkeit der Bezüge vorhanden sein müssen, könnte in Verbindung mit § 1264 gefolgert werden, daß die Waisenaussteuer nur gewährt werde, wenn ihre besonderen Erfordernisse bei Ablauf des fürsorgebedürftigen Alters der Waisen gegeben sind. Das ist indessen nicht zutreffend. Nach der Absicht des Gesetzgebers soll vielmehr bei der Waisenaussteuer ebenso wie beim Witwengeld in erster Reihe das Versicherungsverhältnis der Mutter beim Tode des Ehemannes maßgebend sein; die Waisenaussteuer wird also bei Vollendung des 15. Lebensjahrs der Waisen stets gewährt, wenn ihre Voraussetzungen zur Zeit des Todes des Vaters vorhanden waren. Sie soll aber den Waisen auch dann nicht vorenthalten werden, wenn die Witwe erst nach dem Tode des Ehemannes, aber vor Ablauf des fürsorgebedürftigen Alters der Waisen die Wartezeit für die Invalidenrente erfüllt hat, sei es, daß sie beim Tode des Ehemannes die erforderliche Zahl von Beiträgen noch nicht entrichtet oder die Beitragsleistung erst nach diesem Zeitpunkte begonnen hat (Begr. S. 369). Diese das Anwendungsgebiet der Vorschrift zugunsten der Waisenaussteuer erweiternde Auslegung sollte offenbar durch den gleichzeitigen Hinweis auf die Fälligkeit beider Bezüge (des Witwengeldes und der Waisenaussteuer) ermöglicht werden.

Zweifel können bestehen, ob eine Waisenaussteuer auch dann zu gewähren ist, wenn eine Waisenrente überhaupt nicht gezahlt worden ist und eine solche Zahlung auch nicht gemäß § 1253 für die Zeit bis zur Vollendung des 15. Lebensjahres der Waise nachträglich verlangt werden kann. In der Begr. zu § 1300 (S. 407) wird diese Frage verneint, weil die Waisenaussteuer eine Folge der Gewährung einer Waisenrente sei, und § 1296 berechnet die Waisenaussteuer auf den 8fachen Monatsbetrag der bezogenen Waisenrente, scheint also auch vorauszusetzen, daß eine Waisenrente gezahlt sein muß. Unter diesen Umständen wird, obwohl die maßgebenden §§ 1252, 1264 dies nicht ausdrücklich vorschreiben, anzunehmen sein, daß eine Waisenaussteuer nur zu gewähren ist, wenn mindestens gleichzeitig eine Waisenrente festzustellen ist.

Die Bezüge der Hinterbliebenen stehen in einem bestimmten Verhältnisse zu der Invalidenrente des Ernährers (vgl. §§ 1287, 1292, 1294, 1296).

Darüber, daß den Hinterbliebenen ein Anspruch auf Beitragserstattung — von einer Übergangszeit abgesehen — nicht mehr zusteht, vgl. die Vorbemerkung zum 4. Buche sowie die Anm. zu § 1537 und die Art. 75 Abs. 2, Art. 77, 78 Einf.-Ges.

Nachzahlung von Renten.

§ 1253. Länger als auf ein Jahr rückwärts, vom Eingang des Antrags gerechnet, wird keine Rente gezahlt, sofern nicht der Berechtigte durch Verhältnisse, die außerhalb seines Willens liegen, verhindert worden ist, den Antrag rechtzeitig zu stellen. Der Antrag ist in diesem Falle binnen drei Monaten zu stellen, nachdem das Hindernis weggefallen ist.

Vgl. § 41 Abs. 3 IVG.

Die Vorschrift bezieht sich auch auf die Renten der Hinterbliebenen. Dagegen nicht auf das Witwengeld und die Waisenaussteuer; ersteres verfällt nach der Vorschrift des § 1300, für letztere ist eine den Verfall regelnde Vorschrift nicht vorgesehen (vgl. in letzter Beziehung das Nähere in der Anm. zu § 1252 unter „Waisenaussteuer").

Die Frist des § 1253 ist keine Verjährungsfrist, sondern eine Ausschlußfrist; die Verjährungsvorschriften des BGB. finden daher auf sie keine Anwendung.

Maßgebend für die Frist ist der Eingang des Antrags bei der zuständigen Behörde. Zuständig ist in erster Reihe das V. Amt (§§ 1613 bis 1615). Nach § 1616 können aber auch andere Behörden zur Entgegennahme des Antrags zuständig sein. Auf Rentenbeträge, die bewilligt und zur Zahlung angewiesen, aber nicht abgehoben sind, findet die Vorschrift keine Anwendung; hier tritt nach § 29 Abs. 3 binnen 4 Jahren nach der Fälligkeit die Verjährung ein.

Neu ist die in Satz 1 enthaltene Ausnahmevorschrift, die von der Kommission in erster Lesung angenommen wurde. Satz 2 wurde von der Kommission in zweiter Lesung zugefügt (Kom. Ber. 4. Teil, S. 39 ff.). Vgl. auch § 1547. Kann danach auch für eine länger als ein Jahr zurückliegende Zeit eine Rente verlangt werden, so findet doch auch ein solcher Anspruch seine Grenzen in der Verjährungsvorschrift des § 29 Abs. 3.

Versagung der Rente.

§ 1254. Wer sich vorsätzlich invalide macht, verliert den Anspruch auf die Rente.

Hat sich der Versicherte oder die Witwe die Invalidität beim Begehen einer Handlung, die nach strafgerichtlichem Urteil ein Verbrechen oder vorsätzliches Vergehen ist, zugezogen, so kann die Rente ganz oder teilweise versagt werden. Die Verletzung bergpolizeilicher Verordnungen oder des § 93 Abs. 2, 3 und der §§ 95 bis 97 der Seemannsordnung gilt nicht als Vergehen im Sinne des vorstehenden Satzes. Die Invaliden- oder Witwenrente kann den im Inland wohnenden Angehörigen ganz oder teilweise zugewiesen werden, wenn der Versicherte oder die Witwe sie bisher ganz oder überwiegend aus ihrem Arbeitsverdienst unterhalten haben. Deutsche Schutzgebiete gelten im Sinne dieser Vorschrift als Inland.

Die Rente kann auch versagt werden, wenn wegen des Todes, der Abwesenheit oder eines anderen in der Person des Antragstellers liegenden Grundes kein strafgerichtliches Urteil ergeht.

Vgl. § 17 IVG.
Vgl. § 557 und Anm. dazu.

Die Vorschrift bezieht sich auch auf die Witwenrente, dagegen nicht auf die Witwerrente. Der Witwer erhält also die Rente, sofern die sonstigen Voraussetzungen für ihre Gewährung vorliegen, auch dann, wenn er seine Erwerbsunfähigkeit vorsätzlich oder durch eine strafbare Handlung im Sinne des Abs. 2 herbeigeführt hat. Übrigens wird auch eine Witwe, die sich die Invalidität vor dem Tode des Ehemannes auf solche Weise zugezogen hat, von der Vorschrift nicht betroffen, weil es in diesem Falle an dem ursächlichen Zusammenhange zwischen der Handlung und dem Rentenanspruch fehlt (Begr. S. 396).

Abs. 1 behandelt die vorsätzliche Herbeiführung der Invalidität wie im früheren Rechte. Die Rente ist gänzlich zu versagen. Es ist nicht gerade erforderlich, daß die vorsätzliche Handlung von vornherein auf den tatsächlich eingetretenen Erfolg gerichtet war. Auch wer vorsätzlich, d. h. mit Bewußtsein einen Selbstmordversuch begeht, dabei aber nur invalide wird, verliert nach der bisherigen Rechtsprechung des RVA. seinen Rentenanspruch (zu vgl. Rev. Entsch. 706, A. N. 1899, S. 285). Diese — allerdings nicht ohne Widerspruch gebliebene — Auffassung ist auch in der Begr. (S. 397) gebilligt worden. Den Hinterbliebenen von Personen, die Selbstmord begangen haben, stehen die Hinterbliebenenbezüge jedenfalls auch dann zu, wenn der Selbstmord in zurechnungsfähigem Zustande verübt war.

Abs. 2 setzt voraus, daß

a) ein Verbrechen oder vorsätzliches Vergehen vorliegt. Fahrlässige Vergehen kommen also nicht in Betracht. Ob ein

Verbrechen oder Vergehen vorliegt, bestimmt sich nach § 1 StGB. Nur die ein vorsätzliches Vergehen darstellende Verletzung bergpolizeilicher Verordnungen oder der Seemannsordnung rechtfertigt nicht die Anwendung der Vorschrift;

b) die nach a strafbare Handlung von dem Versicherten oder der Witwe begangen ist;

c) die Invalidität durch diese strafbare Handlung herbeigeführt ist;

d) diese Handlung durch strafgerichtliches Urteil — auch ein amtsrichterlicher Strafbefehl gehört hierher — festgestellt ist. Das Urteil muß rechtskräftig sein.

Liegen diese Voraussetzungen vor, so kann die Rente ganz oder teilweise versagt werden, braucht es aber nicht. Hier hat der Versicherungsträger also freie Hand. Soll die Rente versagt oder gekürzt werden, so ist das instanzielle Verfahren zu eröffnen. Dieses Verfahren wird sich nicht lediglich auf die Feststellung zu beschränken haben, ob die oben zu a bis d erwähnten Voraussetzungen vorliegen, sondern es wird im Rechtsmittelwege auch nachzuprüfen sein, ob und in welchem Umfang ein Rentenverlust gerechtfertigt ist. Für die Unfallversicherung ist die Frage durch die Rek. Entsch. 1935, A. N. 1902, S. 464 (zu § 8 GUVG., jetzt § 557 RVO.) in diesem Sinne bereits entschieden worden.

Die in Abs. 2 Satz 3 behandelte Zuweisung der Rente an die Angehörigen wird allerdings lediglich Sache des freien, einer Anfechtung nicht unterliegenden Ermessens des Versicherungsträgers sein.

Die Angehörigen sind an die Stelle der Familie (§ 17 IVG.) getreten. Dadurch sollte der Kreis der Berechtigten über die engere Familie (Frau und Kinder unter 15 Jahren) hinaus auf die in den §§ 593, 594 genannten Personen, das sind die Verwandten aufsteigender Linie und die elternlosen Enkel ausgedehnt werden (Begr. S. 396). Beschränkt ist dieser Kreis nur dadurch, daß der Versicherte oder die Witwe den Unterhalt der Angehörigen bisher „ganz oder überwiegend" aus ihrem Arbeitsverdienst bestritten haben müssen. Im § 17 IVG. fehlten die Worte „ganz oder überwiegend". Indessen wurde es in der Rechtsprechung auch schon nach dieser Vorschrift für genügend angesehen, wenn der Versicherte durch seinen Arbeitsverdienst zum Unterhalt (der Familie) in dem Maße beigetragen hatte, daß dadurch eine Notlage von ihnen ferngehalten wurde (vgl. Besch. 1262, A. N. 1906, S. 458).

Der Unterhalt muß „bisher" . . . . bestritten sein, d. h. bis zum Beginne der Invalidität oder der Erkrankung, die zur Invalidität geführt hat.

Die Angehörigen müssen im Inlande wohnen. In dieser Beziehung ist aber zugunsten der deutschen Schutzgebiete eine Ausnahme gemacht.

Die Überweisung der Rente an die Angehörigen ist erst zulässig, wenn die Rente für den Versicherten oder die Witwe selbst festgestellt worden ist, oder mindestens gleichzeitig festgestellt wird.

Der Entwurf wollte die Überweisung von Witwenrente an die Angehörigen nicht zulassen, weil für die Waisen durch die Waisenrenten auch dann gesorgt ist, wenn die Witwe ihre Invalidität durch eine strafbare Handlung herbeigeführt hat (Begr. S. 397). Auf Kommissionsbeschluß ist aber die Fassung des Gesetzes angenommen worden, da auch andere Angehörige der Witwe als Kinder in Betracht kommen können (Kom. Ber. 4. Teil, S. 41). Zugunsten der Waisen werden die V. Anstalten von der ihnen in Abs. 2 Satz 3 gegebenen Überweisungsbefugnis regelmäßig wohl keinen Gebrauch machen.

Abs. 3 ist neu; er will den besonderen Umständen Rechnung tragen, wie sie auf dem Gebiete der Unfallversicherung in der Vorschrift des § 557 Abs. 4 (früher § 8 Abs. 3 GUVG.) berücksichtigt worden sind. Auch hier wird nicht nur die gänzliche, sondern auch die teilweise Versagung der Rente zuzulassen sein.

II. Invalidenrente.

Invalidenrente.

§ 1255. Invalidenrente erhält ohne Rücksicht auf das Lebensalter der Versicherte, der infolge von Krankheit oder anderen Gebrechen dauernd invalide ist.

Als invalide gilt, wer nicht mehr imstande ist, durch eine Tätigkeit, die seinen Kräften und Fähigkeiten entspricht und ihm unter billiger Berücksichtigung seiner Ausbildung und seines bisherigen Berufs zugemutet werden kann, ein Drittel dessen zu erwerben, was körperlich und geistig gesunde Personen derselben Art mit ähnlicher Ausbildung in derselben Gegend durch Arbeit zu verdienen pflegen.

Invalidenrente erhält auch der Versicherte, der nicht dauernd invalide ist aber während sechsundzwanzig Wochen ununterbrochen invalide gewesen ist oder der nach Wegfall des Krankengeldes invalide ist, für die weitere Dauer der Invalidität (Krankenrente).

Vgl. § 15 Abs. 2, Satz 1, § 5 Abs. 4 und § 16 IVG.

Abs. 1 behandelt die Invalidenrente im eigentlichen Sinne. Sie erhält derjenige Versicherte, welcher dauernd „invalide" ist (im IVG. hieß es „erwerbsunfähig"). Dauernd ist die Invalidität, wenn sie nach vernünftiger menschlicher Voraussicht in absehbarer Zeit nicht zu beseitigen sein wird. Die entfernte Möglichkeit ihrer Beseitigung macht die Invalidität nicht zu einer dauernden. Über vorübergehende Invalidität und ihre Unterscheidung von der dauernden vgl. unten die Anm. zu Abs. 3. Als Invaliditätsgründe führt das Gesetz Krankheit und andere Gebrechen auf. Das Alter ist im Gegensatz zu § 5 Abs. 4 IVG. nicht mehr als Invaliditätsgrund genannt, weil nicht das Alter schlechthin, sondern nur die dadurch bedingte Beeinträchtigung der Erwerbsfähigkeit den Anspruch auf die Invalidenrente begründen kann (Begr. S. 398). Das schließt natürlich nicht die Berücksichtigung von Alterserscheinungen aus, die sich als Krankheit oder Gebrechen darstellen (vgl. auch Kom. Ber. 4. Teil, S. 43/44). Nur in diesem Sinne hat das RVA. übrigens auch schon bisher das Alter berücksichtigt, und der Aufrechterhaltung dieser Praxis soll die neue Fassung dienen (vgl. Sten. Ber. S. 6916).

Abs. 2 enthält die eigentliche Begriffsbestimmung der Invalidität. Sie ist gegenüber dem bisherigen Rechte (§ 5 Abs. 4, Satz 2 IVG.) nicht geändert. Invalidität liegt danach vor, wenn die Erwerbsfähigkeit soweit herabgesetzt ist, daß sie nicht mehr ein Drittel beträgt. Dabei ist zweierlei zu unterscheiden, nämlich einmal die Frage, was der Versicherte nach der ihm verbliebenen Arbeitsfähigkeit noch zu verdienen vermag (persönliche Verdienstfähigkeit) und sodann die Frage, wie hoch das Verdienstdrittel ist, das zu erreichen er imstande sein muß, um noch erwerbsfähig zu sein (Mindestverdienstgrenze). In ersterer Beziehung ist grundsätzlich das gesamte wirtschaftliche Erwerbsgebiet in Betracht zu ziehen, auf welchem sich für den Versicherten „nach seinen Kräften und Fähigkeiten" noch die Möglichkeit des Verdienstes bietet. Damit ist zum Ausdruck gebracht, daß es auf den tatsächlichen Arbeitsverdienst nicht entscheidend ankommt (Rek. Entsch. 54, A. N. I. u. AV. 1891, S. 162) und daß eine Versicherung gegen Berufsinvalidität nicht stattfindet (Rek. Entsch. 250, A. N. I. u. AV. 1893, S. 95). Allerdings ist die Ausbildung und der bisherige Beruf des Versicherten angemessen zu berücksichtigen. So wird es nicht zulässig sein, Personen, die vorwiegend ihre körperlichen Kräfte verwertet haben, auf eine Tätigkeit zu verweisen, welche die Entfaltung höherer geistiger Kräfte voraussetzt. Der Mangel passender Arbeitsgelegenheit kommt nicht in Betracht, wohl aber der völlige Ausschluß vom Arbeitsmarkt infolge von Krankheiten, die den Betroffenen zwar an sich nicht oder wenig in der Arbeitsfähigkeit beeinträchtigen, aber seine Verwendung zur Lohnarbeit wegen ekelerregenden Geruchs (Stinknase) oder der Gefahr der Ansteckung tatsächlich unmöglich machen (vgl. Rev. Entsch. 1513, A. N. 1910, S. 647). Da dem Versicherten nur eine seinen Kräften und Fähigkeiten entsprechende Tätigkeit zuzumuten ist, so ist eine übermäßige Anspannung der Kräfte, erhebliche Überschreitung der üblichen Arbeitszeit u. dgl. nicht zu fordern (vgl. Rev. Entsch. 1134, A. N. 1904, S. 476). Anderseits spricht es für das Vorliegen der Invalidität, wenn die Mindestverdienstgrenze nur unter solchen Umständen erreicht wird. Aber auch hier kommt es auf die Lage des Einzelfalls an. Die übermäßige Ausdehnung der täglichen Arbeitszeit kann auch ein Zeichen körperlicher Rüstigkeit sein (vgl. Rev. Entsch. 1542, A. N. 1911, S. 415).

Bei der Ermittlung der Mindestverdienstgrenze ist von dem Durchschnittsverdienst solcher Personen auszugehen, die von der Art desjenigen sind, dessen Invalidität festgestellt werden soll. Hier liegt die Gefahr nahe, dem Gedanken der Berufsinvalidität Raum zu geben. Da dies aber der Absicht des Gesetzgebers nicht entsprechen würde, dürfen hier nicht zu enge Grenzen gezogen werden. Das RVA. hat hier denn auch in seiner Rechtsprechung eine möglichst allgemeine und umfassende Gruppierung der Versicherten verlangt. Im übrigen gehören zu den Personen derselben Art nicht schon solche, denen der Versicherte zu irgend einer Zeit seines Arbeitslebens zufällig oder wegen besonderer Umstände vorübergehend einmal geglichen hat; vielmehr ist diejenige Tätigkeit des Versicherten als Vergleichsmaßstab zu nehmen, welche er zuletzt bei einer im wesentlichen ungeschwächten Arbeitskraft ausgeübt hat (vgl. Rev. Entsch. 1096, A. N. 1903, S. 599). Stets ist der regelmäßige Durchschnittsverdienst gesunder Personen der hiernach in Betracht kommenden Art zum Vergleich heranzuziehen, auch wenn der Versicherte selbst in seiner Leistungsfähigkeit während seines ganzen Arbeitslebens erheblich beeinträchtigt war (vgl. Rev. Entsch. 871, 905, A. N. 1901, S. 190, 429). Da Personen gleicher Art in verschiedenen Gegenden sehr verschiedenen Verdienst haben können, so sind die örtlichen Lohnverhältnisse zu berücksichtigen. Dies ist durch die Worte „in derselben Gegend" ausgedrückt. Unter „derselben Gegend" ist in der Rechtsprechung ein räumliches Gebiet verstanden, in dem für gleichartige Arbeiter im allgemeinen gleichmäßige Lohnverhältnisse bestehen (vgl. Rev. Entsch. 1905, A. N. 1903, S. 597).

Abs. 3 behandelt die Krankenrente. Sie wird erst nach Ablauf von 26 Wochen ununterbrochener Invalidität oder dann gewährt, wenn der Versicherte nach Fortfall des Krankengeldes noch invalide ist, vorausgesetzt, daß die Invalidität keine dauernde (Abs. 1) ist. Der Invaliditätsbegriff ist hier, wie bei der Dauerrente derjenige des Abs. 2, ist also nicht der Arbeitsunfähigkeit im Sinne der Krankenversicherung (Berufsinvalidität) gleichgestellt (Kom. Ber. 4. Teil, S. 44, 45, 47).

Daß die Krankenrente auch schon dann zu gewähren ist, wenn das Krankengeld vor Ablauf von 26 Wochen wegfällt, aber Invalidität fortbesteht, ist neu. Diese Vorschrift entspricht einem Beschlusse der Kommission. Dadurch sollte ein lückenloser Anschluß der Invalidenversicherung an die Krankenversicherung erreicht werden (Kom. Ber. 4. Teil, S. 42 ff.). Dies wird aber — namentlich im Falle des § 188 — nicht vollständig erreicht, weil, wenn die Krankenhilfe nach 13 Wochen aufhört, erst festgestellt werden muß, ob Invalidität im Sinne des § 1255 besteht und der Versicherte bis dahin jedenfalls zunächst ohne Invalidenrente bleibt.

Die 26 Wochen vor Beginn der Krankenrente werden von Tag zu Tag berechnet, anders wie die Ersatzwochen des § 1393 Abs. 1. In den Fällen des § 1255 Abs. 3 braucht es sich auch nicht um eine im Sinne des § 1393 Abs. 1, Nr. 3 anrechnungsfähige Krankheit zu handeln. Ist das aber der Fall, so kommt die Krankheitszeit, soweit sie volle Wochen umfaßt, sowohl für die Erfüllung der Wartezeit, als auch für die Berechnung der Rente in Betracht. Jedoch dürfte nunmehr der Grundsatz der Rev. Entsch. 817, A. N. 1900, S. 673, wonach eine mit vorübergehender Erwerbsunfähigkeit verbundene Krankheit über die ersten 26 Wochen hinaus bis zur Dauer eines Jahres und längstens bis zur Erfüllung der Wartezeit anzurechnen war, mit Rücksicht auf § 1236 nicht mehr aufrecht zu erhalten sein.

Vorübergehende Invalidität schließt die Entrichtung freiwilliger Beiträge gemäß § 1443 erst nach Ablauf von 26 Wochen bezw. nach Fortfall des Krankengeldes aus.

Ob dauernde oder vorübergehende Invalidität vorliegt, ist oft sehr schwer zu entscheiden. Mit Rücksicht auf das in der Anm. zu Abs. 1 dieses Paragraphen Gesagte wird eine Invalidität, die nur durch ein Heilverfahren beseitigt werden kann, zu dessen Übernahme weder die V. Anst., noch die Krankenkasse, noch die BG. (bei Unfällen) bereit ist, regelmäßig als dauernde anzusehen sein. Dabei wird aber nur ein Heilverfahren in Betracht kommen können, das in einer Krankenhausbehandlung zu bestehen hat, oder doch erhebliche Aufwendungen erfordert, die dem Versicherten auf seine Kosten nicht zugemutet werden können (vgl. Rev. Entsch. 1550, A. N. 1911, S. 433). Bis sich die Frage der Übernahme des Heilverfahrens entscheidet, wird ein Schwebezustand anzunehmen sein. Erledigt sich die Frage in verneinendem Sinne, so ist der Beginn der dauernden

Invalidität auf den Krankheitsbeginn zurückzuverlegen. Ähnlich liegt die Sache bei einer Invalidität, die nur durch eine Operation beseitigt werden kann, nur kommt hier noch in Betracht, daß niemand zur Duldung einer Operation gezwungen werden kann. Verweigert die V. Anstalt oder der Versicherte die Operation, so wird dauernde Invalidität von dem Zeitpunkt an anzunehmen sein, von dem ab der nur durch die Operation zu beseitigende Zustand besteht (vgl. Rev. Entsch. 388, A. N. 1894, S. 158).

Bei Krankheiten, in deren Verlauf sich erst der Eintritt dauernder Invalidität herausstellt, ist zu unterscheiden, ob von vornherein eine unrichtige Diagnose oder Prognose vorlag, oder ob die Krankheit in ihrem Verlauf durch besondere, nicht voraussehbare Ereignisse aus dem Stadium der vorübergehenden Invalidität in dasjenige der dauernden Invalidität übergegangen ist. Ersterenfalls ist von vornherein dauernde Invalidität anzunehmen, letzterenfalls erst vom Beginn der zweiten Krankheitsphase (vgl. Rev. Entsch. 273, A. N. I. u. AV. 1893, S. 123).

Während die Kranken- und die Dauerrente nur auf Antrag festgestellt werden, kann die Umwandlung der Krankenrente in die Dauerrente auch von Amts wegen vorgenommen werden. Dies hat durch berufungsfähigen Bescheid zu geschehen. Im Falle der Rentenentziehung ist von dem Umwandlungsbescheid auszugehen (vgl. Rev. Entsch. 1327, A. N. 1907, S. 530).

Wegen der Umwandlung von Krankenrenten in Dauerrenten vgl. auch Rundschreiben des RVA. vom 27. März 1907 (A. N. S. 437). Danach entspricht es dem Bedürfnisse nach einer tunlichst baldigen endgültigen Regelung der Rentenangelegenheit, wenn die dem Rentenempfänger statt der Krankenrente gebührende Dauerrente nicht erst auf Antrag, sondern von Amts wegen bewilligt wird.

Ein rechtskräftiger Bescheid, durch den eine Krankenrente festgesetzt wurde, steht in einem neuen Feststellungsverfahren der Bewilligung der Dauerrente von einem vor dem Erlasse jenes Bescheids liegenden Zeitpunkt ab entgegen (vgl. Rev. Entsch. 959, A. N. 1902, S. 290).

Wird an Stelle einer Krankenrente eine Dauerrente bewilligt, so ist stets die Zeit, in der der Versicherte die Krankenrente tatsächlich bezogen hat, ebenso wie eine nachgewiesene Krankheitszeit anzurechnen (§ 1309; vgl. auch Rev. Entsch. 1111, A. N. 1904, S. 355). Eine solche Anrechnung findet jetzt aber im Gegensatze zu dem früheren Rechte nur für die Dauer von höchstens einem Jahre statt (vgl. § 1394 Abs. 2).

Beginn der Invalidenrente.

§ 1256. Die Invalidenrente beginnt, unbeschadet des § 1253 und des § 1255 Abs. 3 mit dem Tage, an dem die Invalidität eingetreten ist. Als dieser gilt, wenn sich der Beginn der Invalidität nicht feststellen läßt, der Tag, an dem der Antrag auf Rente beim Versicherungsamt eingegangen ist.

Vgl. § 41 Abs. 3 IVG.

Der Zeitpunkt des Beginns der Invalidität ist von den Rentenfeststellungsinstanzen von Amts wegen zu ermitteln, und erst wenn die Erhebungen zu keinem bestimmten Ergebnisse geführt haben, ist der Tag des Eingangs des Rentenantrags beim Versicherungsamte für den Rentenbeginn maßgebend. Nach § 1616 können in dieser Beziehung andere Behörden dem V. Amte gleichgestellt werden.

Über die Vererbung des angemeldeten Rentenanspruchs (früher § 41 Abs. 4 IVG.) trifft jetzt § 1303 Bestimmung.

III. Altersrente.

Altersrente.

§ 1257. Altersrente erhält der Versicherte vom vollendeten siebzigsten Lebensjahr an, auch wenn er noch nicht invalide ist.

Vgl. § 15 Abs. 3, § 41 Abs. 2 IVG.

Im § 41 Abs. 2 IVG. war noch ausdrücklich bestimmt worden, daß die Altersrente frühestens mit dem ersten Tage des 71. Lebensjahres zu beginnen hat. Dies ist aber aus § 1257 ohne weiteres zu folgern; sachlich ist also hier gegenüber dem früheren Rechte nichts geändert worden. Die Altersrente beginnt aber nur dann mit dem 1. Tage des 71. Lebensjahres, wenn zu diesem Zeitpunkt die Wartezeit erfüllt ist (vgl. § 1278). Andernfalls erst mit dem späteren Zeitpunkt, in welchem die Wartezeit zurückgelegt ist. Der Versicherungsfall der Altersrente erschöpft sich demnach nicht in dem einmaligen Ereignisse des 70. Geburtstags, sondern ist auch in jedem späteren Zeitpunkte gegeben. Daraus folgt aber nur die Möglichkeit der Weiterversicherung über den 70. Geburtstag hinaus, nicht indessen auch die Zulassung einer nachträglichen Entrichtung freiwilliger Beiträge für die Zeit vor dem 70. Geburtstage (vgl. Rev. Entsch. 820, 1541, A. N. 1900, S. 676, 1911, S. 414). — Die Bestimmung des § 1253 findet auch bei der Altersrente Anwendung.

Den über 70 Jahre alten Versicherten steht ein Recht auf Befreiung von der Versicherungspflicht (§ 6 Abs. 1, Satz 2 IVG.) nicht mehr zu (vgl. Anm. zu § 1236).

Die Altersrente ruht, wenn der Berechtigte gleichzeitig Invalidenrente zu beziehen hat und diese höher ist (vgl. § 1318). Sowohl in der Kommission wie im Plenum des Reichstags fand der langjährige Wunsch weiter Kreise nach einer Herabsetzung der Altersgrenze für die Altersrente von 70 auf 65 Jahr starke Unterstützung. Aber mit Rücksicht auf die dagegen geltend gemachten finanziellen Bedenken (jährliche Mehrbelastung des Reichs um etwa 9 und der V. Anstalten um etwa 20 Millionen Mark) wurde ein entsprechender Beschluß nicht gefaßt (vgl. Kom. Ber. 4. Teil, S. 51 ff., Sten. Ber. S. 6916 ff.). Dagegen hat der Bundesrat nach Art. 84 Einf.-Ges. dem Reichstag im Jahre 1915 die gesetzlichen Vorschriften über die Altersrente zur erneuten Beschlußfassung vorzulegen.

IV. Bezüge der Hinterbliebenen.

Witwenrente.

§ 1258. Witwenrente erhält die dauernd invalide Witwe nach dem Tode ihres versicherten Mannes.

Als invalide gilt die Witwe, die nicht imstande ist, durch eine Tätigkeit, die ihren Kräften und Fähigkeiten entspricht und ihr unter billiger Berücksichtigung ihrer Ausbildung und bisherigen Lebensstellung zugemutet werden kann, ein Drittel dessen zu erwerben, was körperlich und geistig gesunde Frauen derselben Art mit ähnlicher Ausbildung in derselben Gegend durch Arbeit zu verdienen pflegen.

Witwenrente erhält auch die Witwe, die nicht dauernd invalide ist, aber während sechsundzwanzig Wochen ununterbrochen invalide gewesen ist oder die nach Wegfall des Krankengeldes invalide ist, für die weitere Dauer der Invalidität (Witwenkrankenrente).

Vgl. § 1252 und die Anm. dazu.

Nach § 1252 kann die Witwenrente nur gewährt werden, wenn der verstorbene Ehemann zur Zeit seines Todes die Wartezeit für die Invalidenrente erfüllt und die Anwartschaft aufrecht erhalten hat. Nach § 1258 muß die Witwe selbst außerdem vor oder nach dem Ableben ihres Ehemannes i n v a l i d e geworden sein. Eine eigene Beitragsleistung kommt für sie also nicht in Betracht.

Das Gesetz unterscheidet, wie im § 1255 bei der Invalidenrente und nach denselben Gesichtspunkten wie bei dieser, dauernde und vorübergehende Invalidität der Witwe und gewährt im ersteren Falle die Witweninvalidenrente (Witwendauerrente, Abs. 1) und im letzteren Falle die Witwenkrankenrente (Abs. 3).

Auch der Invaliditätsbegriff ist hier im allgemeinen dem § 1255 Abs. 2 nachgebildet, allerdings mit einer nicht unwesentlichen Abweichung. Diese besteht darin, daß bei den der Witwe zuzumutenden Verdienstmöglichkeiten außer auf ihre Kräfte und Fähigkeiten und ihre Ausbildung auch auf ihre bisherige Lebensstellung billige Rücksicht zu nehmen ist. Denn es gibt, wie die Begr. S. 399 zur Rechtfertigung dieser Abweichung ausführt, viele Frauen, deren einzige Beschäftigung in der Zeit des Ehestandes und auch schon vorher ihre Tätigkeit im Haushalt gewesen ist. In diesem Falle würde es ohne Berücksichtigung ihrer bisherigen Lebensstellung an einem zutreffenden Vergleichsmaßstabe für die Verdienstmöglichkeit der Witwe fehlen. Die bisherige Lebensstellung wird alsdann im wesentlichen diejenige des verstorbenen Ehemannes sein. Für Frauen dagegen, welche berufsmäßig tätig waren, wird sich ihre bisherige Lebensstellung aus diesem Beruf ergeben.

Einer Witwe, welche für sich selbst auf Grund eigener Beitragsleistung Anspruch auf die Invalidenrente hat, wird die Witwenrente nicht gewährt, weil die eigene Invalidenrente höher ist (§§ 1285, 1288, 1289, 1292, 1318). Für diese Rente kommt nur der Invaliditätsbegriff des § 1255 Abs. 2 in Betracht.

Auch die Witwe, welche, ohne invalide zu sein, die Wartezeit für die Invalidenrente erfüllt und die Anwartschaft erhalten hat, erhält keine Witwenrente. Zum Ausgleich erhält aber sowohl die Witwe, welche selbst gemäß § 1255 rentenberechtigt ist, als auch diejenige, welche, ohne invalide zu sein, für sich selbst die Wartezeit erfüllt und die Anwartschaft aufrecht erhalten hat, das Witwengeld; ferner steht ihren Kindern aus der Ehe mit dem verstorbenen Ehemanne die Waisenaussteuer zu (vgl. Anm. zu §§ 1252, 1296).

Andere als die bisher genannten Witwen erhalten weder Witwenrente noch Witwengeld oder Waisenaussteuer. Das sind die erwerbsfähigen Witwen, für welche entweder überhaupt keine Beiträge entrichtet sind, oder welche die Wartezeit noch nicht erfüllt oder die Anwartschaft verloren haben.

Waisenrente.

§ 1259. Waisenrente erhalten nach dem Tode des versicherten Vaters seine ehelichen Kinder unter fünfzehn Jahren und nach dem Tode einer Versicherten ihre vaterlosen Kinder unter fünfzehn Jahren. Als vaterlos gelten auch uneheliche Kinder.

Die Waisenrente wird nur gewährt, wenn der versicherte Vater oder die versicherte Mutter zur Zeit des Todes die Wartezeit erfüllt und die Anwartschaft erhalten hatte (§ 1252).

Sie wird nach dem Tode des versicherten Vaters ohne Rücksicht darauf gewährt, ob die Mutter noch lebt und ob sie Witwenrente oder Witwengeld erhalten kann oder nicht. Nach dem Tode der versicherten Mutter haben die ehelichen Kinder, wenn der Vater noch lebt, abgesehen von den Fällen der §§ 1260, 1261 keinen Anspruch auf Waisenrente.

Für Doppelweisen kann nach § 1259 ein doppelter Anspruch gegeben sein; alsdann hat die niedrigere der beiden Waisenrenten nach § 1318 zu ruhen.

Die unehelichen Kinder, deren Vater noch lebt, haben beim Tode der versicherten Mutter Anspruch auf die Waisenrente. Ein Antrag, ihnen solchen Anspruch wie bei der Unfallversicherung (§ 588) auch beim Tode des Vaters zu geben, wenn dieser ihnen nach gesetzlicher Pflicht Unterhalt zu gewähren hat, ist abgelehnt worden (vgl. Sten. Ber. S. 6952 A). Zu beachten ist, daß uneheliche Kinder durch Legitimation infolge nachfolgender Ehe nach § 1719 BGB., durch Ehelichkeitserklärung nach § 1723 a. a. O. die Rechte der ehelichen Kinder erhalten, und daß durch Annahme an Kindesstatt gemäß § 1757 a. a. O. das angenommene Kind die Stellung eines ehelichen Kindes des Annehmenden erhält.

Waisen- und Witwerrente.

§ 1260. Nach dem Tode der versicherten Ehefrau eines erwerbsunfähigen Ehemanns, die den Lebensunterhalt ihrer Familie ganz oder überwiegend aus ihrem Arbeitsverdienste bestritten hat, steht den ehelichen Kindern unter fünfzehn Jahren Waisenrente und dem Manne Witwerrente zu, solange sie bedürftig sind.

Für die Waisenrente gilt dies auch, wenn zur Zeit des Todes der Versicherten die Ehe nicht mehr bestand.

Die §§ 1260, 1261 gewähren den Kindern und dem Ehemann einer versicherten Ehefrau nach deren Tode die Waisenrente bezw. Witwerrente im allgemeinen unter denselben Voraussetzungen, die nach § 592 für die Gewährung der Unfallhinterbliebenenrente an diese Personen maßgebend sind (vgl. die Anm. zu den §§ 592 und 593).

Bedürftigkeit wird anzunehmen sein, wenn und solange die Mittel fehlen, die zu einer den Verhältnissen des Arbeiterstandes einigermaßen entsprechenden Lebensführung erforderlich sind. So wird z. B. bei einem Witwer Bedürftigkeit nicht anzunehmen sein, wenn Kinder vorhanden sind, die gemäß

§ 1603 BGB. unterstützungspflichtig sind und zur Unterstützung herangezogen werden können.

Im besonderen ist zu bemerken: die Vorschrift des § 1260 lehnt sich an die Bestimmungen des § 44 Abs. 2, Satz 1 und 3 IVG. an, die denselben Personen Anspruch auf Beitragserstattung gewährten. Die Erwerbsunfähigkeit des Witwers muß schon z. Z. des Todes der Ehefrau bestehen. Wer erst als Witwer erwerbsunfähig wird, hat keinen Anspruch auf die Rente. Erwerbsunfähigkeit des Ehemanns ist hier nicht gleichbedeutend mit Invalidität im Sinne des § 1255 Abs. 2, vielmehr wird darunter ein Zustand zu verstehen sein, der den Ehemann hindert, zu dem Unterhalte der Familie wesentlich beizutragen.

Die Witwerrente wird, den Bestimmungen über die Witwenrente entsprechend, auf Grund der Beitragsleistung der Ehefrau berechnet (§ 1292; vgl. auch § 1285).

Auf eine dem Witwengeld entsprechende Zahlung hat der Witwer keinen Anspruch.

Den Waisen steht die Rente auch dann zu, wenn zur Zeit des Todes der versicherten Mutter die Ehe geschieden war. Vorbildlich waren hierfür die Vorschriften des § 383 Nr. 3 der ZPO. und des § 51 Nr. 3 des StPO. (Begr. S. 401).

Ein geschiedener Ehemann kann dagegen aus der Beitragsleistung seiner verstorbenen Ehefrau Ansprüche nicht herleiten. —

Waisenrente nach dem Tode der eheverlassenen Mutter.

§ 1261. Nach dem Tode einer versicherten Ehefrau, deren Ehemann sich ohne gesetzlichen Grund von der häuslichen Gemeinschaft ferngehalten und seiner väterlichen Unterhaltspflicht entzogen hat, steht den ehelichen Kindern unter fünfzehn Jahren Waisenrente zu, solange sie bedürftig sind.

Dies gilt auch, wenn zur Zeit des Todes der Versicherten die Ehe nicht mehr bestand und der Ehemann sich seiner väterlichen Unterhaltspflicht entzogen hat.

Die Vorschrift lehnt sich an § 592 Abs. 3 dieses Gesetzes und § 44 Abs. 2, Satz 2 IVG. an.

In Abweichung von § 592 Abs. 3 ist aber die Gewährung der Rente nicht in das Ermessen des Versicherungsträgers gestellt, sondern sie ist für die Dauer der Bedürftigkeit zu gewähren.

Waisenrente elternloser Enkel.

§ 1262. Hinterläßt der Versicherte elternlose Enkel unter fünfzehn Jahren, deren Unterhalt er ganz oder überwiegend bestritten hat, so steht ihnen Waisenrente zu, solange sie bedürftig sind.

Diese Vorschrift lehnt sich an den § 594 an.

Als „Versicherter" kommt hier nicht nur der Großvater sondern auch die Großmutter in Betracht.

Zu den elternlosen Enkeln dürften auch die unehelichen Kinder der verstorbenen Tochter des Versicherten gehören.

Beginn der Hinterbliebenenrenten.

§ 1263. Die Renten der Hinterbliebenen beginnen mit dem Todestage des Ernährers. War die Witwe an diesem Tage noch nicht invalide, so bestimmt sich der Beginn der Rente nach § 1256 oder § 1258 Abs. 3.

Der Ernährer, mit dessen Todestage die Hinterbliebenenrenten nach Satz 1 in der Regel beginnen, ist nach § 1258 der Ehemann, nach § 1259 der eheliche Vater und die uneheliche Mutter, nach § 1260 die Ehefrau und die eheliche Mutter, nach § 1261 die eheliche Mutter, nach § 1262 der Großvater und die Großmutter, und zwar bei ehelichen Kindern sowohl väterlicher- als mütterlicherseits, bei unehelichen Kindern nur mütterlicherseits (vgl. Anm. zu § 1262).

Die Waisenrenten beginnen stets mit dem Todestage des Ernährers, ebenso beginnt die Witwerrente stets mit dem Todestage der versicherten Ehefrau. Die Witwenrente beginnt mit dem Todestage des Ehemanns nur dann, wenn die Witwe zu dieser Zeit schon invalide ist (§ 1258 Abs. 1, 3), andernfalls mit dem späteren Eintritt der Invalidität. Die Anführung des § 1256 in Satz 2 ist nicht ganz genau, da im § 1256 auch der § 1255 Abs. 3 mitangezogen, die Invalidität der Witwe in Ansehung der Witwenrente aber nur nach § 1258 zu beurteilen ist.

Fälligkeit des Witwengeldes und der Waisenaussteuer.

§ 1264. Das Witwengeld wird beim Tode des Ehemanns fällig, die Waisenaussteuer bei Vollendung des fünfzehnten Lebensjahrs der Kinder.

Über die Voraussetzungen dieser Bezüge vgl. § 1252 und die Anm. dazu. Für die Wahl der Fälligkeitstermine war bestimmend, daß einmal der Tod des Ehemannes und sodann die Schulentlassung der Waisen und ihr Eintritt in eine Berufstätigkeit zahlreiche bare Ausgaben verursachen (Begr. S. 368).

Wegen der Berechnung dieser Bezüge vgl. §§ 1292, 1296.

Verschollenheit Versicherter.

§ 1265. Die gesetzlichen Leistungen werden auch dann gewährt, wenn der Versicherte verschollen ist. Er gilt als verschollen, wenn während eines Jahres keine glaubhaften Nachrichten von ihm eingegangen sind und die Umstände seinen Tod wahrscheinlich machen.

Das Versicherungsamt kann von den Hinterbliebenen die eidesstattliche Erklärung verlangen, daß sie von dem Leben des Vermißten keine anderen als die angezeigten Nachrichten erhalten haben.

Die Vorschrift ist dem § 28 Abs. 1 des früheren SUVG.es (jetzt § 1099 dieses Gesetzes) nachgebildet. Sie will den Hinterbliebenen den Beweis des Todes des Versicherten gegenüber den Vorschriften der §§ 14 bis 19 des BGB. erleichtern, die eine Todeserklärung im allgemeinen erst nach 10 Jahren zulassen. Abs. 2 der Vorschrift will möglichst verhüten, daß die Hinterbliebenenbezüge bewilligt werden, bevor der Versicherte wirklich gestorben ist.

Todestag Verschollener.

§ 1266. Den Todestag Verschollener stellt die Versicherungsanstalt nach billigem Ermessen fest. Für die auf See Verschollenen gilt § 1100 Abs. 1.

Satz 1 bezieht sich auf diejenigen Versicherten, welche auf dem Lande verschollen sind. Das Ermessen des Versicherungsträgers unterliegt der instanziellen Nachprüfung.

Für die auf See Verschollenen gilt derjenige Tag als Todestag, an welchem das Fahrzeug untergegangen ist, oder, wenn das Fahrzeug verschollen ist, derjenige Tag, welcher um einen halben Monat nach dem Tage liegt, bis zu dem die letzte Nachricht über das Fahrzeug reicht (§ 1100 Abs. 1).

Wenn nachgewiesen wird, daß derjenige, welcher als verschollen gilt, noch lebt, wird die weitere Rentenzahlung eingestellt (§ 1310).

Ausschluß der Hinterbliebenenansprüche.

§ 1267. Hinterbliebene haben keinen Anspruch auf die Fürsorge, wenn sie den Tod des Versicherten vorsätzlich herbeigeführt haben.

Vgl. § 1254 Abs. 1, sowie § 556.

Beschränkung der Bezüge der Hinterbliebenen von Ausländern.

§ 1268. Der Anspruch der Hinterbliebenen eines Ausländers, die sich zur Zeit seines Todes nicht gewöhnlich im Inland aufhielten, beschränkt sich auf die Hälfte der Bezüge ohne Reichszuschuß.

Der Bundesrat kann diese Beschränkung für ausländische Grenzgebiete oder für Angehörige solcher auswärtiger Staaten ausschließen, deren Gesetzgebung eine entsprechende Fürsorge gewährleistet.

Deutsche Schutzgebiete gelten im Sinne des Abs. 1 als Inland.

Vgl. § 596 und die Anm. zu § 1313 (wegen der Begriffe des „Ausländers" und des „gewöhnlichen Aufenthalts" im Auslande.

Die Vorschrift beruht auf einem Beschlusse der Kommission. Der Bundesrat hat von der ihm im Abs. 2 erteilten Befugnis bisher noch keinen Gebrauch gemacht.

V. Heilverfahren.

Die Hauptaufgabe der V. Anstalten und der Sonderanstalten ist die Gewährung der Invaliden- und Altersrenten, sowie der Hinterbliebenenbezüge. Innerhalb der Grenzen, die ihnen durch die Rücksicht auf die finanzielle Inanspruchnahme durch diese Versicherungsleistungen gezogen sind, eröffnen ihnen aber die Vorschriften über das Heilverfahren ein weites Feld segensreicher Betätigung. Schon unter der Herrschaft des I. u. AVG. und des IVG. haben die Versicherungsträger dieser Seite sozialer Fürsorge ihre Aufmerksamkeit in hohem Maße gewidmet und erhebliche Aufwendungen dafür gemacht. Dabei kam ihnen das RVA. mit einer weitgehenden Auslegung des § 18 IVG und mit einer weitherzigen Handhabung seines Genehmigungsrechts gemäß § 164 Abs. 3 aaO. zu Hülfe. Nach der seit dem Jahre 1898 herausgegebenen „Statistik der Heilbehandlung" sind in den Jahren 1897 bis 1909 zusammen 619 005 Personen von den Trägern der Invalidenversicherung in Heilbehandlung genommen worden. Der Kostenaufwand dafür beläuft sich während des angegebenen Zeitabschnittes auf 151 217 537 Mark, wovon den Trägern der Invalidenversicherung nach Abzug der Ersatzleistungen 123 410 443 Mark als eigene Aufwendungen verblieben. Verglichen mit den Einnahmen aus den Beitragsleistungen und der Summe der gezahlten Rentenbeträge nach dem Stande des Jahres 1909 haben die Heilverfahrenskosten 10,3 v. H. der Beitragseinnahmen und 12,2 v. H. der Rentenzahlungen betragen. In größtem Umfange galt das Heilverfahren bisher hauptsächlich der Bekämpfung der Lungentuberkulose, daneben aber auch der Bekämpfung der Geschlechtskrankheiten, des Lupus (Hauttuberkulose), des Alkoholmißbrauchs usw. Zur Durchführung des Heilverfahrens besaßen Ende 1909 41 Versicherungsträger 71 eigene Anstalten. Heilanstalten Dritter wurden nicht nur durch Überweisung von Kranken, sondern auch durch Hergabe von Darlehen zu billigem Zinsfuß unterstützt. So wurden allein zum Bau von Lungenheilstätten bis Ende 1908 nahezu 12½ Millionen Mark als Darlehen hingegeben. Auch andere Einrichtungen, wie Walderholungsstätten, Fürsorgestellen für Lungenkranke usw. wurden finanziell gefördert (vgl. Geschichte und Wirksamkeit des RVA., Sonderabdruck aus dem Handbuch der Unfallversicherung, III. Aufl. § 75). Diese weitgehende Betätigung der Versicherungsträger auf dem Gebiete des Heilverfahrens (das infolge der Einführung der Hinterbliebenenversicherung an Bedeutung noch gewinnen wird) ist von der Reichstagskommission ebenso gebilligt worden, wie ihre Duldung und Förderung durch das RVA. Da aber § 18 IVG., auf den sich diese Praxis zum großen Teil allein stützen konnte, ausdrücklich nur die Heilfürsorge im Einzelfall betrifft, so hat die Kommission, um für Maßnahmen allgemeiner Art auf diesem Gebiet einen festern Boden zu schaffen, die nunmehrige Vorschrift des § 1274 hinzugefügt. (Kom. Ber. 4. Teil, S. 73 ff.). Zur Sicherung der bei solchen Maßnahmen zu beobachtenden Grenzen ist ein Genehmigungsrecht der Aufsichtsbehörde vorgesehen (vgl. Kom. Ber. 4. Teil, S. 81, 87). Auch bei den Verhandlungen des Reichstags herrschte Einigkeit darüber, daß eine Änderung der tatsächlich bestehenden Praxis auf diesem Gebiete im Sinne einer Einschränkung der Heilfürsorge nicht eintreten soll (vgl. Sten. Ber. S. 6957 ff., besonders S. 6966).

Zweck des Heilverfahrens.

§ 1269. Um die infolge einer Erkrankung drohende Invalidität eines Versicherten oder einer Witwe abzuwenden, kann die Versicherungsanstalt ein Heilverfahren einleiten.

Vgl. § 18 Abs. 1 IVG.

Das Heilverfahren hat den Zweck, der drohenden Invalidität vorzubeugen, kann aber für gewisse Rentenempfänger auch zu dem Zwecke eingeleitet werden, die vorhandene Erwerbsunfähigkeit zu beseitigen (§ 1305). Im weiteren Sinne fallen unter den Begriff des Heilverfahrens endlich die allgemeinen Maßnahmen nach § 1274.

Die Vorschrift enthält eine Erweiterung gegenüber dem bisherigen Rechte (§ 18 Abs. 1 IVG.), indem sie das vorbeugende Heilverfahren nicht nur zugunsten Versicherter (einschließlich der Selbstversicherten), sondern auch zugunsten der Witwen Versicherter zuläßt. Dabei kommen aber nur solche Witwen in Betracht, deren Ehemänner nach dem Inkrafttreten der Hinterbliebenenversicherung eine Hinterbliebenenrente erhalten oder die Voraussetzungen für eine solche, abgesehen von der Invalidität, erfüllt hatten (Begr. S. 402). Auf Witwer (§ 1260) bezieht sich die Vorschrift dagegen nicht, wohl aber kann diesen ein Heilverfahren zugewendet werden, wenn sie Empfänger einer Witwerrente sind (§ 1305).

Die Einleitung des Heilverfahrens nach § 1269 setzt voraus, daß eine Erkrankung vorliegt, die Invalidität nach § 1255 oder (bezgl. der Witwe) nach § 1258 besorgen läßt.

Es liegt im freien Ermessen der V. Anstalt, ob sie ein Heilverfahren einleiten will; sie kann dazu also weder im instanziellen Verfahren verurteilt noch im Aufsichtswege angehalten werden. Die Aufsichtsbehörde muß sich darauf beschränken, in geeigneten Fällen die V. Anstalten zu erneuter Prüfung abgelehnter Gesuche um Übernahme des Heilverfahrens zu veranlassen. Im § 18 Abs. 1 IVG. war auch der Umfang des Heilverfahrens ausdrücklich der Bestimmung der V. Anstalt überlassen. Warum jetzt eine entsprechende Vorschrift fehlt, ist aus der Begr. nicht ersichtlich. Es ist aber anzunehmen, daß eine sachliche Änderung hier nicht beabsichtigt ist.

Welche V. Anstalt zur Einleitung des Heilverfahrens zuständig ist, bestimmt das Gesetz nicht. In der Regel wird diejenige dazu berufen sein, in deren Bezirk der Erkrankte wohnt und die deshalb bei gleichzeitiger Anmeldung des Rentenanspruchs zur Entscheidung zuständig wäre (vgl. §§ 1613, 1614, 1630).

Unterbringung in einem Krankenhause.

§ 1270. Die Versicherungsanstalt kann insbesondere den Erkrankten in einem Krankenhaus oder in einer Anstalt für Genesende unterbringen.

Ist er verheiratet und lebt er mit seiner Familie zusammen oder hat er einen eigenen Haushalt oder ist er Mitglied des Haushalts seiner Familie, so bedarf es seiner Zustimmung.

Bei einem Minderjährigen genügt seine Zustimmung.

Die Vorschrift regelt den hauptsächlichsten Anwendungsfall des Heilverfahrens. Sie knüpft im Abs. 2 die Unterbringung in einem Krankenhaus oder Genesungsheim an die Zustimmung des Erkrankten unter denselben Bedingungen, unter denen nach § 597 Abs. 2 die Zustimmung des Verletzten zur Heilanstaltspflege erforderlich ist, ohne indessen die im § 597 Abs. 4 bestimmten Ausnahmen von der Regel des Abs. 2 a. a. O. zuzulassen (vgl. auch § 184 Abs. 1, 3). Im übrigen wird hier durch die Unterbringung in einem Krankenhaus nicht wie bei der Heilanstaltspflege (§ 597 Abs. 1) der Rentenanspruch selbst ohne weiteres beseitigt; vgl. jedoch § 1271 Satz 4.

Unter Abs. 2 fällt auch ein Arbeiter, der außerhalb seines Domizils arbeitet, aber sonst mit seiner Familie zusammenlebt (Kom. Ber. 4. Teil S. 85).

Abs. 3 entspricht dem § 184 Abs. 2, § 597 Abs. 3 mit dem Unterschied, daß die Worte „über sechzehn Jahre“ fehlen. Dies hat seinen Grund darin, daß ein vorbeugendes Heilverfahren nur für Versicherte oder Witwen in Betracht kommt, erstere aber nach § 1226 Abs. 1 mindestens sechzehn Jahr alt sein müssen und fürsorgeberechtigte Witwen unter 16 Jahren kaum vorkommen werden, wenn auch die Möglichkeit besteht, daß weibliche Personen unter Befreiung von der Ehemündigkeitsvorschrift des § 1303 BGB. vor Vollendung des 16. Lebensjahres heiraten.

Der Sinn des Abs. 3 ist, daß der gesetzliche Vertreter des Minderjährigen nicht gehört zu werden braucht, wenn dieser seine Zustimmung gibt. —

Hausgeld der Angehörigen.

§ 1271. Angehörige des Erkrankten, deren Unterhalt er ganz oder überwiegend aus seinem Arbeitsverdienste bestritten hat, erhalten während des Heilverfahrens (§ 1270) ein Hausgeld auch dann, wenn er an keine Krankenkasse, keine knappschaftliche Krankenkasse oder Ersatzkasse Ansprüche hat. Es beträgt ein Viertel des Ortslohns für erwachsene Tagearbeiter. Unterlag jedoch der Erkrankte bis zum Eingreifen der Versicherungsanstalt der Krankenversicherung, so richtet sich das Hausgeld auch für die Zeit, für welche die Verpflichtung der Krankenkasse nicht mehr besteht, nach den Vorschriften über Krankenversicherung. Eine Invaliden- oder Witwenrente kann für die Dauer des Heilverfahrens ganz oder teilweise versagt werden. Das Hausgeld fällt weg, solange und soweit Lohn oder Gehalt auf Grund eines Rechtsanspruchs gezahlt wird.

Vgl. § 18 Abs. 4 IVG.
Vgl. § 598.

Die Vorschrift trifft in Abweichung von § 18 Abs. 4 IVG. über das Hausgeld der Angehörigen des in einem Krankenhaus oder einem Genesungsheim untergebrachten Erkrankten nur für den Fall Bestimmung, daß der Erkrankte Ansprüche an eine Krankenkasse nicht oder nicht mehr hat. In den Fällen dagegen, in denen der Erkrankte einer Krankenkasse angehört, richtet sich das Hausgeld nach der Vorschrift des § 1518 Abs. 1. Denn in den letzteren Fällen handelt es sich im Grunde um die Regelung des Verhältnisses zwischen V. Anstalt und Krankenkasse. Da das Gesetz die Verhältnisse der Kranken- und der Unfallversicherung zu der Invaliden- und Hinterbliebenenversicherung in den §§ 1518 bis 1526 im 5. Buche zusammenhängend regelt, so sind auch die Vorschriften des § 18 Abs. 3, der §§ 19, 20, 21 und des § 23 Abs. 2, 3 IVG. — soweit sie in die RVO. übergegangen sind — dorthin verlegt worden.

Während nach § 18 Abs. 4 IVG. den Angehörigen eine Unterstützung dann gewährt wurde, wenn der Versicherte „ihren Unterhalt aus seinem Arbeitsverdienst bestritten“ hatte, genügt jetzt zur Gewährung des Hausgeldes an diese Personen, daß der Erkrankte sie ganz oder überwiegend aus seinem Arbeitsverdienst unterhalten hat (vgl. Anm. zu § 1254). Zu den Angehörigen werden auch hier, wie im § 1254 Abs. 2, Satz 3, außer der engeren

Familie die Verwandten aufsteigender Linie und die elternlosen Enkel zu rechnen sein.

An die Stelle der Vorschrift des § 18 Abs. 4 IVG., wonach die Invalidenrente auf die Angehörigenunterstützung angerechnet werden konnte, ist die neue Bestimmung getreten, daß bei Unterbringung des Versicherten in einer Heilanstalt — aber auch nur in diesem Falle — die Invaliden- und die Witwenrente für die Dauer des Heilverfahrens ganz oder teilweise versagt werden kann. Die Änderung entspricht der Erwägung, daß Doppelleistungen durch Heilverfahren und Rente, wenn das Heilverfahren auch den Unterhalt mit umfaßt, vermieden werden sollen. Daß die Versagung nicht nur die Invaliden-, sondern auch die Witwenrente trifft, folgt aus der Gleichartigkeit der Voraussetzungen für das Heilverfahren und die Rentengewährung in beiden Fällen (Begr. S. 403).

Neu ist auch die der Billigkeit entsprechende Vorschrift des letzten Satzes.

Träger des Anspruchs auf das Hausgeld sind die Versicherten selbst, nicht ihre Angehörigen (Besch. 1014, A. N. 1902, S. 599), die also z. B. an einen Verzicht des Versicherten gebunden sind. Anders bei der Unfallversicherung, wo die Angehörigen im Falle des § 598 einen selbständigen Anspruch auf die sog. Angehörigenrente haben.

Versagung von Rente infolge Vereitelung des Heilverfahrens.

§ 1272. Entzieht sich ein Erkrankter ohne gesetzlichen oder sonst triftigen Grund dem Heilverfahren (§ 1269), und wäre die Invalidität durch das Heilverfahren voraussichtlich verhütet worden, so kann die Rente auf Zeit ganz oder teilweise versagt werden, wenn der Erkrankte auf diese Folge hingewiesen worden ist.

Vgl. § 22 IVG.

Vgl. hierzu § 606.

Der § 22 IVG. betraf auch den § 19 IVG. (Übertragung der Fürsorge auf die letzte Krankenkasse des Erkrankten), der jetzt im § 1519 seine Regelung gefunden hat.

Die Vorschrift bezieht sich sowohl auf § 1269, als auch auf § 1270, obwohl darin nur § 1269 (als die allgemeine Vorschrift) angezogen ist.

Ein Erkrankter „entzieht sich" dem Heilverfahren nicht nur dann, wenn er die Heilanstalt vorzeitig verläßt, sondern auch dann, wenn er die Heilbehandlung überhaupt nicht annimmt.

Ein gesetzlicher Weigerungsgrund ist z. B. gegeben, wenn ein mit seiner Familie zusammenlebender verheirateter Erkrankter seine Zustimmung zu dem Heilverfahren verweigert (§ 1270 Abs. 2).

Ob ein triftiger Grund vorliegt, ist nach Lage des Einzelfalls zu prüfen. Eine Verweigerung des Heilverfahrens ist z. B. begründet, wenn dieses nicht ohne eine Operation durchgeführt werden kann, die der Erkrankte nicht zu dulden braucht. Zwischen der Invalidität und der Weigerung des Erkrankten muß ein ursächlicher Zusammenhang bestehen.

Die Versagung der Rente hat im ordentlichen Feststellungsverfahren zu erfolgen. Das OV. Amt kann die von der V. Anst. festgesetzte Versagungsfrist ermäßigen oder die unterlassene Befristung der Rentenversagung nachholen (vgl. Handbuch Bd. I, S. 315).

Streitigkeiten.

§ 1273. Über Streitigkeiten, die nicht bei der Rentenfeststellung erledigt werden, entscheidet auf Beschwerde das Oberversicherungsamt endgültig.

Vgl. § 23 Abs. 1 IVG.

Eine Streitigkeit im Sinne dieser Vorschrift liegt z. B. vor, wenn über die Höhe des Hausgeldes nach § 1271 Streit herrscht oder wenn gegen die Anordnung des Heilverfahrens nach § 1269 bezw. § 1270 Einwendungen erhoben werden, Invalidität aber noch nicht vorliegt. In solchen Fällen findet Beschwerde statt, über welche das OV. Amt endgültig entscheidet. Kommen die Einwendungen gegen das angeordnete Heilverfahren aber erst zur Sprache, wenn Invalidität vorliegt und die Rente gemäß § 1272 ganz oder teilweise versagt wird, dann können sie nur im instanziellen Verfahren geprüft und erledigt werden.

Die Ablehnung eines Heilverfahrens durch die V. Anst. ist unanfechtbar (vgl. d. Anm. zu § 1269).

Allgemeine Maßnahmen für Heil- und Gesundheitszwecke.

§ 1274. Die Versicherungsanstalt kann mit Genehmigung der Aufsichtsbehörde Mittel aufwenden, um allgemeine Maßnahmen zur Verhütung des Eintritts vorzeitiger Invalidität unter den Versicherten oder zur Hebung der gesundheitlichen Verhältnisse der versicherungspflichtigen Bevölkerung zu fördern oder durchzuführen. Die Genehmigung kann auch für Pauschbeträge erteilt werden.

Über die Entstehung dieser Vorschrift vgl. die Einleitung zu diesem Unterabschnitt a. E.

Um zu verhüten, daß auf Grund dieser Vorschrift von den V. Anstalten Aufwendungen gemacht werden, die über Zweck und Ziel der Invaliden- und Hinterbliebenenversicherung hinausgehen oder die dauernde Leistungsfähigkeit der V. Anstalten für die Zahlung der Renten und sonstigen gesetzlich vorgeschriebenen Bezüge gefährden, ist die Aufwendung von Mitteln für die hier erwähnten allgemeinen Maßnahmen an die Genehmigung der Aufsichtsbehörden (RVA. oder LV. Amt) geknüpft (Kom. Ber. 4. Teil, S. 81, 87).

VI. Sachleistungen statt Renten.

Sachleistungen.

§ 1275. Gemeinden oder Gemeindeverbände können mit Genehmigung der höheren Verwaltungsbehörde statutarisch bestimmen, daß Renten bis zu zwei Dritteln nicht bar gezahlt, sondern in Sachen gewährt werden. Dies gilt nur für die Rentenempfänger, die im Bezirke wohnen, wenn sie oder ihre Ernährer dort als landwirtschaftliche Arbeiter nach Ortsgebrauch ganz oder teilweise in Sachen gelohnt worden und mit der Sachleistung statt Renten einverstanden sind.

Bei Waisenrenten bedarf es außerdem der Zustimmung des Vormundes. Dieser bedarf der Genehmigung des Vormundschaftsgerichts.

Den Wert der Sachen setzt die höhere Verwaltungsbehörde nach Durchschnittspreisen fest.

Vgl. § 24 Abs. 1 IVG.

Eine sachliche Änderung gegenüber dem bisherigen Rechte besteht darin, daß die Ersetzung von Renten durch Sachleistungen nur beim Einverständnisse der Rentenempfänger zulässig ist (Kommissionsbeschluß). Daß als Rentenempfänger hier nicht auch die forstwirtschaftlichen Arbeiter genannt sind, bedeutet keine sachliche Änderung, da die forstwirtschaftlichen Arbeiter nach § 161 zu den landwirtschaftlichen zählen.

Im übrigen vgl. die Anm. zu der gleichen Vorschrift des § 953. Beim Witwengeld und der Waisenaussteuer findet eine Umwandlung in Sachleistungen nicht statt. Wegen der Umwandlung der Renten gewohnheitsmäßiger Trinker in Sachleistungen (§ 24 Abs. 2 IVG.) vgl. § 120.

Durchführung der Anordnung des § 1275.

§ 1276. Die Sachbezüge gewährt die Gemeinde des Wohnorts. Der Anspruch auf Rente geht im Werte der Sachbezüge auf die Gemeinde über.

Das Versicherungsamt (Beschlußausschuß) entscheidet bei Streit zwischen der Gemeinde und dem Berechtigten. Auf Beschwerde entscheidet das Oberversicherungsamt endgültig.

Ist der Anspruch auf Rente endgültig auf die Gemeinde übergegangen, so benachrichtigt die Versicherungsanstalt die Post.

Vgl. § 24 Abs. 2, 4 bis 6 IVG.
Vgl. auch § 954.

Invaliden- und Waisenhäuser.

§ 1277. Die Satzung der Versicherungsanstalt kann den Vorstand ermächtigen, den Rentenempfänger auf Antrag in einem Invaliden- oder Waisenhaus oder einer ähnlichen Anstalt unterzubringen und dazu die Rente ganz oder teilweise zu verwenden.

Invalidenhäuser und ähnliche Anstalten gelten als Kranken-, Bewahr- und Heilanstalten im Sinne des § 11 Abs. 2 und des § 23 Abs. 2 des Gesetzes über den Unterstützungswohnsitz (Reichs-Gesetzbl. 1908 S. 381).

Die Aufnahme verpflichtet den Rentenempfänger auf ein Vierteljahr und, wenn er nicht einen Monat vor Ablauf dieser Zeit widerspricht, jedesmal auf ein weiteres Vierteljahr zum Verzicht auf die Rente.

Vgl. § 25 IVG.
Vgl. § 607.

Entsprechend der Ausdehnung der Versicherung sieht die Vorschrift die Unterbringung von Rentenempfängern nicht bloß, wie § 25 IVG. in Invalidenhäusern und ähnlichen Anstalten, sondern auch in Waisenhäusern und ähnlichen Anstalten (z. B. Kinderheimen) vor. Dadurch wird es den Versicherungsträgern ermöglicht, einmal besonders hilfsbedürftigen Invaliden eine Versorgung zuteil werden zu lassen, die ihrer Lage besser entspricht als die Rentenzahlung, und sodann die körperliche und sittliche Erziehung der Waisen segensreich zu beeinflussen.

Die V. Anstalt kann Anstalten der gedachten Art selbst errichten oder fremde Anstalten (öffentliche und private) benutzen. Im letzteren Falle richtet sich das Rechtsverhältnis zwischen der Anstalt und der V. Anst. nach dem geschlossenen Vertrage.

Seit dem Jahre 1909 werden im RVA. jährliche Übersichten über den Stand der Invalidenhauspflege zusammengestellt. Nach der letzten Veröffentlichung dieser Behörde (A. N. 1911, S. 360) wurden im Jahre 1910 in 398 Anstalten, von den 13 den Versicherungsträgern gehörten, 4 von ihnen gemietet waren und die übrigen von Dritten unterhalten wurden, 3410 Personen verpflegt. Die dafür aufgewendeten Kosten betrugen nach Abzug der Erstattungen durch Renten und sonstige Zuschüsse 765 630 M. Der Verpflegungstag stellte sich im Durchschnitt auf 89 Pf.

Dem Rentenempfänger ist es unbenommen, die Anstalt jederzeit zu verlassen; auf die Rente hat er aber bis zum Schlusse des Vierteljahres, in dem der Austritt erfolgt, keinen Anspruch, es sei denn, daß er auf Grund einer freien Vereinbarung mit dem Vorstand der V. Anstalt ausscheidet.

Die Satzung der V. Anstalt trifft zweckmäßig auch die näheren Bestimmungen über Kündigung und Entlassung des Pfleglings und dergl.

Durch Abs. 2 der Vorschrift soll verhütet werden, daß die Errichtung von Invalidenhäusern dem Armenverband ihres Sitzes unter Umständen eine erhebliche Armenlast aufbürdet. Das würde geschehen können, wenn die Invalidenhäuser und ähnlichen Anstalten nicht als Kranken-, Bewahr- oder Heilanstalten im Sinne des § 11 Abs. 2 und des § 23 Abs. 2 des Gesetzes über den Unterstützungswohnsitz zu gelten haben, was an sich zweifelhaft sein könnte. In Bezug auf Waisenhäuser brauchte eine gleiche Vorschrift nicht getroffen zu werden, weil Waisen in dem fürsorgepflichtigen Alter nach § 10 Abs. 1 und § 22 Abs. 1, Nr. 2 desselben Gesetzes einen Unterstützungswohnsitz weder erwerben noch verlieren können (Begr. S. 403).

VII. Wartezeit.

Einer Wartezeit bedarf es zum Schutze der Versicherungsträger und der langjährigen Versicherungsnehmer, denn ohne sie würde es älteren oder kränklichen Personen kurz vor dem Eintritt des Versicherungsfalles möglich sein, sich durch Eintritt in die Versicherung deren Vorteile zu verschaffen. Das wäre eine Unbilligkeit gegen langjährige Versicherungsnehmer und würde eine finanzielle Überlastung der Versicherungsträger herbeiführen, die nur durch eine Erhöhung der Beiträge auszugleichen wäre. Die Wartezeit besteht aus Beitragswochen. (§ 1278.)

Dauer der Wartezeit.

§ 1278. Die Wartezeit dauert

1. bei der Invalidenrente, wenn für den Versicherten auf Grund der Versicherungspflicht mindestens hundert Beiträge geleistet worden sind, zweihundert, andernfalls fünfhundert Beitragswochen,
2. bei der Altersrente eintausendzweihundert Beitragswochen.

Vgl. § 29 Abs. 1 IVG.

In den Bestimmungen über die Wartezeit ist gegenüber dem IVG. sachlich nichts geändert.

Durch die Erfüllung der Wartezeit für die Invalidenrente erwirbt der Versicherte zugleich auch für seine Hinterbliebenen den Anspruch auf die Hinterbliebenenfürsorge (vgl. § 1252 und die Anm. dazu).

Über Beitragswochen vgl. § 1387 Abs. 2. Über die Berechnung der Wartezeit bei der Invalidenversicherung vgl. im übrigen § 1279. Für jede Beitragswoche kann nur ein Beitrag auf die Wartezeit angerechnet werden. Auch bei der Berechnung der Versicherungsleistungen (§ 1290 Satz 1) und bei der Aufbringung der Mittel (§ 1387 Abs. 2) kommt für jede Beitragswoche nur ein Beitrag in Betracht.

Für die Berechnung der Wartezeit bei der Altersversicherung (vgl. § 1257) besteht zwischen Pflichtbeiträgen und freiwilligen Beiträgen kein Unterschied. Die Zeit des früheren Bezugs von Invaliden- oder Krankenrente wird hier ebenso angerechnet, wie eine nachgewiesene Krankheitszeit, aber nur bis zur Dauer eines Jahres (§ 1309 Satz 1 in Verbindung mit 1394 Abs. 2).

Wegen der Übergangsvorschriften bezüglich der Wartezeit für die Invalidenrente vgl. Art. 64, 66 Einf.-Ges., für die Altersrente Art. 65 bis 66 a. a. O., für den Anspruch auf Hinterbliebenenbezüge Art. 68, 70 a. a. O. sowie die Anm. zu § 1252. —

Anrechnung freiwilliger Beiträge auf die Wartezeit für die Invalidenrente.

§ 1279. Die Beiträge für die freiwillige Versicherung werden auf die Wartezeit für die Invalidenrente nur dann angerechnet, wenn mindestens hundert Beiträge auf Grund der Versicherungspflicht oder der Selbstversicherung geleistet worden sind.

Dieses gilt nicht für Beiträge, die der Versicherte in den ersten vier Jahren freiwillig geleistet hat, nachdem sein Berufszweig versicherungspflichtig geworden ist.

Vgl. § 29 Abs. 2, 3 IVG.

Aus dem Zusammenhang des Abs. 1 dieser Vorschrift mit § 1278 Nr. 1 ergibt sich Folgendes:

Die Wartezeit für die Invalidenrente kann nur erfüllt werden, wenn mindestens 100 Beiträge entweder

a) auf Grund der Versicherungspflicht (§ 1226 ff.) oder
b) auf Grund der Selbstversicherung (§ 1243 Abs. 1, Nr. 1 bis 3) entrichtet worden sind.

Im Falle a beträgt die Wartezeit 200, im Falle b 500 Beitragswochen. Die restlichen Beiträge können im Falle a auf Grund der Weiterversicherung (§ 1244), im Falle b auf Grund der Fortsetzung der Selbstversicherung (§ 1243 Abs. 2) entrichtet werden. Sind zwar nicht 100 Pflichtbeiträge, aber mindenstens 100 Beiträge auf Grund der Versicherungpflicht und der Selbstversicherung (a und b) zusammen entrichtet, so können die restlichen Beiträge sowohl auf Grund der Weiterversicherung als auch auf Grund der Fortsetzung der Selbstversicherung entrichtet werden; nur tritt alsdann die längere Wartezeit von 500 Beitragswochen ein.

In welcher Reihenfolge die verschiedenen Arten von Beiträgen geleistet worden sind, ist an sich unerheblich; nur muß natürlich den zur Weiterversicherung dienenden Beiträgen mindestens ein auf Grund der Versicherungspflicht und den zur Fortsetzung der Selbstversicherung dienenden Beiträgen mindestens ein auf Grund der Selbstversicherung entrichteter Beitrag vorangegangen sein.

In die 100 Pflichtwochen, von deren Nachweis die kurze Wartezeit von 200 Wochen abhängt, sind auch die in den §§ 1393, 1394 behandelten Ersatztatsachen einzurechnen.

An die Stelle der im IVG. (§ 29 Abs. 2) enthaltenen Worte „auf Grund eines die Versicherungspflicht oder die Berechtigung zur Selbstversicherung begründenden Verhältnisses" sind nunmehr die Worte „auf Grund der Versicherungspflicht oder der Selbstversicherung" getreten. Diese Änderung ist nicht nur sprachlicher Natur; es sollte dadurch vielmehr auch die unter der Herrschaft des IVG. von manchen Seiten verteidigte Auslegung verhindert werden, daß die während des Bestehens eines solchen Verhältnisses freiwillig entrichteten Marken bei denjenigen Rentenbewerbern, die vorher schon Pflichtmarken entrichtet haben, nur soweit, als sie zur Erfüllung der 100 Beiträge des § 29 Abs. 2 IVG. erforderlich seien, als Selbstversicherungsmarken, im übrigen aber als Weiterversicherungsmarken zu gelten hätten (Kom. Ber. 4. Teil, S. 92). Die Bedeutung dieser Klarstellung liegt auf dem Gebiete der Anwartschaft (§§ 1280 ff.), zu deren Erhaltung bei der Weiterversicherung (ebenso wie bei der Pflichtversicherung) nur 20, bei der Selbstversicherung und ihrer Fortsetzung aber in der Regel 40 Beiträge für jede Anwartschaftsfrist erforderlich sind (vgl. § 1282). Im übrigen wird die Erfüllung der Wartezeit mit Hülfe der Selbstversicherung durch die RVO. gegenüber dem bisherigen Rechte durch die Vorschrift des § 1446 wesentlich erleichtert (vgl. auch Anm. zu § 1243).

Die Bedeutung des Abs. 2 ist nicht unzweifelhaft. Sie ist aber in der Rev. Entsch. 1072 (A. N. 1903, S. 536) wohl zutreffend darin gefunden, daß sie hinsichtlich der gemäß Abs. 2 innerhalb der ersten 4 Jahre freiwillig geleisteten — also der Weiterversicherung oder der Fortsetzung der Selbstversicherung dienenden — Beiträge das Erfordernis des Abs. 1, wonach mindestens 100 Beiträge auf Grund der Versicherungspflicht oder der Selbstversicherung geleistet sein müssen, beseitigt, sodaß diese freiwilligen Beiträge der ersten 4 Jahre nicht nur selbst auf die Wartezeit für die Invalidenrente angerechnet werden, sondern auch zur Ergänzung der in Abs. 1 geforderten 100 Wochen dienen und somit die Anrechenbarkeit der nach Ablauf des 4jährigen Zeitraums folgenden freiwilligen Beiträge bewirken. Den eigentlichen Pflichtwochen des § 1278 Nr. 1 stehen diese freiwilligen Beiträge des Abs. 2 aber nicht gleich. Hiernach kann ein Versicherter, der diese 100 Pflichtwochen nicht nachweist, die Invalidenrente nur erlangen, wenn der Versicherungsfall nicht vor Ablauf von 500 Wochen nach der Einführung der Versicherung eintritt, sodaß Abs. 2 lediglich für diese spätere Zeit Bedeutung hat und somit denjenigen Personen zugute kommt, die vor Ablauf von 100 Wochen nach Einführung der Versicherung für ihren Berufszweig aus der Versicherungspflicht ausscheiden, ohne selbstversicherungsberechtigt zu werden.

Nach der Übergangsvorschrift des Art. 64 Einf. Ges. (früher § 189 IVG.) kann allerdings auch ein Versicherter, der nicht 100 eigentliche Pflichtwochen zurückgelegt hat, die Invalidenrente mit der kurzen Wartezeit von 200 Wochen erlangen (vgl. Rev. Entsch. 821, A. N. 1900, S. 677). Für die Berufszweige, die durch § 1226 Abs. 1, Nr. 3 und 4 vom 1. Januar 1912 ab neu versicherungspflichtig geworden sind (vgl. Art. 2 Einf.-Ges.), erstreckt sich die vierjährige Frist des Abs. 2 auf die Zeit vom 1. Januar 1912 bis 31. Dezember 1915.

Nach der Rechtsprechung des RVA. unter der Herrschaft des IVG. werden auch solche freiwilligen Beiträge nach Abs. 2 zu beurteilen sein, die zwar erst nach Ablauf der 4 Jahre, aber für eine in diese 4 Jahre fallende Zeit gemäß § 1443 gültig entrichtet sind (vgl. Rev. Entsch. 654, A. N. 1898, S. 332).

VIII. Erlöschen der Anwartschaft.

Die Vorschriften über die Anwartschaft entspringen ähnlichen Erwägungen, wie die Einführung der Wartezeit. Die finanziellen Grundlagen der Invaliden- und Hinterbliebenenversicherung beruhen auf der Voraussetzung regelmäßiger Beitragsleistungen. Eine Erschütterung dieser Grundlagen und eine Schädigung derjenigen, die regelmäßig Beiträge leisten, wäre unausbleiblich, wenn es zulässig wäre, das Versicherungsverhältnis trotz beliebig langer Aussetzung der Beitragsleistung aufrecht zu erhalten.

Anwartschaft.

§ 1280. Die Anwartschaft erlischt, wenn während zweier Jahre nach dem auf der Quittungskarte verzeichneten Ausstellungstage (§ 1416) weniger als zwanzig Wochenbeiträge auf Grund der Versicherungspflicht oder der Weiterversicherung entrichtet worden sind.

Vgl. § 46 Abs. 1 IVG.

Die Anwartschaftsfrist beträgt, wie bisher, 2 Jahre und rechnet nicht, wie die Vorlage wollte, nach Kalenderjahren, sondern wie bisher von dem Ausstellungstage einer jeden Quittungskarte, also auch von dem Ausstellungstage einer vor dem Fristablauf der früheren ausgestellten Karte. Ist bei dem Ablauf einer Frist noch keine neue Karte ausgestellt, so rechnet von da ab eine neue Frist usw. Angenommen Karte 1 ist am 1. April 1908 ausgestellt, dann läuft die Anwartschaftsfrist vom 1. April 1908 bis 1. April 1910. Ist am 12. Oktober 1909 Karte 2 ausgestellt, dann läuft eine neue Anwartschaftsfrist vom 12. Oktober 1909 bis 12. Oktober 1911. Wird beim Ablauf dieser Frist keine neue Karte ausgestellt, dann läuft eine weitere Frist vom 12. Oktober 1911 bis 12. Oktober 1913. Für jede dieser drei Fristen müssen mindestens 20 Beitragswochen nachgewiesen sein. Vom 1. April 1910 bis 1. April 1912 läuft dagegen keine Anwartschaftsfrist, weil vor dem 1. April 1910 schon die Karte 2 ausgestellt war. Den zur Erhaltung der Anwartschaft dienenden Beitragswochen sind im Falle des § 1280 die im § 1281 aufgeführten Ersatztatsachen gleichgestellt.

Das Erlöschen der Anwartschaft bewirkt die Ungültigkeit aller Beitragsmarken, die bis zum Ablauf eines nicht genügend belegten Anwartschaftszeitraums verwendet sind, sofern sie nicht zugleich einem ausreichend belegten neuen Anwartschaftszeitraum angehören (vgl. den vorigen Absatz). Ist also in einem nicht ausreichend belegten Anwartschaftszeitraum eine neue Quittungskarte ausgestellt, so sind die vom Ausstellungstage an verwendeten Marken gültig, auch wenn sie zugleich in den nicht belegten Anwartschaftszeitraum fallen; nur dürfen sie nicht für eine vor dem Ausstellungstage der neuen Quittungskarte liegenden Zeit nachverwendet sein (Rev. Entsch. 1294, A. N. 1906, S. 663).

Ein Erlöschen der Anwartschaft findet nicht statt für diejenige Frist, in welcher der Versicherungsfall eintritt. Dies gilt auch dann, wenn der nach Eintritt des Versicherungsfalls übrigbleibende Rest der Frist nicht ausgereicht haben würde, die zur Erhaltung der Anwartschaft noch erforderlichen Beiträge zu entrichten (vgl. Rev. Entsch. 927, A. N. 1901, S. 611). — Diese Grundsätze gelten nicht bloß für den durch dauernde Invalidität, sondern auch für den durch Krankheit gemäß § 1255 Abs. 3 herbeigeführten Versicherungsfall (vgl. Rev. Entsch. 1051, A. N. 1903, S. 386), und auch dann, wenn bis zum Eintritt des Versicherungsfalls die Wartezeit noch nicht erfüllt ist (Rev. Entsch. 1066, A. N. 1903, S. 514). Der letztere Fall hat nur für den Wiedereintritt der Erwerbsfähigkeit und die Frage der späteren Erfüllung der Wartezeit Bedeutung.

Es ist unzulässig, überschüssige Marken eines Anwartschaftszeitraums auf einen andern nicht genügend belegten zur Erhaltung der Anwartschaft zu verrechnen (Rev. Entsch. 874, A. N. 1901, S. 193).

Wenn eine Quittungskarte nicht rechtzeitig zum Umtausch abgeliefert ist, so muß der Versicherte im Streitfall beweisen, daß die Anwartschaft erhalten ist (§ 1420).

Das Erlöschen der Anwartschaft wird durch Nachentrichtung von Pflichtbeiträgen innerhalb der Fristen des § 1442 und durch die Nachentrichtung von freiwilligen Beiträgen innerhalb der Frist des § 1433 gehindert. Zeiträume, in denen eine Beitragsstreitigkeit (§ 1459 bis 1461) oder ein Verfahren über einen Anspruch auf Invaliden-, Alters-, Witwen- oder Witwerrente schwebt, werden in diese Fristen nicht eingerechnet (§ 1444 Abs. 2). Wegen der der Beitragsentrichtung im Sinne der §§ 1442, 1443 gleichstehenden, unter Umständen für die Erhaltung der Anwartschaft ebenfalls erheblichen Tatsachen vgl. § 1444 Abs. 1.

Über die Erhaltung der Anwartschaft bei der Selbstversicherung vgl. § 1282.

Die Anwartschaft erlischt nicht während eines früheren Rentenbezugs (§ 1309 Satz 2).

Eine und dieselbe Beitragsmarke kann auf zwei Anwartschaftszeiträume angerechnet werden, wenn einzelne Tage der Beitragswoche, für welche die Marke beigebracht worden ist, in zwei Anwartschaftszeiträume fallen (vgl. Rev. Entsch. 1453, A. N. 1910, S. 543).

Die Vorschriften über die Anwartschaft gelten auch für die Ansprüche auf Altersrente. —

Ersatztatsachen.

§ 1281. Als Wochenbeiträge im Sinne des § 1280 zählen auch

1. Militärdienst- und Krankheitszeiten (§§ 1393, 1394),
2. Zeiten ohne versicherungspflichtige Beschäftigung, während deren der Anwärter oder der Verstorbene Invaliden- oder Altersrente aus einer Kasse oder einer Sonderanstalt der in den §§ 1321, 1360, 1375 bezeichneten Art oder eine Unfallrente von mindestens einem Fünftel der Vollrente bezog.

Vgl. § 46 Abs. 2 IVG.

Von den hier erwähnten Ersatztatsachen, die den Wochenbeiträgen nur insoweit gleichgestellt sind, als sie wie diese der Erhaltung der Anwartschaft dienen, sind die Ersatztatsachen zu unterscheiden, die den Wochenbeiträgen für die Erfüllung der Wartezeit und für die Berechnung der Versicherungsleistungen gleichstehen (vgl. §§ 1393, 1394). Dies sind ausschließlich die in Nr. 1 erwähnten Zeiten.

Die in Nr. 1 erwähnten Zeiten zählen auch hier nur unter den Voraussetzungen der §§ 1393, 1394.

Die in Nr. 2 erwähnten Zeiten dienen lediglich zur Verhinderung des Erlöschens der Anwartschaft; sie kommen aber nicht für Erfüllung der Wartezeit oder bei Berechnung der Versicherungsleistungen in Betracht.

Zu den in Nr. 2 genannten Kassen gehören auch die in § 1323 genannten.

Die Anwartschaftsfristen des § 1280 laufen während der in Nr. 1 und 2 bezeichneten Zeiten weiter.

Anwartschaft bei Selbstversicherung.

§ 1282. Bei der Selbstversicherung und ihrer Fortsetzung müssen zur Aufrechterhaltung der Anwartschaft während der im § 1280 bezeichneten Frist mindestens vierzig Beiträge entrichtet werden. Dieses gilt nicht, wenn auf Grund der Versicherungspflicht mehr als sechzig Beiträge geleistet worden sind.

Vgl. § 46 Abs. 3 IVG.

Für die Weiterversicherung gilt § 1280. Neu ist Satz 2 der Vorschrift, welche auf einem Beschlusse der Kommission beruht. Danach brauchen auch bei der Selbstversicherung in jeder Anwartschaftsfrist nur 20 Beiträge entrichtet zu werden, wenn bereits mehr als 60 Pflichtbeiträge geleistet sind (Kom. Ber. 4. Teil, S. 92 ff.). Auch diesen Pflichtbeiträgen sind die Ersatztatsachen der §§ 1393, 1394 gleichzustellen.

Wiederaufleben der Anwartschaft.

§ 1283. Die Anwartschaft lebt wieder auf, wenn der Versicherte wieder eine versicherungspflichtige Beschäftigung aufnimmt oder durch freiwillige Beitragsleistung das Versicherungsverhältnis erneuert und danach eine Wartezeit von zweihundert Beitragswochen zurücklegt.

Hat der Versicherte bei der Wiederaufnahme der versicherungspflichtigen Beschäftigung oder bei der Erneuerung des Versicherungsverhältnisses durch freiwillige Beitragsleistung das sechzigste Lebensjahr vollendet, so lebt die Anwartschaft nur auf, wenn er vor dem Erlöschen der Anwartschaft mindestens tausend Beitragsmarken verwendet hatte.

Hat der Versicherte das vierzigste Lebensjahr vollendet, so lebt die Anwartschaft durch freiwillige Beitragsleistung nur auf, wenn er vor dem Erlöschen der Anwartschaft mindestens fünfhundert Beitragsmarken verwendet hatte und danach eine Wartezeit von fünfhundert Beitragswochen zurücklegt.

Vgl. § 46 Abs. 4 IVG.

Die Erneuerung des Versicherungsverhältnisses setzt voraus, daß das bisherige erloschen ist dergestalt, daß es auch nicht mehr durch Nachentrichtung von Beiträgen gemäß §§ 1442 bis 1444 aufrecht erhalten werden kann (vgl. Rev. Entsch. 1045, A. N. 1903, S. 371). Die Erneuerung des Versicherungsverhältnisses bewirkt die Wiederherstellung der früheren Anwartschaft, d. h. die Anrechnungsfähigkeit der früheren Beiträge und Ersatztatsachen für die Rentenberechnung.

Für das neue Versicherungsverhältnis reicht die in Abs. 1 der Vorschrift erwähnte abgekürzte Wartezeit von 200 Beitragswochen nur aus, wenn mindestens 100 Pflichtbeiträge entrichtet sind; dabei genügt es aber, daß diese Zahl durch Hinzurechnung derjenigen Pflichtbeiträge erreicht wird, aus denen die Anwartschaft erloschen war (Rev. Entsch. 1293, A. N. 1906, S. 663).

Abs. 2 u. 3 sind neu. Die Vorlage wollte im Gegensatze zum IVG. die Erneuerung des Versicherungsverhältnisses durch freiwillige Beitragsleistung wegen der daraus für die Versicherungsträger schon bisher erwachsenen und nach Einführung der Hinterbliebenenversicherung noch in erhöhtem Maße zu befürchtenden finanziellen Gefahren und versicherungstechnischen Unzuträglichkeiten nicht mehr zulassen (Begr. S. 394). Nach eingehenden Kommissionsverhandlungen ist nunmehr eine zwischen der Vorlage und dem IVG. vermittelnde Regelung getroffen worden (Kom. B. 4. Teil. S. 27 ff., S. 101).

Für die Übergangszeit gilt Art. 74 Einf.-Ges. Danach gelten, wenn ein Versicherter, dessen Anwartschaft erloschen ist, vor dem 1. Januar 1912 oder innerhalb eines Jahres nach diesem Tage wieder eine versicherungspflichtige Beschäftigung aufgenommen oder durch freiwillige Beitragsleistung das Versicherungsverhältnis erneuert hat, für das Wiederaufleben der Anwartschaft die Vorschriften des § 46 Abs. 4 IVG. weiter, solange die Anwartschaft nicht abermals erlischt. Bedeutung hat diese Vorschrift nur für die Ausnahmefälle, die in den von der Kommission hinzugefügten Abs. 2 und 3 des § 1283 vorgesehen sind. Die Erneuerung des Versicherungsverhältnisses nach Art. 74 Einf.-Ges. kann durch Beibringung einer einzigen innerhalb der dort bezeichneten Frist rechtswirksam verwendeten Marke bewirkt werden (Begr. zum Entwurf des Einf.-Ges. S. 41 und Kom. Ber. dazu S. 41).

IX. Berechnung der Versicherungsleistungen.

Vorbemerkung.

Falls, wie bisher (vgl. A. N. 1900, S. 187 ff., 1909, S. 513 ff.) Tabellen für die Rentenberechnungen veröffentlicht werden sollten, so werden sie im Ergänzungsbande mitgeteilt werden. —

Verteilung der Leistungen zwischen Reich und Versicherungsträger.

§ 1284. Die Versicherungsleistungen bestehen aus einem festen Reichszuschuß und einem Anteil der Versicherungsanstalt.

Werden nicht die vollen Rentenbezüge ausgezahlt, so werden die Anteile des Reichs und der Versicherungsträger entsprechend gekürzt.

Vgl. § 35 IVG.

Über Reichszuschuß vgl. § 1285.

Was den „Anteil der Versicherungsanstalt" anlangt, so wird davon nur ein Teil von den V. Anstalten, denen Beiträge zugeflossen sind, der andere aber von der Gesamtheit der V. Anstalten getragen (vgl. §§ 1395 ff.).

Abs. 2 ist neu. Bisher fehlte es an einer ausdrücklichen Vorschrift über den Einfluß einer Rentenkürzung auf die Leistungen des Reichs und der Versicherungsträger. In Betracht kommende Fälle sind: teilweise Versagung der Rente (§ 1254 Abs. 2, 3, §§ 1271, 1272), teilweises Ruhen der Rente (§ 1311) und Rentenkürzungen nach § 1294.

Höhe des Reichszuschusses.

§ 1285. Der Reichszuschuß beträgt jährlich fünfzig Mark für jede Invaliden-, Alters-, Witwen- und Witwerrente und fünfundzwanzig Mark für jede Waisenrente, einmalig fünfzig Mark für jedes Witwengeld und sechzehnzweidrittel Mark für jede Waisenaussteuer.

Vgl. § 35 IVG.

Der Reichszuschuß ist auf sämtliche Hinterbliebenenbezüge einschließlich der einmaligen ausgedehnt worden. Für die Kinderzuschußrente des § 1291 wird aber ein Reichszuschuß nicht gezahlt. Die dort zugunsten der Kinder des Rentenberechtigten vorgesehene Erhöhung der Invalidenrente wird vielmehr ausschließlich von den Versicherungsträgern aus den erhöhten Beiträgen bestritten.

Berechnung des Anteils der Versicherungsanstalten.

§ 1286. Der Anteil der Versicherungsanstalten richtet sich nach den gezahlten Beiträgen und den Militärdienst- und Krankheitszeiten, die als Beitragswochen gelten.

Vgl. §§ 35, 40 IVG.

Neben den Krankheitszeiten sind jetzt auch die Militärdienstzeiten aufgeführt. Denn die Bestimmung des § 40 Abs. 2 IVG., wonach den auf die Dauer militärischer Dienstleistungen entfallenden Anteil der Rente das Reich zu tragen hatte, ist in die RVO. nicht übergegangen.

Über die Militärdienst- und Krankheitszeiten, die als Beitragswochen II. Lohnkl. gelten, vgl. §§ 1393, 1394.

Art der Leistungen der V. Anst.

§ 1287. Die Versicherungsanstalt leistet bei den Invalidenrenten einen Grundbetrag und die Steigerungssätze, bei den Renten der Hinterbliebenen, bei den Witwengeldern und Waisenaussteuern einen Teil des Grundbetrags und der Steigerungssätze, bei den Altersrenten einen festen Jahresbetrag.

Vgl. §§ 36, 37 IVG.

Die neuen Leistungen der V. Anst. für Hinterbliebene bestehen aus Teilen des Grundbetrags und der Steigerungssätze der Invalidenrenten, welche ihr Ernährer zur Zeit seines Todes bezog oder bei Invalidität bezogen hätte (vgl. §§ 1292, 1296).

Grundbetrag der Invalidenrente.

§ 1288. Der Grundbetrag der Invalidenrente wird stets nach fünfhundert Beitragswochen berechnet. Sind weniger nachgewiesen, so gilt für die fehlenden die Lohnklasse I; sind es mehr, so scheiden die überzähligen Beiträge der niedrigsten Lohnklassen aus.

Für jede Beitragswoche werden angesetzt

in der Lohnklasse I	12	Pfennig,
„ „ „ II	14	„
„ „ „ III	16	„
„ „ „ IV	18	„
„ „ „ V	20	„

Vgl. § 36 Abs. 2, 3 IVG.

Die Höhe des Grundbetrags der Invalidenrente stellt sich jetzt ebenso, wie nach dem IVG. Während aber nach dem IVG. für Versicherte, die in verschiedenen Lohnklassen Beiträge geleistet hatten, der Durchschnitt der allen anzurechnenden Beiträgen entsprechenden Grundbeträge den maßgebenden Grundbetrag bildete, greift jetzt eine einfachere Berechnungsweise Platz. Statt der Teilung der Summe der Produkte aus den 500 höchsten Beiträgen und den zugehörigen festen Grundbeträgen des bisherigen Rechts (60 M. für Kl. I, 70 M. für Kl. II, 80 M. für Kl. III, 90 M. für Kl. IV und 100 M. für Kl. V) durch 500 werden jetzt die 500 maßgebenden Beiträge unmittelbar mit $\frac{60}{500} = 0{,}12$ M. (Kl. I), $\frac{70}{500} = 0{,}14$ M. (Kl. II) usw. vervielfacht (Begr. S. 406). Sachlich ist also gegenüber dem IVG. nichts geändert.

Steigerungssatz der Invalidenrente.

§ 1289. Der Steigerungssatz der Invalidenrente beträgt für jede Beitragswoche

in der Lohnklasse I	3	Pfennig,
„ „ „ II	6	„
„ „ „ III	8	„
„ „ „ IV	10	„
„ „ „ V	12	„

Vgl. § 36 Abs. 4 IVG.

An dem bisherigen Rechte hat sich nichts geändert. Hier werden im Gegensatze zu § 1288 Abs. 1 sämtliche Beitragswochen (einschließlich der Ersatztatsachen nach §§ 1393, 1394), aber auch nur diese angerechnet.

Die anrechnungsfähigen Militärdienst- und Krankheitszeiten gelten nach § 1393 als Beiträge II. Lohnklasse.

Überschüssige Beiträge.

§ 1290. Für jede Beitragswoche zählt nur ein Beitrag. Sind mehr Beitragswochen belegt und die überzähligen Marken nicht festzustellen, so scheiden die Beiträge der niedrigsten Lohnklassen aus, bis die zulässige Höchstzahl übrig bleibt.

Vgl. § 36 Abs. 5 IVG.

Die Vorschrift entspricht dem bisherigen Recht; sie will verhindern, daß für eine Beitragswoche mehrere Beiträge bei der Rentenberechnung in Ansatz gebracht werden. Übrigens kann auch bei Berechnung der Wartezeit für jede Beitragswoche nur ein Beitrag angerechnet werden (vgl. Anm. zu § 1278). Ebenso ist für jede Beitragswoche nur ein Beitrag zu entrichten (§ 1387 Abs. 2). Dagegen kann ein Beitrag für 2 Anwartschaftsfristen in Betracht kommen (vgl. Anm. zu § 1280).

Die Beitragswoche beginnt mit Montag (§ 1387 Abs. 3) und endigt mit dem darauf folgenden Sonntag (vgl. Anm zu § 1387).

Über die Anrechnung von Ersatztatsachen als Beitragswochen überhaupt vgl. §§ 1393, 1394 und über die Anrechnung von Krankheitswochen, wenn für Sonn- und Feiertage eine Bescheinigung fehlt, vgl. Anm. zu § 1393.

Beiträge, die für Zeiten nach der Entstehung des Anspruchs entrichtet sind, werden nicht gerechnet.

Die Berechnung der einzelnen Invalidenrente ergibt sich aus den §§ 1285 bis 1290 in Verbindung mit § 1393, wonach die anrechnungsfähigen Militärdienst- und Krankheitszeiten als Beitragswochen II. Lohnklasse gelten. Dabei macht es keinen Unterschied, ob Marken des alten oder neuen Rechts (vgl. §§ 1392, 1411) verwendet worden sind. Beispiel: X hat bis zum Eintritt der Invalidität 600 Pflichtbeiträge und zwar 200 I., 300 II. und 100 IV. Lohnklasse sowie 20 anrechnungsfähige Krankheitswochen nachgewiesen. Alsdann berechnet sich seine Invalidenrente folgendermaßen:

a) Reichszuschuß (§ 1285)		50 M. — Pf.
b) Grundbetrag		
100 × 18 Pf. Lohnkl. IV) . .	18 M. — Pf.	
300 × 14 Pf. („ II) . .	42 „ — „	
80 × 12 Pf. („ I) . .	9 „ 60 „	
20 × 14 Pf. (Krankheitswochen)	2 „ 80 „	
		72 M. 40 Pf.

c) Steigerungssatz (§§ 1286, 1289):

200 × 3 Pf. (Lohnkl. I) . .	6 M.	— Pf.		
300 × 6 Pf. („ II) . .	18 „	— „		
100 × 10 Pf. („ IV) . .	10 „	— „		
20 × 6 Pf. (Krankheitswochen)	1 „	20 „		
			35 M.	20 Pf.
			157 M.	60 Pf.

Die Invalidenrente des X beträgt daher 157 M. 60 Pf. jährlich. Diese ist gemäß § 1297 in monatlichen Teilbeträgen zu zahlen, die auf volle 5 Pf. aufzurunden sind und sich auf je 13,15 M. berechnen.

Kinderzuschußrente.

§ 1291. Hat der Empfänger der Invalidenrente Kinder unter fünfzehn Jahren, so erhöht sich die Invalidenrente für jedes dieser Kinder um ein Zehntel bis zu dem höchstens anderthalbfachen Betrage.

Die Bestimmung ist neu; sie verdankt einem Beschlusse der Kommission ihre Entstehung. Nach den in der Kommission vorgetragenen Berechnungen kommen für diese Rente zunächst etwa 89 000 Kinder in Betracht, die eine Erhöhung der jährlichen Rentenlast um etwa 12,8 Millionen Mark verursachen werden (Kom. Ber. 4. Teil, S. 102 ff.) Von dieser Mehrbelastung wird das Reich nicht mitbetroffen (vgl. § 1285); sie fällt vielmehr nur den Versicherungsträgern zu, die sie aus den Beiträgen zu bestreiten haben. Diese Beiträge sind vornehmlich mit Rücksicht auf die Einführung der Kinderzuschußrente über die in der Vorlage vorgesehenen Grenzen hinaus erhöht worden (vgl. § 1392).

Bei der Berechnung der Kinderzuschußrente wird der Reichszuschuß der Invalidenrente mitgerechnet. Nach dem in der Anm. zu § 1290 gewählten Beispiel beträgt die Zuschußrente für je ein Kind unter 15 Jahren $^1/_{10}$ von 157,60 M. = 15,76 M. jährlich. Da die Kinderzuschußrente sich als Erhöhung der Invalidenrente darstellt, so ist sie mit dieser in einer Summe zu berechnen und festzusetzen. Die danach zu zahlende Rente beträgt beim Vorhandensein eines Kindes unter 15 Jahren 157,60 M. + 15,76 M. = 173,36 M. Diese ist gemäß § 1297 in monatlichen Teilbeträgen zu zahlen, die auf volle 5 Pf. aufzurunden sind und demnach 14,45 M. betragen. Hat X. 5 Kinder unter 15 Jahren, so beträgt die Rente 157,60 + 78,80 = 236,40 M. Damit ist der anderthalbfache Betrag der Invalidenrente des X. erreicht, über den hinaus nach § 1291 eine Rente nicht zu zahlen ist.

Gemäß der Übergangsvorschrift des Art. 71 Abs. 3 Einf.-Ges. gilt § 1291 nur für die Empfänger von Invalidenrenten, deren dauernde Invalidität nach dem 31. Dezember 1911 eingetreten ist oder deren Rente gemäß § 1255 Abs. 3 nach diesem Tage beginnt. Im übrigen findet § 1291 schon vom 1. Jan. 1912 ab Anwendung.

Grundbetrag und Steigerungssatz bei Hinterbliebenenrenten.

§ 1292. Der Anteil der Versicherungsanstalt beträgt

bei Witwen- und Witwerrenten drei Zehntel,

bei Waisenrenten für eine Waise drei Zwanzigstel, für jede weitere Waise ein Vierzigstel

des Grundbetrags und der Steigerungssätze der Invalidenrente, die der Ernährer zur Zeit seines Todes bezog oder bei Invalidität bezogen hätte.

Bei Berechnung der einzelnen Hinterbliebenenrente sind außer dieser Vorschrift die §§ 1285 bis 1290, 1297 sowie Art. 69 Einf.-Ges. (vgl. unten) zu berücksichtigen; nicht dagegen die Bestimmung des § 1291.

Für die invalide Witwe des X, dessen Rente in der Anm. zu § 1290 berechnet worden ist, würde sich die Rente danach — allerdings nur bei Außerachtlassung des Art. 69 Einf.-Ges. — auf

a) Reichszuschuß	50 M.	— Pf.
b) $^3/_{10}$ des Grundbetrags der Invalidenrente . .	21 „	72 „
c) $^3/_{10}$ der Steigerungssätze der Invalidenrente .	10 „	56 „
zusammen	82 M.	28 Pf.

oder rund 6,90 M. monatlich berechnen.

Die gleiche Berechnung würde auch für die Witwerrente unter der Annahme zutreffen, daß die in der Anm. zu § 1290 berechnete Rente diejenige der verstorbenen Ehefrau ist.

Für eine Waise würde sich die Rente — ebenfalls unter Außerachtlassung des Art. 69 Einf.-Ges. — folgendermaßen zusammensetzen:

a) Reichszuschuß (§ 1285)	25 M.	— Pf.
b) $^3/_{20}$ des Grundbetrags der Invalidenrente . .	10 „	86 „
c) $^3/_{20}$ der Steigerungssätze der Invalidenrente .	5 „	28 „
zusammen	41 M.	14 Pf.

oder abgerundet 3,45 M. monatlich.

Für jede weitere Waise ermäßigen sich die Sätze zu b) und c) auf je $^1/_{40}$, sodaß die Leistungen an Waisenrente sich für jede weitere Waise erhöhen auf:

a) Reichszuschuß	25 M. — Pf.
b) $^1/_{40}$ des Grundbetrags der Invalidenrente . .	1 „ 81 „
c) $^1/_{40}$ der Steigerungssätze der Invalidenrente .	0 „ 88 „
zusammen	27 M. 69 Pf.

Sonach würden sich die Gesamtbezüge für 2 Waisen auf 68,83 M., für 3 Waisen auf 96,52 M. usw. stellen. Da es nun nicht Absicht des Gesetzgebers gewesen sein kann, beim Vorhandensein von mehreren Waisen diese unterschiedlich zu behandeln (vgl. auch Begr. S. 369, 551), so würde sich in dem obigen Beispiel bei 2 Waisen die einzelne Rente auf 68,83 : 2 = 34,41 oder abgerundet auf 2,90 M. monatlich, bei 3 Waisen auf 96,52 : 3 = 32,17 oder abgerundet auf 2,70 M. monatlich stellen, usw.

Sind mehrere Hinterbliebenenrenten zu gewähren, deren Gesamthöhe die im § 1294 Abs. 1, 2 gezogenen Grenzen übersteigen würde, so sind sie bis zu diesen Grenzen im Verhältnis der Einzelbeträge nach Maßgabe des § 1294 Abs. 3, 4 zu kürzen. Wegen ihrer Erhöhung vgl. § 1295.

Nach der Übergangsvorschrift des Art. 69 Einf.-Ges. wird „für die Bemessung der Hinterbliebenenbezüge zur Berechnung des Grundbetrags der Invalidenrente die für die Zeit nach dem 1. Januar 1912 an 500 Beitragswochen fehlende Zahl aus den höchsten nach dem IVG. entrichteten Beiträgen ergänzt. Reicht die Zahl dieser Beiträge hierzu nicht aus, so gilt für die fehlenden die Lohnklasse I. Für die Steigerungssätze sind nur die Beiträge anzurechnen, die für die Zeit nach dem 1. Januar 1912 geleistet worden sind". Sind Beiträge dieser Art nicht vorhanden, so wird die Rente lediglich aus dem Reichszuschuß und dem Grundbetrage berechnet.

Angenommen, die für X. (vgl. das Beispiel in der Anm. zu § 1290) entrichteten 200 Beiträge I. Lohnklasse und seine 20 Krankheitswochen entfallen in die Zeit vor dem 1. Januar 1912, so ist für die Berechnung der Rente seiner Witwe zunächst der Grundbetrag seiner Invalidenrente nach Art. 69 Einf.-Ges. festzustellen. Dieser beträgt:

100 × 18 Pf. (Lohnkl. IV)	Beitragswochen aus der	18 M. — Pf.
300 × 14 Pf. (Lohnkl. II)	Zeit nach dem 1. 1. 12.	42 M. — Pf.
20 × 14 Pf. (Krankhtsw.)	Ergänzungswochen aus	2 M. 80 Pf.
80 × 12 Pf. (Lohnkl. I)	der Zeit vor dem 1. 5. 12	9 M. 60 Pf.
		72 M. 40 Pf.

ist also zufällig ebenso hoch, wie der Grundbetrag der Invalidenrente des X. selbst (S. 94 unten).

Alsdann berechnet sich die Witwenrente folgendermaßen:

a)	Reichszuschuß	50 M. — Pf.
b)	$^3/_{10}$ des Grundbetrags der Invalidenrente	21 „ 72 „
c)	$^3/_{10}$ der Steigerungssätze der Invalidenrente für 300 Beiträge II. und 100 Beiträge IV. Lohnklasse	8 „ 40 „
	zusammen	80 M. 12 Pf.

oder rund 6,70 M. monatlich. Die Rente einer Waise beträgt in diesem Falle 25,00 + 10,86 + 4,20 M. = 40,06 M. oder rund 3,35 M. monatlich. Für jede weitere Waise würden sich die Leistungen an Waisenrente erhöhen auf: 25,00 + 1,81 + 0,70 = 27,51 M. Sonach würden sich die Gesamtbezüge für 2 Waisen auf 67,57, für 3 Waisen auf 95,08 M. stellen. Die einzelne Rente würde also bei 2 Waisen 67,57 : 2 = 32,78 oder rund 2,75 M. monatlich, bei 3 Waisen 95,08 : 3 = 31,69 oder rund 2,65 M. betragen.

Anteil der V. Anst. an der Altersrente.

§ 1293. Der Anteil der Versicherungsanstalt an den Altersrenten beträgt

in der Lohnklasse	I	60 Mark,
„ „ „	II	90 „
„ „ „	III	120 „
„ „ „	IV	150 „
„ „ „	V	180 „

Für Beiträge verschiedener Lohnklassen wird der entsprechende Durchschnitt gewährt. Sind über eintausendzweihundert Beitragswochen nachgewiesen, so scheiden die überzähligen Beiträge der niedrigsten Lohnklassen aus.

Vgl. § 37 IVG.

Da die Altersrente ohne Rücksicht auf Invalidität gewährt wird (§ 1257), so ist sie als Zuschuß zum Arbeitsverdienst gedacht (Begr. zum I. u. AVG.) und demgemäß so bemessen, daß sie regelmäßig niedriger ist als die Invalidenrente. Insbesondere gibt es hier keine Steigerungssätze wie bei der Invalidenrente. Beiträge, die über die Zahl von 1200 hinaus entrichtet sind, kommen zwar nicht für die Altersrente (Abs. 2 Satz 2), wohl aber für eine später etwa zu gewährende Invalidenrente in Betracht.

Für Versicherte, die in verschiedenen Lohnklassen Beiträge entrichtet haben, ist — ähnlich wie früher bei der Invalidenrente

— ein Durchschnittssatz zu berechnen. Dies ist der Durchschnitt der nach Abs. 1 der Vorschrift in Betracht kommenden Klassensätze, welche den nach Abs. 2 Satz 2 anzurechnenden Beiträgen entsprechen.

Die Altersrente kann, da nach dem Inkrafttreten des I. u. AVG. (1. Jan. 1891) noch nicht 1200 Beitragswochen nachweisbar sind, für die nächste Zeit in allen Fällen nur mit Hilfe der Übergangsvorschriften der Art. 65, 66 Einf.-Ges. gewährt werden. Ist aber danach die Wartezeit für die Altersrente erfüllt, so kommt es nach Art. 67 a. a. O. (früher § 192 IVG.) für die Rentenberechnung darauf an, ob weniger oder mehr als 400 Beitragswochen nachgewiesen sind. Im ersteren Falle werden nach Abs. 1 a. a. O. für die an 400 fehlenden Wochen Beiträge der Lohnklasse angesetzt, die dem durchschnittlichen Jahresarbeitsverdienste des Versicherten während der im Art. 65 Abs. 2, Satz 1 a. a. O. bezeichneten 3 Jahre entspricht, mindestens aber Beiträge der I. Lohnklasse (sog. Ergänzungswochen).

Sind z. B. 200 Beitragswochen IV. Lohnklasse nachgewiesen und sind zur Ergänzung 200 Beiträge III. Lohnklasse anzusetzen, so berechnet sich die Altersrente unter Berücksichtigung des Reichszuschusses wie folgt:

$$\frac{200 \times 150 + 200 \times 120}{400} + 50 \text{ M.} = 185 \text{ M. jährlich}$$

oder rund 15,45 M. monatlich.

Sind aber mehr als 400 Beitragswochen nachgewiesen, so schreibt Art. 67 Abs. 2 a. a. O. das Verfahren nach § 1293 vor. Beim Nachweis von zusammen 600 Beitragswochen, von denen 400 der Lohnklasse II und 200 der Lohnklasse III angehören, berechnet sich also die Altersrente nach § 1293 z. B. wie folgt:

$$\frac{400 \times 90 + 200 \times 120}{600} + 50 \text{ M.} = 150 \text{ M. jährlich}$$

oder rund 12 M. 50 Pf. monatlich.

Nach § 1293 ist auch zu verfahren, wenn genau 400 Beitragswochen nachgewiesen sind.

Das Nähere vgl. in den Anm. zu d. Art. 65—67 Einf.-Ges.

Begrenzung der Höhe der Hinterbliebenenrenten.

§ 1294. Die Renten der Hinterbliebenen dürfen zusammen nicht mehr betragen als das Anderthalbfache der Invalidenrente, die der Verstorbene zur Zeit seines Todes bezog oder bei Invalidität bezogen hätte.

Waisenrenten allein dürfen zusammen nicht mehr betragen als diese Invalidenrente.

Ergeben die Renten einen höheren Betrag, so werden sie im Verhältnis ihrer Höhe gekürzt.

Enkel haben nur soweit einen Anspruch, als nicht der zulässige Höchstbetrag den Kindern zufließt.

Den Vorschriften dieses Paragraphen liegt der Gedanke zu Grunde, daß einerseits die Witwen und Waisen zusammen und anderseits die Waisen allein eine Verbesserung ihrer Lage durch den Tod ihrers Ernährers nicht erfahren sollen. Sowohl beim Zusammentreffen von Witwen- und Waisenrenten wie bei Waisenrenten allein wird nach den angestellten Durchschnittsberechnungen über die Rentenhöhen eine Kürzung erst beim Vorhandensein von 9 Waisen erforderlich werden (Begr. S. 371).

In den Verhandlungen des Reichstags ist die Frage aufgeworfen, aber nicht klargestellt worden, ob zu der Invalidenrente im Sinne dieses Paragraphen auch die Kinderzuschußrente des § 1291 gehört (Sten. Ber. S. 6973). Die Frage wird indessen mit Rücksicht auf die Begr., die mit einer Kinderzuschußrente noch nicht rechnete, und im Hinblick auf § 1292 zu verneinen sein. —

Ausscheiden von Hinterbliebenen.

§ 1295. Beim Ausscheiden eines Hinterbliebenen erhöhen sich die Renten der übrigen bis zum zulässigen Höchstbetrage.

Die Vorschrift bildet eine notwendige Ergänzung zu § 1294.

Ein Ausscheiden von Hinterbliebenen kann insbesondere bei Witwen durch Wegfall der Invalidität, Wiederverheiratung oder Tod, bei Witwern durch Wegfall der Bedürftigkeit, Wiederverheiratung oder Tod, bei Waisen durch Vollendung des 15. Lebensjahrs oder Tod, in den Fällen der §§ 1260 bis 1262 auch durch Wegfall der Bedürftigkeit bedingt sein.

Höhe des Witwengeldes und der Waisenaussteuer.

§ 1296. Als Witwengeld wird der zwölffache Monatsbetrag der Witwenrente, als Waisenaussteuer der achtfache Monatsbetrag der bezogenen Waisenrente gewährt.

Die Berechnung folgt aus den §§ 1285, 1292, Art. 69 Einf.-Ges. — Das Witwengeld soll mit der Waisenaussteuer eine Art Ersatz für die bei Witwen mit Invalidenrenten-Anwartschaft fortfallende Witwenrente sein (Begr. S. 367) und wird daher nach der Witwenrente berechnet, die diesen Personen zu zahlen wäre, wenn sie für sie nicht fortfiele (vgl. Anm. zu § 1258).

Das Witwengeld beträgt bei Zugrundelegung der in der Anm. zu § 1292 gewählten Beispiele 12 × 6,90 = 82,80 M. bezw. 12 × 6,70 M. = 80,40 M., die Waisenaussteuer für eine Waise 8 × 3,45 M. = 27,60 M. bezw. 8 × 3,35 M. = 26,80 M., für jede weitere Waise das Achtfache der ihr jeweils beim Ausscheiden zustehenden Monatsrente. Waren die Waisenrenten gemäß § 1294 Abs. 2, 3 gekürzt, so verringern sich auch die Waisenaussteuern. Ebenso wird das Witwengeld entsprechend niedriger sein, wenn die in Ansatz zu bringende Witwenrente nach Maßgabe des § 1294 zu kürzen gewesen wäre. Die Anteile des Reichs bestimmt § 1285.

Über die Frage, ob Waisenaussteuer auch dann gewährt werden kann, wenn Waisenrente nicht bezogen wurde, vgl. Anm. zu § 1252.

Abrundung und Vorauszahlung der Renten.

§ 1297. Die Renten werden in Teilbeträgen monatlich, auf volle fünf Pfennig aufgerundet, im voraus gezahlt.

Vgl. § 38 Satz 1 IVG., der sachlich nicht geändert sein dürfte.

Ähnlich § 612 für die Unfallversicherung.

Bei Berechnung der Jahresrente findet eine Abrundung nicht statt, ebensowenig bei Abfindungen (§§ 1316, 1317). Die monatlichen Teilbeträge sind je am ersten Tage des Kalendermonats zu zahlen. Liegt aber das den Rentenbeginn bezeichnende Ereignis innerhalb eines Kalendermonats, so ist nur derjenige Teilbetrag der Monatsrate zu gewähren, welcher der Anzahl von Tagen entspricht, die zwischen jenem Ereignisse und dem Ende des Monats liegen. Endigt die Rentenbezugszeit im Laufe eines Monats, so steht dem Berechtigten ebenfalls nur ein entsprechender nach denselben Grundsätzen zu berechnender Teilbetrag zu. Der Umstand, daß die Rente in letzterem Falle für den ganzen letzten Monat zu zahlen war und in der Regel schon gezahlt sein wird, steht dem nicht entgegen (vgl. Rev. Entsch. 437, A. N. I. u. AV. 1895, S. 229).

Eine Zahlung in längeren als monatlichen Abschnitten — wie bei der Unfallversicherung — ist nicht zugelassen.

X. Wegfall der Leistungen.

Wegfall der Witwen- und Witwerrente.

§ 1298. Die Witwen- und die Witwerrenten fallen bei der Wiederverheiratung weg.

Nach § 38 Satz 2 IVG. war für denjenigen Monat, in dem die den Wegfall oder das Ruhen des Rentenanspruchs bewirkende Tatsache eintrat, der gezahlte Monatsbetrag zu belassen. Diese Bestimmung gab zu Zweifeln Anlaß, ob der Gesetzgeber nur den tatsächlich gezahlten, oder auch den zwar noch nicht gezahlten, aber schon fälligen Monatsbetrag gemeint habe. Ein solcher Zweifel ist jetzt ausgeschlossen. Denn für die Fälle des 1301 Abs. 1 (Todesfall des Rentenempfängers und Ruhen der Rente) ist nunmehr, abgesehen von den §§ 1295, 1318, ausdrücklich bestimmt, daß der Anspruch auf die einzelne Monatsrente mit dem Beginn des Monats voll erworben wird. Daraus ergibt sich ohne weiteres, daß dies nicht für die sonstigen Fälle des Wegfalls von Renten gilt, da für diese Fälle eine gleiche Vorschrift nicht besteht. Danach haben nach § 1298 rentenberechtigte Witwen und Witwer, welche im Laufe eines Monats heiraten, nur auf den Teil der Monatsrenten Anspruch, welcher auf die Zeit vom Beginn des Monats bis zur Wiederverheiratung entfällt. Der überhobene Betrag ist zurückzuzahlen. Gegebenenfalls ist aber zugunsten der Waisen § 1295 in Verbindung mit § 1294 Abs. 2 bis 4 zu beachten.

Beim Tode des Empfängers einer Witwen- oder Witwerrente kommen die §§ 1301 Abs. 1, 1302, 1303 in Betracht.

Eine Abfindung, wie sie im Falle des § 589 an Witwen zu zahlen ist, die sich wiederverheiraten, ist hier nicht vorgesehen.

Wegfall der Waisenrenten.

§ 1299. Die Waisenrente fällt weg, sobald die Waise das fünfzehnte Lebensjahr vollendet.

Vgl. § 588.

Hier gilt für den Monat, in dessen Lauf die Rente wegfällt, das zu § 1298 Gesagte; die Rente ist also nur bis zum Tage des Wegfalls zu belassen. Allerdings wird die V. Anstalt, da ihr das Alter der Waise genau bekannt ist, in der Lage sein, den für den letzten Monat zu zahlenden Teilbetrag von vornherein in der richtigen Höhe anzuweisen. Gegebenenfalls ist auch hier § 1295 in Verbindung mit § 1294 Abs. 2 bis 4 zu beachten.

Beim Tode des Empfängers einer Waisenrente kommen wiederum die §§ 1301 Abs. 1, 1302, 1303 in Betracht.

Verfall des Witwengeldes.

§ 1300. Der Anspruch auf das Witwengeld verfällt, wenn er nicht innerhalb eines Jahres nach dem Tode des Ehemanns geltend gemacht wird.

Vgl. §§ 1252, 1253.

Für die Ausschlußfrist von einem Jahre war die Vorschrift des § 44 Abs. 3 IVG. über den Ausschluß des Anspruchs der Hinterbliebenen auf Beitragserstattung vorbildlich (Begr. S. 407).

Für die Waisenaussteuer ist eine Ausschlußfrist nicht vorgesehen. Vgl. darüber das Nähere in den Anm. zu §§ 1252, 1253.

Wegfall der Rente bei Tod des Rentenempfängers und bei Ruhen der Rente.

§ 1301. Für den Sterbemonat und den Monat, der das Ruhen der Rente bringt, wird, vorbehaltlich der §§ 1295, 1318, die Rente voll gezahlt.

Kommt für einen Monatsteil zur Rente des Versicherten noch die der Hinterbliebenen, so haben sie den höheren Betrag zu beanspruchen.

Vgl. § 38 Satz 2 IVG.
Vgl. § 613.

Zu Abs. 1: Der Anspruch auf die einzelne Monatsrente wird in diesen Fällen mit dem Beginne des Monats voll erworben, und zwar ganz gleich, ob es sich um Invaliden-, Alters-, Witwen-, Witwer- oder Waisenrenten handelt; vgl. die Anm. zu § 1298. Die Ausnahmen rechtfertigen sich durch die im Falle des § 1295 beim Ausscheiden eines rentenberechtigten Hinterbliebenen und im Falle des § 1318 beim Ruhen der niedrigeren Rente eintretende Erhöhung des Anspruchs.

Zu Abs. 2: Stirbt ein Invalidenrentenempfänger im Laufe eines Monats, so haben dessen Hinterbliebene für den Rest des Monats sich die Invalidenrente ihres Ernährers auf ihre Hinterbliebenenrenten anrechnen zu lassen und, falls erstere bereits gezahlt ist, nur auf den etwa überschießenden Betrag der Hinterbliebenenrenten Anspruch.

Stirbt dagegen der Empfänger einer Witwen- oder Witwerrente im Laufe eines Monats mit Hinterlassung rentenberechtigter Waisen, so findet Abs. 2 keine Anwendung. Dasselbe gilt, wenn im Laufe eines Monats eine von mehreren Waisen stirbt.

Rechtsnachfolge bei festgestellten Ansprüchen.

§ 1302. Ist beim Tode des Empfängers die fällige Rente noch nicht abgehoben, so sind nacheinander bezugsberechtigt der Ehegatte, die Kinder, der Vater, die Mutter, die Geschwister, wenn sie mit dem Empfänger zur Zeit seines Todes in häuslicher Gemeinschaft gelebt haben.

Vgl. § 41 Abs. 4 IVG.
Vgl. § 614.

Die Vorschrift geht weiter als das IVG., welches die gleiche Bezugsberechtigung nur für den Ehegatten in häuslicher Gemeinschaft aussprach, wenn aber ein solcher nicht vorhanden war, die Rechtsnachfolge nach dem bürgerlichen Rechte für die Bezugsberechtigung maßgebend sein ließ. Durch die Vermehrung der Zahl der Bezugsberechtigten werden die Umstände und Kosten, die mit dem Nachweis der Erbeseigenschaft verbunden sind, regelmäßig vermieden. Freilich, wenn keiner der nach § 1302 Bezugsberechtigten vorhanden ist, wird die Rechtsnachfolge nach bürgerlichem Recht für die weitere Bezugsberechtigung maßgebend sein, da ein bereits entstandener Rentenanspruch an sich ebenso wie ein anderer vermögensrechtlicher Anspruch zu behandeln ist und daher den für diesen geltenden Vererbungsvorschriften unterliegt (vgl. Rev. Entsch. 230, A. N. .I u. AV. 1893, S. 73).

Rechtsnachfolge bei schwebendem Verfahren.

§ 1303. Stirbt ein Versicherter oder ein zum Bezug einer Witwen- oder Witwerrente oder eines Witwengeldes Berechtigter, nachdem er seinen Anspruch erhoben hatte, so sind zur Fortsetzung des Verfahrens und zum Bezuge der bis zum Todestage fälligen Beträge nacheinander berechtigt der Ehegatte, die Kinder, der Vater, die Mutter, die Geschwister, wenn sie mit dem Berechtigten zur Zeit seines Todes in häuslicher Gemeinschaft gelebt haben.

Stirbt der zum Bezug einer Waisenaussteuer Berechtigte vor ihrer Auszahlung, so bestimmt das Versicherungsamt nach billigem Ermessen, an wen sie zu zahlen ist.

Vgl. § 41 Abs. 4 IVG.

Abs. 1 gibt das Recht zur Fortsetzung des Verfahrens und zum Bezuge der Rente bezw. des Witwengeldes nacheinander denselben Personen, welche nach § 1302 bezugsberechtigt sind.

Wegen der Erhebung des Anspruchs vgl. §§ 1613 bis 1616.

Ist der Anspruch erhoben, so ist es gleichgültig, in welcher prozessualen Lage sich das Verhalten zur Zeit des Todes des Berechtigten befindet.

Die RVO. enthält keine Vorschriften über die Unterbrechung des Verfahrens und dessen Aufnahme durch die Rechtsnachfolger. Falls und soweit darüber auch in der gemäß § 35 Abs. 2 zu erlassenden Kaiserlichen Verordnung nicht Bestimmung getroffen werden sollte, werden — wie bisher — die §§ 239 ff. ZPO. sinngemäß anzuwenden sein.

Abs. 2 enthält eine besondere Regelung für die Waisenaussteuer. Hier kommt ein Streitverfahren nicht in Frage, da Waisenaussteuer ohne weiteres erhält, wer bereits Waisenrente bezogen hat (vgl. aber auch Anm. zu § 1300). Das Versicherungsamt soll bestimmen dürfen, wem nach dem Tode des Berechtigten die Waisenaussteuer zu zahlen ist, damit tunlichst derjenige berücksichtigt werden kann, der bereits Aufwendungen für die Einführung der Waisen in eine Berufstätigkeit gemacht hat (Begr S. 408).

XI. Entziehung der Rente.

Entziehung der Invaliden- und Witwenrente.

§ 1304. Ist der Empfänger einer Invaliden- oder Witwenrente infolge einer wesentlichen Änderung in seinen Verhältnissen nicht mehr invalide im Sinne der §§ 1255, 1258, so entzieht ihm die Versicherungsanstalt die Rente.

Vgl. § 47 Abs. 1 IVG.

Die neue Vorschrift bringt deutlicher als es früher der Fall war, zum Ausdruck, daß die Rente entzogen werden muß, wenn die Voraussetzungen der Entziehung vorliegen; außerdem bezieht sie sich auch auf Witwenrenten. Im übrigen ist sachlich gegenüber dem IVG. nichts geändert. Allerdings ist infolge eines Kommissionsbeschlusses nunmehr vorgeschrieben, daß die Veränderung in den Verhältnissen eine wesentliche sein muß. Wie die Kommissionsverhandlungen (Kom. Ber. 4. Teil, S. 124 ff.) ergeben, ist dabei an den § 608 (anderweite Feststellung der Rente bei der Unfallversicherung) gedacht worden. Dort ist eine solche Vorschrift aber notwendig, weil dort eine feste Grenze fehlt, an der die Erheblichkeit der Änderung gemessen werden kann. Im Falle des § 1304 dagegen ist eine solche Grenze in der Invalidität gegeben. Eine Änderung in den Verhältnissen, die für die Gewährung der Invaliden- oder Witwenrente entscheidend waren, wird stets als „wesentlich" anzusehen sein, wenn sie zur Folge hat, daß Invalidität nicht mehr vorliegt. (S. 124, 126 a. a. O.). Wegen der Bedeutung der Worte „Veränderung der Verhältnisse" verweist die Begr. (S. 408) auf die Rechtsprechung des RVA. zu § 47 IVG.

Danach ist erforderlich eine Veränderung im körperlichen oder geistigen Zustande des Rentenempfängers gegenüber dem zur Zeit der Rentenbewilligung festgestellten Befunde. Unter Umständen liegt eine solche Änderung in der Gewöhnung an einen krankhaften Zustand oder in dem Erwerbe neuer Fähigkeiten (vgl. Rev. Entsch. 1074, A. N. 1903, S. 539). Auch in der Gewährung eines Bruchbandes oder ähnlicher Hülfsmittel ist sie gefunden worden (vgl. Rev. Entsch. 1193, A. N. 1905, S. 414).

Dagegen kommt nicht in Betracht eine veränderte Beurteilung der Sach- und Rechtslage bei im übrigen unveränderten Sachstande, ebensowenig eine anderweite ärztliche Beurteilung bei gleichem Krankheitszustande (vgl. Rev. Entsch. 389, A. N. I. u. AV. 1894, S. 159). Auch die Wiederaufnahme einer lohnenden Beschäftigung ist an sich noch keine Veränderung im Sinne des § 1304, selbst wenn dadurch mehr als das maßgebende Verdienstdrittel (§ 1255 Abs. 2, § 1258 Abs. 2) erreicht wird (vgl. Rev. Entsch. 459, A. N. I. u. AV. 1895, S. 251). Darin wird aber unter Umständen ein auf den Eintritt einer Besserung im Zustande des Rentenempfängers hindeutendes Zeichen erblickt werden können. Die Rentenentziehung ist auch dann nicht gerechtfertigt, wenn der Rentenempfänger zwar nach ärztlichem Urteil wieder erwerbsfähig ist, aber zur Verhütung des Wiedereintritts der Invalidität noch der Schonung und Arbeitsenthaltung bedarf (vgl. Rev. Entsch. 748, A. N. 1899, S. 559). Indessen wird die Fortgewährung der Rente nicht schon durch die bloße Besorgnis gerechtfertigt, daß die wiedererlangte Erwerbsfähigkeit nicht von Dauer sein werde (vgl. Rev. Entsch. 1543, A. N. 1911, S. 417). Hat der Rentenempfänger zuerst eine Krankenrente erhalten und ist diese später in eine Dauerrente umgewandelt worden, so ist sein gegenwärtiger Zustand mit demjenigen zur Zeit der Festsetzung der Dauerrente zu vergleichen (vgl. Rev. Entsch. 1327, A. N. 1907, S. 530).

Bei der Berechnung der Mindestverdienstgrenze, die der Rentenempfänger zu erreichen imstande sein muß, um nicht mehr invalide zu sein, kommen nur die Verhältnisse zur Zeit der Rentenentziehung in Betracht, nicht diejenigen zur Zeit der Rentenfestsetzung (vgl. Rev. Entsch. 1452, A. N. 1910, S. 452). Bei Feststellung der Mindestverdienstgrenze ist also hier so zu verfahren, als ob es sich um die Prüfung eines neuen Rentenanspruchs handelte. Daraus folgt, daß, wenn der Rentenempfänger nach Feststellung der Rente in einen anderen Wohnort verzogen ist, die für diesen geltenden

Verdienstverhältnisse gleichartiger Personen bei Berechnung des Mindestverdienstdrittels zugrunde zu legen sind.

Über den Zeitpunkt, von dem ab die Rentenentziehung wirksam wird, vgl. § 1308.

Auf Witwerrenten findet § 1304 keine Anwendung, da für die Gewährung dieser Renten nicht die reichsgesetzliche Invalidität Voraussetzung ist (vgl. Anm. zu § 1260). Diese Renten werden ebenso wie die Waisenrenten bei Wegfall der Bedürftigkeit gemäß § 1307 entzogen.

Heilverfahren für Rentenempfänger.

§ 1305. Ist zu erwarten, daß ein Heilverfahren den Empfänger einer Invaliden-, Witwen- oder Witwerrente wieder erwerbsfähig macht, so kann es die Versicherungsanstalt einleiten. Dabei sind die §§ 1270, 1271, 1273 entsprechend anzuwenden. Den Angehörigen der Empfänger von Witwen- oder Witwerrenten wird kein Hausgeld gezahlt.

Vgl. § 47 Abs. 2, Satz 1 und 2 IVG.

Vgl. die Anm. zu den §§ 1270, 1271, 1273. Dem Heilverfahren nach § 1305 kann auch der Empfänger einer Witwerrente unterworfen werden. — Satz 3 der Vorschrift hat seinen Grund darin, daß die in Betracht kommenden Kinder Waisenrenten erhalten. Zu den Angehörigen zählen allerdings nicht bloß die Kinder, sondern auch Personen, die keinen Anspruch auf Waisenrente haben (vgl. Anm. zu § 1271).

Versagung der Rente.

§ 1306. Entzieht sich ein Rentenempfänger ohne gesetzlichen oder sonst triftigen Grund dem Heilverfahren und verhindert er dadurch die Beseitigung der Invalidität, oder entzieht er sich ohne Grund einer Nachuntersuchung oder Beobachtung in einem Krankenhause, so kann ihm die Rente auf Zeit ganz oder teilweise entzogen werden, wenn er auf diese Folge hingewiesen worden ist.

Vgl. § 47 Abs. 2, Satz 3 IVG.
Vgl. §§ 606, 1272.

Die Rente wird nicht über denjenigen Zeitpunkt hinaus entzogen werden dürfen, bis zu dem der Rentenempfänger bei Durchführung des Heilverfahrens voraussichtlich erwerbsfähig gewesen wäre (vgl. Rev. Entsch. 1076, A. N. 1903, S. 541).

Neu regelt die Vorschrift den besonderen Fall, daß der Rentenempfänger sich ohne Grund einer zur Prüfung des Fortbestehens seiner Invalidität erforderlichen Nachuntersuchung oder Beobachtung im Krankenhaus entzieht. In diesem Falle nahm das RVA. in seiner bisherigen Rechtsprechung an, daß die Vereitelung einer solchen Untersuchung es rechtfertige, den nach Lage der Sache zulässigen ungünstigsten Schluß bezüglich des Zustandes des Rentenempfängers zu ziehen. Jetzt trifft das Gesetz auch hier eine dem § 1272 entsprechende Regelung.

Entziehung der Witwer- und Waisenrenten.

§ 1307. Witwerrenten und Waisenrenten, die nach den §§ 1260 bis 1262 gewährt sind, entzieht die Versicherungsanstalt, sobald die Bedürftigkeit des Empfängers wegfällt.

Vgl. die Anm. zu den §§ 1260 bis 1262.

Waisenrenten nach § 1259 gehören nicht hierher; kommt nur der Wegfall nach Maßgabe des § 1299 und § 1301 Abs. 1 in Betracht.

Wirksamkeit der Rentenentziehung.

§ 1308. Ein Bescheid, der die Rente entzieht, wird mit Ablauf des auf die Zustellung folgenden Monats wirksam.

Vgl. § 47 Abs. 3 IVG.
Vgl. § 610.

Die Vorschrift bezieht sich auf die §§ 1304, 1306, 1307, findet aber keine Anwendung, wenn bei Erlaß der Rentenfestsetzung der Endpunkt des Rentenbezugs bereits feststand, da es sich hier nicht um eine Rentenentziehung handelt (vgl. Rev. Entsch. 1053, A. N. 1903, S. 389).

Neu ist, daß infolge eines Beschlusses der Kommission der Rentenentziehungsbescheid nicht schon wie nach § 47 Abs. 3 IVG. mit Ablauf des Monats, in dem er zugestellt ist, sondern erst mit Ablauf des auf die Zustellung folgenden Monats wirksam wird. Die Bestimmung ist getroffen, damit der Rentenempfänger sich auf die Rentenentziehung rechtzeitig einrichten kann (Kom. Ber. 4. Teil, S. 127).

Frühere Rentenbezugszeit.

§ 1309. Wird Invaliden- oder Witwenrente von neuem oder an Stelle einer Krankenrente oder wird eine Altersrente bewilligt, so wird die Zeit des früheren Rentenbezugs dem Versicherten ebenso angerechnet wie eine nachgewiesene Krankheitszeit (§ 1394 Abs. 2). Während der Zeit des früheren Rentenbezugs erlischt die Anwartschaft nicht.

Vgl. § 47 Abs. 4 IVG.

Die Bestimmung des IVG., wonach die Zeit des früheren Rentenbezugs auch über die Dauer eines Jahres hinaus, wie eine bescheinigte Krankheit, anzurechnen war, ist in die RVO. nicht übergegangen. Jetzt kann nach Satz 1 der Vorschrift die frühere Rentenbezugszeit höchstens auf die Dauer eines Jahres angerechnet werden.

Satz 2 entspricht dem bisherigen Rechte.

Auftauchen eines verschollenen Versicherten.

§ 1310. Wird nachgewiesen, daß ein Versicherter, der als verschollen galt, noch lebt, so wird die weitere Rentenzahlung eingestellt. Die Versicherungsanstalt braucht die zu Unrecht gezahlten Beträge nicht zurückzufordern.

Vgl. § 1265, 1266.

Die Vorschrift bezieht sich nur auf Renten. Die gezahlten Witwengelder und Waisenaussteuern dürfen nicht zurückgefordert werden.

XII. Ruhen der Rente und Kapitalabfindung.

Ruhen beim Bezug einer Unfallrente.

§ 1311. Die Rente ruht neben einer reichsgesetzlichen Unfallrente, soweit beide zusammen übersteigen würden

1. bei Invaliden- und Altersrenten den siebeneinhalbfachen Grundbetrag der Invalidenrente,
2. bei Witwen- und Witwerrenten den dreieinhalbfachen, bei Waisenrenten den dreifachen Grundbetrag der Invalidenrente, die der Ernährer zur Zeit seines Todes oder bei Invalidität bezogen hätte.

Vgl. § 48 Abs. 1, Nr. 1 IVG.

Die Vorschrift bestimmt, ob und in welchem Umfange Invaliden-, Alters- oder Hinterbliebenenrenten zu ruhen haben, wenn sie mit einer reichsgesetzlichen Unfallrente zusammentreffen und der entschädigungspflichtige Unfall — soweit es sich um Invaliden- oder Hinterbliebenenrenten handelt — nicht die Ursache der Invalidität oder des Todes ist. Ein solches Zusammentreffen von Renten wird entweder dadurch herbeigeführt, daß der Empfänger einer Invaliden-, Alters- oder Hinterbliebenenrente einen Betriebsunfall erleidet, für den er nach den Vorschriften über Unfallversicherung zu entschädigen ist, oder daß der Empfänger einer Unfallrente Anspruch auf eine Rente nach Maßgabe der Vorschriften über die Invaliden- und Hinterbliebenenversicherung erwirbt. In diesen Fällen werden die Renten aus der Invaliden- und Hinterbliebenenversicherung neben der Unfallrente gewährt, soweit diese Renten zusammen die in Nr. 1 und 2 bezeichneten Beträge nicht übersteigen. Anderenfalls kommen die überschießenden Beträge der Renten aus der Invaliden- und Hinterbliebenenversicherung in Fortfall. Sie sind aber in dem Maße den Berechtigten wieder anzuweisen, in welchem die Unfallrente sich wegen Besserung der Unfallfolgen etwa vermindert.

Da nach Nr. 1 auch bei Altersrenten der 7½fache Grundbetrag der Invalidenrente zu ermitteln ist, so wird dieser mangels anderweiter gesetzlicher Bestimmung nach denjenigen Beiträgen zu berechnen sein, die bis zum Eintritte des Ruhens der Altersrente entrichtet sind (vgl. Rev. Entsch. 1360, A. N. 1908, S. 662).

Die Vorschrift findet keine Anwendung, wenn die Invalidität oder der Tod Folge eines entschädigungspflichtigen Unfalls ist. In diesen Fällen ist nach § 1522 die Invaliden- oder Hinterbliebenenrente bis zur Zahlung der Unfallrente zwar auch zu gewähren, aber aus letzterer zu ersetzen und endgültig von der V. Anstalt nur insoweit zu zahlen, als sie höher ist, als jene.

Das Ruhen der Rente wird auch zeitlich mit dem Ereignisse wirksam, das es herbeiführt. Es kann daher auch für eine vor dem Bescheide liegende Zeit ausgesprochen werden. Für den Monat, in dem das Ruhen eintritt, hat aber der Berechtigte nach § 1301 Abs. 1 noch Anspruch auf die volle Rente.

Ein Ruhen der Renten aus der Invalidenversicherung beim Zusammentreffen mit Pensionen, Wartegeldern und ähnlichen Bezügen (vgl. § 48 Abs. 1, Nr. 2 IVG.). findet nicht mehr statt. Damit ist eine Vorschrift des IVG. beseitigt, der es an einer inneren Berechtigung fehlte und deren finanzielle Wirkungen in keinem Verhältnis zu den durch sie herbeigeführten Unzuträglichkeiten stand (Begr. S. 409). Nach Art. 80 in Verbindung mit Art. 61 Einf.-Ges. ruhen solche Renten v. 1. Januar 1912 ab nicht mehr, und es ist ein neuer Bescheid zu erteilen. Soweit solche Renten nach altem Rechte festgestellt sind, aber ruhen, werden sie vom 1. Januar 1912 ab von Amtswegen zur Auszahlung anzuweisen sein.

Auf Zusatzrenten findet § 1311 keine Anwendung (§ 1475).

Ruhen der Renten Gefangener.

§ 1312. Die Rente ruht, solange der Berechtigte eine Freiheitsstrafe von mehr als einem Monat verbüßt oder in einem Arbeitshaus oder einer Besserungsanstalt untergebracht ist.

Hat er im Inland Angehörige, die er ganz oder überwiegend aus seinem Arbeitsverdienst unterhalten hat, so wird ihnen die Invaliden- oder Altersrente überwiesen.

Vgl. § 48 Abs. 1, Nr. 3 und Abs. 2 IVG.
Vgl. § 216 Abs. 1, Nr. 1, § 615 Abs. 1, Nr. 1.

An dem bisherigen Rechte ist nichts geändert worden. Nur ist in Abs. 2 das Wort „bisher", welches früher vor den Worten „aus seinem Arbeitsverdienst" stand, fortgefallen. Damit ist klar zum Ausdruck gebracht, — was auch in der Praxis schon ohnedies angenommen ist — daß der Rentenempfänger seine Angehörigen nicht in allen Fällen bis zu dem das Ruhen der Rente bewirkenden Ereignis unterhalten zu haben braucht. Bei der Invalidenrente hat das RVA. schon ausgesprochen, daß ein Überweisungsanspruch gerechtfertigt ist, wenn der Rentenempfänger seiner Unterhaltspflicht bis zum Beginn der die Bewilligung der Rente veranlassenden Invalidität genügt hat (vgl. Rev. Entsch. 1000, A. N. 1902, S. 513). Dagegen hat das RVA. den Überweisungsanspruch in einem Falle für unbegründet erklärt, wo der Rentenempfänger sich nach der Bewilligung der Rente von seinen Angehörigen getrennt und längere Zeit hindurch um sie nicht gekümmert hat (vgl. Rev. Entsch. 1185, A. N. 1905, S. 283). Die Überweisung ist stets durch berufungsfähigen Bescheid auszusprechen oder abzulehnen (vgl. Rev. Entsch. 1000, A. N. 1902, S. 513).

Wegen der Freiheitsstrafen (vgl. §§ 14 bis 18 StGB.), wegen der Unterbringung in einem Arbeitshause § 362 Abs. 2 a. a. O., in einer Besserungsanstalt §§ 55, 56 a. a. O. und das preußische Gesetz über die Fürsorgeerziehung Minderjähriger v. 2. Juli 1900 (Ges.-Samml. S. 264). —

Träger des Anspruchs auf die Überweisung der Rente sind die Angehörigen des Rentenempfängers, nicht dieser selbst (vgl. Rev. Entsch. 1267, A. N. 1906, S. 462). Wegen der Worte „ganz oder überwiegend", die im IVG. fehlten, vgl. die Anm. zu §§ 1254, 1271).

Zum Inlande rechnen hier auch die deutschen Schutzgebiete (§ 1315).

Für die Angehörigen eines Hinterbliebenenrentenempfängers, auf den die Voraussetzungen von Abs. 1 zutreffen, ist die Überweisung der Rente nicht vorgesehen, weil für sie ohnehin durch Renten gesorgt ist (Begr. S. 411). Vgl. jedoch Anm. zu § 1305.

Auf Zusatzrenten findet § 1312 keine Anwendung (§ 1475).

Ruhen der Rente bei Aufenthalt im Ausland.

§ 1313. Die Rente ruht, solange

1. der Berechtigte sich freiwillig gewöhnlich im Ausland aufhält,
2. der berechtigte Ausländer wegen der Verurteilung in einem Strafverfahren aus dem Reichsgebiet ausgewiesen ist. Das Gleiche gilt für einen berechtigten Ausländer, der aus Anlaß der Verurteilung in einem Strafverfahren aus dem Gebiet eines Bundesstaats ausgewiesen ist, solange er sich nicht in einem anderen Bundesstaat aufhält.

Vgl. § 48 Abs. 1 Nr. 4, Satz 1 IVG.
Vgl. § 216 Abs. 1, Nr. 2, 3, § 615 Abs. 1, Nr. 3, 4.

Zu Nr. 1: Aufenthalt im Ausland heißt Aufenthalt außerhalb Deutschlands. Die deutschen Schutzgebiete gelten als Inland (vgl. § 1315).

Ob der Berechtigte ein Inländer oder Ausländer ist, hat keine Bedeutung. Der Ausländer kann aber im Falle von Nr. 1 nach § 1316 abgefunden werden, ebenso — mit seiner Zustimmung — in den Fällen des § 1317.

Während früher das Ruhen der Rente auch bei erzwungenem Aufenthalt im Ausland eintrat, ist das jetzt nur noch in den Fällen der Nr. 2 bei Ausländern der Fall. Daß nunmehr das Ruhen der Rente in der Regel nur bei freiwilligem Aufenthalt im Ausland eintritt, beruht auf einem Beschlusse der Kommission (Kom. Ber. 4. Teil, S. 128). — Renten, die hiernach nicht mehr ruhen, werden vom 1. Januar 1912 ab von Amts wegen zur Auszahlung anzuweisen sein (vgl. Anm. zu § 1311 a. E.).

Der Annahme, daß der Berechtigte sich freiwillig gewöhnlich im Ausland aufhält, steht nicht entgegen, daß er lediglich aus Gesundheitsrücksichten im Ausland Aufenthalt genommen hat (vgl. Rev. Entsch. 1183, A. N. 1905, S. 279). Der Entwurf wollte für diesen Fall das Ruhen der Rente ausschließen.

Wenn die Absicht der Rückkehr in das Inland binnen angemessener Zeit von Anfang an erkennbar bestanden hat und dauernd festgehalten worden ist, liegt ein gewöhnlicher Aufenthalt im Auslande nicht vor (vgl. Rev. Entsch. 1080, A. N. 1903, S. 547).

Auch im Sinne dieser Vorschriften gelten die deutschen Schutzgebiete als Inland (§ 1315).

Nr. 2 ist neu und beruht auf einem Beschlusse der Kommission.

Ausländer ist, wer fremder Staatsangehöriger ist; ferner wer als Deutscher entweder aus der Angehörigkeit eines deutschen Bundesstaats bezw. des Reichslandes ausgeschieden ist, oder sein Indigenat verloren hat und auch nicht etwa infolge eines bestehenden Übernahmevertrags wieder in das Inland übernommen ist (vgl. Reichsgesetz über Erwerb und Verlust der Staatsangehörigkeit vom 1. Juni 1870).

Nach dem Staatsrechte des Deutschen Reichs ist die Ausweisung von Ausländern der Staatsgewalt der einzelnen Bundesstaaten verblieben. Eine Ausweisung aus dem Reichsgebiete findet nur durch Verfügung einzelstaatlicher Behörden und nur in einigen im Reichsstrafgesetzbuch vorgesehenen Fällen statt (vgl. StGB. § 39 Nr. 2, § 284 Abs. 2, § 361 Nr. 2, § 362 Abs. 3 und Beschluß 1375, A. N. 1909, S. 427).

Auf die freiwillige Zusatzversicherung findet § 1313 keine Anwendung (§ 1475).

Ausnahme für ausländische Grenzgebiete oder Staaten.

§ 1314. Der Bundesrat kann das Ruhen der Rente für ausländische Grenzgebiete oder für solche auswärtigen Staaten ausschließen, deren Gesetzgebung Deutschen und ihren Hinterbliebenen eine entsprechende Fürsorge gewährleistet.

Vgl. § 48 Abs. 1, Nr. 4, Satz 2 IVG.
Vgl. § 615 Abs. 2.

Neu ist, daß die hiernach rentenbezugsberechtigten Personen, soweit sie Ausländer sind, jetzt mit ihrer Zustimmung abgefunden werden können (vgl. § 1317 Nr. 2).

Auf Grund des § 48 Abs. 1, Nr. 4, Satz 2 IVG. hat der Bundesrat für eine Reihe von Grenzgebieten die Vorschrift des 1. Satzes a. a. O., der das Ruhen der Rente für solche Berechtigten aussprach, „die nicht im Inland ihren gewöhnlichen Aufenthalt“ haben, außer Kraft gesetzt. Die einzelnen Beschlüsse sind in den A. N. 1900, S. 740; 1904, S. 244; 1908, S. 509 u. 667; 1909, S. 595 abgedruckt. Die in Betracht kommenden Grenzgebiete ergeben sich aus folgender Zusammenstellung:

Lfd. Nr.	Bezeichnung der ausländischen Staaten.	Nähere Bezeichnung der in Betracht kommenden ausländischen Grenzgebiete.
1.	Dänemark.	Die Ortschaft Vamdrup.
2.	Niederlande.	Die Provinzen Groningen, Drenthe, Oberyssel, Gelderland, Limburg.
3.	Das neutrale Gebiet Moresnet.	
4.	Belgien.	Die Arrondissements Lüttich, Verviers (Provinz Lüttich), Marche, Bastogne (Provinz Luxemburg).
5.	Das Grossherzogtum Luxemburg.	
6.	Schweiz.	Der Kanton Bern, soweit derselbe nördlich und nordwestlich der Zihl und der Aare, vom Einflusse der Zihl abwärts gerechnet, belegen ist; ferner die Kantone Solothurn, Basel-Stadt, Basel-Land, Aargau, Zürich, Schaffhausen, Thurgau, St Gallen, Appenzell, (Ausser- und Inner-Roden).
7.	Österreich-Ungarn.	Die Bezirkshauptmannschaft Bregenz, Reutte, Schwaz, Kufstein, Kitzbühel, Salzburg mit dem Stadtmagistratsbezirk Salzburg, Braunau am Inn, Ried, Schärding, Rohrbach, Krumau, Prachatitz, Schüttenhofen, Strakonitz, Klattau, Taus, Bischofteinitz, Tachau, Plan, Eger, Asch, Graslitz, Joachimsthal, Kaaden, Komotau, Brüx, Dux, Teplitz, Aussig, Tetschen, Schluckenau, Rumburg, Warnsdorf i. B., Gabel, Reichenberg, Friedland, Gablonz, Starkenbach, Hohenelbe, Trautenau, Braunau i. B., Neustadt (an der Mettau), Nachod, Reichenau, Senftenberg, Schönberg, Freiwaldau, Jägerndorf, Freudenthal, Troppau, Neu-Titschein, Mistek, Freistadt, Teschen, Bielitz; die Bezirke Biala und Chrzanow.
8.	Russland.	Die zwischen der deutschen Reichsgrenze und Sosnowice belegenen Ortschaften Alt-Sosnowice, Sielce, Bogunja, Dembowo-Góra, Ostro-Górtea, Milowice und Niwka, ferner die an den Beuthener Kreis grenzenden Ortschaften Bobrownik, Rogoznik, Dobieschowice, Tempkowitz, Zychcicz, Woikowitz und Czeladz.
9.	Frankreich.	Die Gemeinden Raon-sur-Plaine und Raon-les-Leau.

Ein neuer Bundesratsbeschluß auf Grund des § 1314 ist noch nicht erlassen. Er wird nach seiner Bekanntmachung, wenn tunlich, im Ergänzungsbande abgedruckt werden.

Deutsche Schutzgebiete.

§ 1315. Deutsche Schutzgebiete gelten im Sinne der §§ 1312, 1313 als Inland.

Vgl. § 615 Abs. 4.

Diese Vorschrift wird namentlich für solche versicherungspflichtigen oder versicherungsberechtigten Personen praktisch werden, welche noch voll erwerbsfähig nach den deutschen Schutzgebieten auswandern, und sich dort dauernd niederlassen. Diese können nunmehr der Vorteile der Versicherung teilhaftig werden, ohne zu diesem Zwecke in die Heimat zurückkehren zu müssen.

Die Rentenfeststellung, Rentenentziehung und die Kontrolle der Rentenempfänger begegnet hier allerdings besonderen Schwierigkeiten. Sie werden aber, wie die Begr. (S. 411) meint, mit Hilfe der Verwaltungsbehörden in den Schutzgebieten sowie mit Hilfe der dortigen Amts-, Militär- und Marineärzte zu beheben sein.

Abfindung des Ausländers ohne seine Zustimmung.

§ 1316. Mit dem dreifachen oder, sofern es sich um eine Waisenrente handelt, mit dem anderthalbfachen Betrage seiner Jahresrente ist abzufinden der berechtigte Ausländer im Falle des § 1313 Nr. 1.

Vgl. § 26 Abs. 1 IVG.
Vgl. § 617.

Die Vorschrift bezieht sich nur auf rentenberechtigte Ausländer, die sich freiwillig gewöhnlich im Ausland aufhalten.

Während nach § 26 IVG. die Abfindung des Ausländers voraussetzte, daß dieser seinen Wohnsitz im Deutschen Reiche aufgegeben hatte, wird jetzt ebenso wie dies beim Ruhen der Rente der Fall ist, und hier auch schon nach dem IVG. der Fall war, nur verlangt, daß er sich freiwillig gewöhnlich im Ausland aufhält. Aufenthalt ist gleichbedeutend mit tatsächlichem Verweilen, während Wohnsitz derjenige Ort ist, welcher den dauernden Mittelpunkt der Tätigkeit und Verhältnisse einer Person bildet. —

Über die Abfindung ist im instanziellen Verfahren zu entscheiden. Die Berufung gegen den Abfindungsbescheid hat — ebenso wie im Falle des § 1317 — aufschiebende Wirkung (§ 1682). Da der Ausländer nach § 1316 nicht mehr, wie es nach § 26 IVG. der Fall war und noch jetzt auf dem Gebiete der Unfallversicherung der Fall ist (§ 617) abgefunden werden kann, sondern abzufinden ist, so ist die Abfindung nicht mehr in das Ermessen der V. Anstalt gestellt, sondern der Berechtigte hat einen Rechtsanspruch darauf. Die Abfindung tilgt den Rentenanspruch vollständig; er lebt also nicht wieder auf, wenn der Ausländer seinen gewöhnlichen Aufenthalt im Inlande nimmt.

Der Berechnung der Abfindung ist der nicht abgerundete Jahresbetrag der Rente zugrunde zu legen (vgl. § 1297 u. Bescheid 696, A. N. 1898, S. 636).

Nach § 26 Abs. 2 IVG. konnte der Bundesrat den Abs. 1 a. a. O. unter Umständen außer Kraft setzen. Diese Vorschrift, von der der Bundesrat übrigens keinen Gebrauch gemacht hatte, ist in die RVO. nicht übergegangen. Eine von § 1316 abweichende Regelung ist aber im Wege der Vereinbarung zwischen dem Deutschen Reiche und dem ausländischen Staate gemäß § 157 möglich.

Wegen der Abfindung bei der freiwilligen Zusatzversicherung vgl. § 1476.

Abfindung des Ausländers mit seiner Zustimmung.

§ 1317. Die gleiche Abfindung kann mit ihrer Zustimmung denjenigen Ausländern gewährt werden, die

1. abgesehen von den Fällen des § 1313 Nr. 2, auf Grund der Anordnung einer deutschen Behörde das Reichsgebiet verlassen haben,
2. zum Bezuge der Rente auf Grund eines vom Bundesrate nach § 1314 erlassenen Beschlusses berechtigt sind.

Diese Vorschrift ist neu; sie beruht auf einem Beschlusse der Kommission. Eine Verpflichtung der V. Anst. zur Abfindung besteht nicht. Auch hier ist wie bei § 1316 im Wege des § 157 eine anderweite Regelung möglich.

Wegen des Abfindungsbescheids und der aufschiebenden Wirkung der Berufung vgl. Anm. zu § 1316.

Ruhen der niedrigeren Renten.

§ 1318. Treffen die Voraussetzungen für mehrere Renten auf Grund der Invaliden- und Hinterbliebenenversicherung zusammen, so ruht die niedrigere Rente von dem Tage des Zusammentreffens an.

Vgl. § 48 Abs. 3 IVG.

Die Vorschrift bildet eine Ausnahme von der Regel des § 1301 Abs. 1, insofern, als danach die ruhende Rente für den Monat, der das Ruhen bringt, nicht voll, sondern nur bis zum Tage des Zusammentreffens mit der höheren Rente zu zahlen ist. Den bereits gezahlten Betrag muß sich der Berechtigte auf die höhere Rente insoweit anrechnen lassen, als er auf die Zeit nach dem Zusammentreffen der mehreren Renten entfällt. — Fällt die höhere Rente fort, so lebt die niedrigere ohne weiteres wieder auf.

Die Vorschrift trifft auch den Fall, daß die Voraussetzungen für eine doppelte Waisenrente (vgl. S. 69) oder für die Witwen- und Invalidenrente zusammentreffen: letzterer Fall liegt z. B.

vor, wenn die Witwe eines Versicherten, die für ihre eigene Versicherung die Wartezeit erfüllt und die Anwartschaft erhalten hat, gleichzeitig oder nacheinander die Witwenrente nach § 1258 und die Invalidenrente nach § 1255 beansprucht und jeder der beiden Ansprüche für sich begründet ist.

Auf die Zusatzrente findet § 1318 keine Anwendung (§ 1475).

XIII. Besondere Befugnisse der Versicherungsanstalten.

Neue Feststellung über denselben Anspruch.

§ 1319. Überzeugt sich die Versicherungsanstalt bei erneuter Prüfung, daß die Leistung mit Unrecht abgelehnt, entzogen, eingestellt oder zu niedrig festgestellt worden ist, so kann sie eine neue Feststellung treffen.

Vgl. § 619.

Das RVA. hat die V. Anstalten auch schon bisher für befugt erachtet, einen neuen Bescheid über einen Anspruch zu erteilen, über den zu ungunsten des Rentenbewerbers bereits endgültig entschieden war, insbesondere dann, wenn sie sich auf Grund neuer Beweisumstände davon überzeugten, daß die frühere Entscheidung sachlich unrichtig war (vgl. z. B. Rev. Entsch. 517, 1182, A. N. 1896, S. 309; 1905, S. 277). Die Voraussetzungen für eine Wiederaufnahme des Verfahrens (§§ 1722 ff., vgl. auch § 1744) brauchen nicht vorzuliegen.

Die neue Feststellung ersetzt die früheren, tritt also vollständig an deren Stelle, sodaß die V. Anst. sich auf die Rechtskraft der früheren Abweisung nicht berufen kann.

Die Vorschrift bezieht sich nicht auf den Fall, daß die frühere Abweisung nur zur Zeit erfolgt war, weil Invalidität noch nicht vorlag, oder weil die Wartezeit noch nicht voll erfüllt war, oder weil der Antragsteller das 70. Lebensjahr noch nicht vollendet hatte (Altersrente). In Fällen dieser Art ist eine neue Feststellung zu treffen, wenn der Antrag nach Beseitigung des Mangels (Behauptung, daß nunmehr Invalidität eingetreten sei, Beibringung der fehlenden Marken, Vollendung des 70. Lebensjahres) wiederholt wird. Jedoch ist, wenn eine Invaliden- oder Witwenrente wegen Mangels dauernder Invalidität rechtskräftig abgelehnt oder wegen Wiedereintritts der Erwerbsfähigkeit rechtskräftig entzogen war, die Wiederholung des Rentenantrags nur nach Ablauf eines Jahres seit Zustellung der Entscheidung zulässig, wenn nicht der frühere Eintritt der Invalidität glaubhaft bescheinigt ist (§ 1635).

Verzicht auf Rückforderung von Rentenbeträgen.

§ 1320. Die Versicherungsanstalt braucht Rentenbeträge nicht zurückzufordern, die sie vor rechtskräftiger Entscheidung nach dem Gesetze zahlen mußte.

Vgl. § 118 IVG.
Vgl. § 620.

Gemeint sind die Rentenzahlungen, welche die V. Anst. nach der von ihr angefochtenen Entscheidung des OVA.s für die Zeit vor Erlaß der Entscheidung vorläufig leisten muß (§ 1710).

XIV. Verhältnis zu anderen Ansprüchen.

Ermäßigung der Leistungen der Zuschußkassen mit Ausnahme der Hinterbliebenenunterstützungen der Knappschaftsvereine usw.

§ 1321. Fabrik-, Seemanns- und ähnliche Kassen können die Invaliden-, Alters- oder Hinterbliebenenunterstützungen, die sie ihren reichsgesetzlich versicherten Mitgliedern geben, um höchstens den Wert der reichsgesetzlichen Bezüge dieser Art ermäßigen. Sie müssen dann alle Beiträge oder, wenn die Arbeitgeber damit einverstanden sind, wenigstens die der Kassenmitglieder entsprechend herabsetzen. Das Gleiche gilt für Knappschaftsvereine oder Knappschaftskassen hinsichtlich der Invaliden- und Altersunterstützungen.

Satzungsmäßige Leistungen, welche die Kasse vor der Entschließung der zuständigen Stellen oder vor dem 1. Januar 1891 bewilligt hat, dürfen nicht vermindert werden.

Die erforderlichen Anordnungen sind von den Kassen durch Satzungsänderung herbeizuführen; diese bedarf der Genehmigung der zuständigen Behörde. Die Behörde kann die Änderung rechtsgültig selbst vornehmen, wenn die Kasse den Antrag der beteiligten Arbeitgeber oder der Mitgliedermehrheit ablehnt.

Die Beiträge brauchen nicht ermäßigt zu werden, wenn die an den Unterstützungen gemachten Ersparnisse entweder nötig sind, um die der Kasse verbleibenden

Leistungen zu decken, oder satzungsmäßig mit Genehmigung der Aufsichtsbehörde zu Wohlfahrtseinrichtungen für Betriebsbeamte, Arbeiter oder deren Hinterbliebene verwendet werden.

Der Bundesrat bestimmt das Verfahren vor dem Kaiserlichen Aufsichtsamte für Privatversicherung im Falle des Abs. 3 Satz 2.

Vgl. § 52 IVG.

Die Vorschrift entspricht sachlich, soweit es sich um Invaliden- und Altersunterstützungen handelt, dem IVG., nachdem der Kommissionsbeschluß erster Lesung, dem zufolge dem Abs. 1, Satz 1 die Worte „abzüglich des Reichszuschusses" eingefügt worden waren, wieder aufgehoben worden ist (Kom. Ber. 4. Teil, S. 130 ff.). Neu ist ihre wegen des Hinzutretens der Hinterbliebenenversicherung erforderlich gewordene Ausdehnung auf die Hinterbliebenenunterstützungen. In letzterer Beziehung gilt die Vorschrift aber nicht für Knappschaftsvereine und Knappschaftskassen; für diese trifft § 1322 bei Hinterbliebenenunterstützungen besondere Regelung.

Die von dieser und den beiden folgenden Vorschriften betroffenen Kassen sind sog. Zuschußkassen, welche für einzelne Betriebe oder Unternehmungen bestehen und ihren Mitgliedern bezw. deren Hinterbliebenen neben den Ansprüchen, die diese an die V. Anstalten haben, noch besondere Leistungen gewähren. Diese Doppelversicherung soll in Hinsicht auf die Leistungen der Zuschußkassen bei gleichzeitiger Herabsetzung der Beiträge — wenigstens der Kassenmitglieder — nach näherer Bestimmung des Abs. 1 vermindert werden können. Ausnahmsweise läßt Abs. 4 eine Herabsetzung der Kassenleistungen an die einzelnen Mitglieder ohne gleichzeitige Ermäßigung der Beiträge zu. Das Nähere ist durch Satzungsänderung der Kasse zu bestimmen (Abs. 3, 4).

Die Satzungsänderung bedurfte nach dem IVG. der Genehmigung der „zuständigen Landesbehörde". An ihre Stelle ist jetzt die „zuständige Behörde" getreten. Diese Behörde ist bei denjenigen Zuschußkassen, die als private Versicherungsunternehmungen dem Versicherungsaufsichtsgesetze vom 12. Mai 1901 unterliegen, sobald ihr Geschäftsbetrieb sich über das Gebiet eines Bundesstaats hinaus erstreckt und es sich nicht um Knappschaftskassen handelt (§ 122 a. a. O.), das Kaiserliche Aufsichtsamt für Privatversicherung; anderenfalls ist es diejenige Behörde, die nach Landesrecht die Versicherungsunternehmungen beaufsichtigt. Für das Verfahren vor dem Aufsichtsamt für Privatversicherung war nur im Falle des Abs. 3, Satz 2 besondere Bestimmung zu treffen, da sich im übrigen dieses Verfahren nach der Kais. Verordn., betr. das Verfahren und den Geschäftsgang dieser Behörde, vom 23. Dezember 1901 regelt (Begr. S. 412).

Ermäßigung der Hinterbliebenenunterstützungen der Knappschaftsvereine usw.

§ 1322. Die Unterstützungen, die Knappschaftsvereine oder Knappschaftskassen den Hinterbliebenen ihrer reichsgesetzlich versicherten Mitglieder geben, ermäßigen sich um den halben Wert der reichsgesetzlichen Bezüge der gleichen Art. Die Unterstützungen müssen unter Hinzurechnung der reichsgesetzlichen Bezüge mindestens um den Betrag des Reichszuschusses höher sein, als die satzungsmäßigen Unterstützungen ohne die Ermäßigung sein würden. Entsprechend der Ermäßigung der Unterstützungen sind alle Beiträge oder, wenn die Arbeitgeber damit einverstanden sind, wenigstens die der Mitglieder herabzusetzen. Bei Streit über die Höhe der Beitragsherabsetzung entscheidet die Aufsichtsbehörde.

Die Satzung kann bestimmen, daß die Unterstützungen und entsprechend die Beiträge um einen geringeren Teil oder gar nicht ermäßigt werden.

Satzungsmäßige Leistungen, die vor der Entschließung der zuständigen Stellen oder vor dem Inkrafttreten dieser Vorschrift bewilligt sind, dürfen nicht vermindert werden.

Unter Knappschaftsvereinen sind zu verstehen die allgemeinen knappschaftlichen Organisationen, die der Unterstützung, Krankenversicherung usw. ihrer Mitglieder dienen. „Knappschaftskasse" hat nur für das Königreich Sachsen Bedeutung und bezeichnet dort dasselbe, was sonst unter „Knappschaftsverein" verstanden wird (Begr. S. 245/246).

Die Vorschrift ist neu. Sie enthält eine Ausnahme von dem Grundsatz des § 1321, indem sie bestimmt, daß die Hinterbliebenenunterstützungen der Knappschaftsvereine und Knappschaftskassen sich kraft Gesetzes (also ohne Satzungsänderung) um den halben Wert der reichsgesetzlichen Bezüge derselben Art bei entsprechender Herabsetzung der Beiträge — wenigstens der Mitglieder — vermindern. Diese teilweise Anrechnung der reichsgesetzlichen Leistungen auf die Unterstützungen der genannten Kassen rechtfertigt sich dadurch, daß die Kassen auf Grund landesrechtlicher Vorschriften den Hinterbliebenen ihrer Mitglieder schon vor Einführung der RVO. Unterstützungen gleicher Art und von mindestens gleicher Höhe, wie sie die RVO. vorsieht, zu gewähren hatten und daß sie ohne eine solche Anrechnung nunmehr zu doppelten Leistungen, die Arbeitgeber und Arbeitnehmer in den in Betracht kommenden Betrieben zu doppelten Beiträgen verpflichtet wären (Begr. S. 412, 413).

Nach der in Abs. 1, Satz 2 getroffenen Bestimmung, die gegen die Vorlage in der 2. Lesung der Kommission geändert wurde, hat der Reichszuschuß unter allen Umständen bei der Anrechnung der reichsgesetzlichen Hinterbliebenenbezüge auf die knappschaftlichen Leistungen unberücksichtigt zu bleiben, sodaß im ganzen mindestens in der Höhe des Reichszuschusses mehr zu zahlen ist, als die jeweilige knappschaftliche Hinterbliebenenunterstützung in dem Falle betragen haben würde, daß der Verstorbene reichsgesetzliche Ansprüche für seine Hinterbliebenen nicht erworben oder wieder verloren hätte (Kom. Ber. 4. Teil, S. 133).

Sonstige Kassen mit Beitrittszwang.

§ 1323. Der § 1281 Nr. 2 und die §§ 1321, 1322 gelten auch für solche zur Invaliden-, Alters- und Hinterbliebenenfürsorge bestimmten Kassen, für die nach Ortsstatut eine Beitrittspflicht besteht.

Vgl. § 53 IVG.

Aufrechnung.

§ 1324. Die Rentenansprüche dürfen nur aufgerechnet werden auf

Ersatzforderungen für bezogene Unfallrenten und Entschädigungen, soweit der Versicherungsanstalt ein Anspruch darauf nach § 1522 Abs. 3, § 1542 zusteht,
geschuldete Beiträge,
gezahlte Vorschüsse,
zu Unrecht gezahlte Rentenbeträge,
die zu erstattenden Kosten des Verfahrens,
die von den Versicherungsanstalten verhängten Geldstrafen.

Vgl. § 55 Abs. 2 IVG.
Vgl. § 394 BGB.

Am bisherigen Rechtszustand ist nichts geändert.

Eine Ersatzforderung für bezogene Unfallrente steht der V. Anst. im Falle des § 1522 Abs. 3 zu, wenn sie eine Invaliden- oder Hinterbliebenenrente für eine Zeit gezahlt hat, für die der Empfänger einen Anspruch auf Unfallrente hat und soweit erstere nicht höher ist als letztere.

Eine Ersatzforderung für Entschädigungen nach § 1542 hat die V. Anst. bezüglich der Ansprüche von Invaliden- oder Hinterbliebenenrentenempfängern gegen einen Dritten auf Ersatz des Schadens, der ihnen durch die Invalidität oder durch den Tod des Ernährers erwachsen ist.

Geschuldete Beiträge kommen nur bei Personen in Betracht, die der Versicherungspflicht unterliegen und den vollen Beitrag allein zu entrichten haben (vgl. § 1229).

Gezahlte Vorschüsse sind Zahlungen, die etwa vor Feststellung der Rente geleistet sind; auch die vorläufigen Rentenzahlungen, die nach der Entscheidung des OVA. im Falle des § 1710 zu leisten sind, gehören hierher.

Unter den zu Unrecht gezahlten Rentenbeträgen sind nur solche zu verstehen, die auf Grund der Invaliden- und Hinterbliebenenversicherung gezahlt sind.

Wegen der zu erstattenden Kosten des Verfahrens vgl. §§ 1634, 1802.

Wegen der von der V. Anst. verhängten Geldstrafen vgl. u. a. §§ 1467, 1487, 1488.

Aufrechnung, Übertragung usw. von Witwengeld und Waisenaussteuer.

§ 1325. Witwengeld und Waisenaussteuer dürfen, vorbehaltlich des § 119 Abs. 2, nicht übertragen, gepfändet, verpfändet oder aufgerechnet werden.

Die Übertragung, Pfändung, Verpfändung oder Aufrechnung dieser Kapitalzahlungen ist nur mit Genehmigung des Versicherungsamts zulässig (§ 119 Abs. 2).

Wegen der Übertragung, Pfändung und Verpfändung sonstiger Ansprüche aus der Invaliden- und Hinterbliebenenversicherung vgl. § 119.

Dritter Abschnitt.

Träger der Versicherung.

Vorbemerkung.

Der 3. Abschnitt behandelt im Zusammenhange die Vorschriften, welche für die Träger der Invaliden- und

Hinterbliebenenversicherung besonders gelten, während die gemeinsamen Vorschriften, die sich auf alle Träger der Reichsversicherung beziehen, im 2. Abschnitte des ersten Buchs (§§ 3 bis 34) enthalten sind. Als Träger der Invaliden- und Hinterbliebenenversicherung kommen nur die bisherigen Träger der Invalidenversicherung in Betracht, nämlich die V. Anstalten (§§ 1326 bis 1359) und die Sonderanstalten (die sog. besonderen Kasseneinrichtungen des IVG.), zu denen auch die Sonderanstalt der See-BG. (bisher: Invaliden-, Witwen- und Waisen-Versicherungskasse der See-BG.) gehört (§§ 1360 bis 1380). Die sachlichen Änderungen gegenüber dem bisherigen Rechte sind hauptsächlich bedingt durch die Einführung der Hinterbliebenenversicherung und den anderen Aufbau der Versicherungsbehörden, der u. a. den Fortfall der Schiedsgerichtsbeisitzer und der Rentenstellen mit sich brachte.

A. Versicherungsanstalten.

I. Äussere Verfassung.

1. Errichtung.

Errichtung und Umfang der V. Anstalten.

§ 1326. Die Versicherungsanstalten werden nach Bestimmung der Landesregierungen für das Gebiet des Bundesstaats, für Gemeindeverbände oder andere Gebietsteile errichtet.

Für mehrere Bundesstaaten oder ihre Gebietsteile sowie für mehrere Gemeindeverbände kann eine gemeinsame Versicherungsanstalt errichtet werden.

Versicherungsanstalten, die nach dem Gesetze vom 22. Juni 1889 errichtet sind, bleiben in ihrem Bestande, vorbehaltlich der nach den §§ 1332 bis 1337 zulässigen Änderungen, erhalten.

Vgl. § 65 Abs. 1, 2 IVG.

Die Versicherungsanstalten sind juristische Personen (§ 4), ihre Vorstände haben die Eigenschaft einer öffentlichen Behörde (§ 1343, Satz 1).

Welche Verbände als Gemeindeverbände (Abs. 1, 2) zu gelten haben, bestimmt nach § 111 Abs. 1, Nr. 2 die oberste Verwaltungsbehörde; sie kann auch bestimmen, daß eine einzelne Gemeinde als Gemeindeverband im Sinne dieses Gesetzes zu gelten hat.

Zur Zeit bestehen 31 Versicherungsanstalten; davon fallen 8 unter den Abs. 2 der Vorschrift. Für Preußen sind einschließlich derjenigen für den Stadtkreis Berlin 13 V. Anstalten errichtet (von denen 5 Gebiete oder Gebietsteile anderer Staaten umfassen), für Bayern 8, für die Königreiche Sachsen und Württemberg, die Großherzogtümer Baden, Hessen und Oldenburg, die Thüringischen Staaten (zusammen), die Großherzogtümer Mecklenburg-Schwerin und Mecklenburg-Strelitz (zusammen), das Herzogtum Braunschweig, die drei Hansestädte (zusammen) und das Reichsland Elsaß-Lothringen je eine. Sie werden im einzelnen mit ihren Namen, Sitzen und Bezirken in dem später erscheinenden Ergänzungsband aufgeführt werden.

Von den bestehenden 31 V. Anstalten unterliegen 19 der Aufsicht des RVA.s, nämlich die 13 zuerst erwähnten, sowie die LV. Anstalt Mecklenburg, die Thüringische LV. Anstalt und die LV. Anstalten Oldenburg, Braunschweig, Hansestädte und Elsaß-Lothringen.

Genehmigung des Bundesrats.

§ 1327. Die Errichtung der Versicherungsanstalt bedarf der Genehmigung des Bundesrats. Versagt er die Genehmigung, so kann er nach Anhören der beteiligten Landesregierungen die Errichtung selbst anordnen.

Vgl. § 66 IVG.

Sitz der V. Anst.

§ 1328. Die Landesregierung bestimmt den Sitz der Versicherungsanstalt. Reicht die Versicherungsanstalt über mehrere Bundesstaaten, so bestimmen die beteiligten Landesregierungen den Sitz.

Vgl. § 67 IVG.

Die 13 für Preußen in Betracht kommenden V. Anstalten haben ihren Sitz in den preußischen Provinzialhauptstädten, abgesehen von Brandenburg und Berlin, die ihn in Berlin haben, die bayerischen in den Regierungshauptstädten, die V. Anstalten für das Königreich Sachsen, für Württemberg, Baden, Hessen, Oldenburg, Braunschweig in den Landeshauptstädten, für die

Thüringischen Staaten in Weimar, für die beiden Mecklenburg in Schwerin, für die Hansestädte in Lübeck und für Elsaß-Lothringen in Straßburg.

2. Örtliche Zuständigkeit.

Zugehörigkeit der Versicherten zu den V. Anstalten.

§ 1329. Die Versicherungsanstalt umfaßt alle in ihrem Bezirke Beschäftigten (§§ 153 bis 156), die nicht in Sonderanstalten ihrer Versicherungspflicht genügen. Werden Personen in einem Betriebe beschäftigt, dessen Sitz in dem Bezirk einer anderen Versicherungsanstalt liegt, so können sie mit Zustimmung der beteiligten Versicherungsanstalten auch bei der des Betriebsitzes versichert werden. Mitglieder einer Betriebskrankenkasse müssen auf Antrag des Arbeitgebers dort versichert werden.

Vgl. § 65 Abs. 3 IVG.

Nach Satz 1 der Vorschrift wird die Zugehörigkeit des Versicherten zu einer Versicherungsanstalt in der Regel durch den Ort seiner Beschäftigung bestimmt. Über den Beschäftigungsort treffen die §§ 153 bis 156 folgende nähere Bestimmungen:

§ 153.

Beschäftigungsort ist der Ort, an dem die Beschäftigung tatsächlich stattfindet.

Für Versicherte, die an einer festen Arbeitstätte (Betrieb-, Dienststätte) beschäftigt werden, gilt diese als Beschäftigungsort auch, während sie außerhalb für den Arbeitgeber einzelne Arbeiten von geringer Dauer ausführen.

Das Gleiche gilt für Versicherte, die von einer festen Arbeitstätte aus nur mit einzelnen Arbeiten wechselnd in Bezirken verschiedener Orts- oder Landkrankenkassen beschäftigt werden.

Es gilt ferner für Versicherte, die nur für einzelne Arbeiten außerhalb der festen Arbeitstätte angenommen sind, sofern diese und ihr Arbeitsort im Bezirke desselben Versicherungsamts liegen.

§ 154.

Für Beschäftigungsverhältnisse ohne feste Betriebstätte gilt als Beschäftigungsort der Sitz des Betriebs.

§ 155.

Für Versicherte, die eine Betriebsverwaltung zu einer in verschiedenen Gemeinden wechselnden Beschäftigung angenommen hat, gilt die Gemeinde als Beschäftigungsort, wo die unmittelbare Leitung der Arbeiten ihren Sitz hat. Das Oberversicherungsamt kann anders darüber bestimmen, nachdem es die beteiligten Verwaltungen und Gemeinden oder Gemeindeverbände gehört hat.

§ 156.

Für Versicherte, die zu landwirtschaftlicher, in verschiedenen Gemeinden wechselnder Beschäftigung angenommen sind, gilt der Sitz des Betriebs (§§ 963, 964) als Beschäftigungsort.

Soweit nicht schon nach diesen Vorschriften der Sitz des Betriebs als Beschäftigungsort gilt und die V. Anstalt bestimmt, zu der der Versicherte gehört, kann nach Satz 2 der Vorschrift die Versicherung bei der V. Anstalt des Betriebssitzes von den beteiligten V. Anstalten für Personen vereinbart werden, die außerhalb des Betriebssitzes im Bezirke einer anderen V. Anstalt beschäftigt werden. Nach der Begr. (S. 414, 415) soll die Anwendung dieses Grundsatzes auch für die Versicherung von Personen gültig sein, die nicht in einem als Betrieb d. h. Inbegriff fortdauernder wirtschaftlicher Tätigkeiten anzusehenden Unternehmen beschäftigt werden. Angeführt wird als Beispiel die Beschäftigung von Versicherten durch eine den Begriff des „Betriebs" nicht erfüllende Berufsorganisation der Arbeitnehmer.

Das Wort „auch" in Satz 2 bedeutet nicht, daß diese Personen zugleich auch bei der V. Anstalt des tatsächlichen Beschäftigungsorts versichert werden können, denn ein Versicherter kann immer nur einer V. Anstalt angehören.

Eine weitere Ausnahme von Satz 1 enthält Satz 3 der Vorschrift, welcher dem Unternehmer das Recht gibt, alle seine in den Bezirken verschiedener V. Anstalten beschäftigten Arbeiter bei der für den Betriebssitz zuständigen V. Anstalt für den Fall zu versichern, daß diese Personen Mitglieder einer für seinen Betrieb errichteten Krankenkasse sind.

Vorübergehende Beschäftigung im Ausland.

§ 1330. Beschäftigt ein Betrieb, der seinen Sitz im Inland hat, vorübergehend Personen im Ausland, so sind sie bei der Versicherungsanstalt des Betriebsitzes versichert.

Vgl. § 65 Abs. 3, Satz 5 IVG.

Hier handelt es sich um eine vorübergehende Beschäftigung im Ausland, die sich als Ausfluß eines inländischen Betriebs darstellt (vgl. Anm. zu § 1226).

Beschäftigungsort für ausländische Binnenschiffe.

§ 1331. Für ausländische Binnenschiffe gilt, vorbehaltlich einer anderen Bestimmung des Bundesrats, als Beschäftigungsort der Sitz der Versicherungsanstalt, in deren Bezirk das Schiff bei Überfahren der Grenze zuerst eintritt.

Vgl. § 65 Abs. 4 IVG.
Vgl. § 1226 Abs. 1, Nr. 6 und S. 21, 28.

Neu ist, daß der Bundesrat eine von der Regel des § 1331 abweichende Bestimmung treffen kann. Dieser Vorbehalt beruht auf einem Kommissionsbeschlusse; vgl. dazu § 1471. Der Bundesrat hat von der ihm hier gegebenen Befugnis noch nicht Gebrauch gemacht.

3. Änderung der Bezirke.

Bezirksveränderungen.

§ 1332. Die Bezirke der Versicherungsanstalten können geändert werden, wenn es der Ausschuß (§ 1351) oder ein beteiligter Bundesstaat beantragt und der Bundesrat genehmigt. Vor der Beschlußfassung werden die beteiligten Ausschüsse und Landesregierungen gehört. Bei Versicherungsanstalten für die Bezirke von Gemeindeverbänden können auch deren Vertretungen Änderungen beantragen und müssen sonst vor Änderungen gehört werden.

Versicherungsanstalten können mit Zustimmung des Reichstags zusammengelegt, geteilt oder aufgehoben werden.

Vgl. § 100 Abs. 1, 2 IVG.

Ungewöhnlich ist die — übrigens in Übereinstimmung mit dem IVG. — in Abs. 2 vorgesehene Mitwirkung des Reichstags an einer reinen Verwaltungsanordnung; bei bloßen Bezirksveränderungen (Abs. 1) findet sie nicht statt.

Die Aufhebung einer V. Anstalt kann nur durch Zusammenlegung oder Teilung erfolgen.

Änderung des Verwaltungsbezirks.

§ 1333. Ohne weiteres ändert sich der Bezirk einer Versicherungsanstalt, wenn der Verwaltungsbezirk geändert wird.

Vgl. § 100 Abs. 3 IVG.

Verwaltungsbezirk ist das Gebiet, für welches die V. Anstalt nach §§ 1326, 1332 besteht.

Vermögensrechtliche Wirkungen beim Ausscheiden örtlicher Bezirke.

§ 1334. Scheiden örtliche Bezirke aus einer Versicherungsanstalt aus, so behält sie ihr Vermögen und die vorhandenen Verbindlichkeiten.

Vgl. § 101 Abs. 1 IVG.

Eine vermögensrechtliche Auseinandersetzung zwischen der V. Anstalt, welcher die ausscheidenden Bezirke angehört haben und derjenigen, welcher sie angeschlossen werden, findet nicht statt. Ersterer verbleibt der Erlös aus ihren Beitragsmarken; dafür gehen aber auch die auf diese Beiträge entfallenden Rentenanwartschaften zu ihren Lasten.

Vermögensrechtliche Wirkungen der Auflösung einer V. Anst.

§ 1335. Wird eine Versicherungsanstalt aufgelöst, so können die beteiligten Landesregierungen den aufnehmenden Anstalten das Vermögen mit allen Rechten und Pflichten übertragen oder die Übernahme durch eine andere Anstalt genehmigen. Sonst fällt das Vermögen, bei gemeinsamen Anstalten anteilig, den beteiligten Gemeindeverbänden oder Bundesstaaten zu.

Vgl. § 101 Abs. 2 IVG.

Im Fall der Auflösung einer V. Anstalt ist dafür zu sorgen, daß ihre bisherigen Verbindlichkeiten von anderen übernommen werden, denen zum Ausgleich das Vermögen der aufgelösten V. Anstalt zu überweisen ist. Zu diesem Zwecke kann das Vermögen der aufgelösten V. Anstalt mit allen Rechten und Verbindlichkeiten denjenigen V. Anstalten übertragen werden, welche die Bezirke der aufgelösten V. Anstalt zu übernehmen haben. Die Landesregierungen können aber von einer solchen Regelung absehen. Alsdann können sie genehmigen, daß eine V. Anstalt, die sich freiwillig dazu bereit erklärt, in die Rechte und Verbindlichkeiten der aufgelösten V. Anstalt eintritt. Geschieht auch dies nicht, so fällt das angesammelte Vermögen der aufgelösten V. Anstalt den beteiligten Gemeindeverbänden oder Bundesstaaten, über deren Gebiete sie sich erstreckt hat, mit der Maßgabe zu, daß diese Verbände oder Bundesstaaten auch die bisherigen Verbindlichkeiten der aufgelösten V. Anstalt zu übernehmen haben.

Über die Haftung für die Verbindlichkeiten der V. Anstalt bei Unzulänglichkeit des Anstaltsvermögens vgl. § 1402.

Vermögensauseinandersetzung bei Auflösung gemeinsamer V. Anstalten.

§ 1336. Einigen sich bei Auflösung einer gemeinsamen Versicherungsanstalt die Gemeindeverbände oder Bundesstaaten nicht über die ihnen zufallenden Vermögensanteile, so bestimmt hierüber der Bundesrat oder, wenn nur Gemeindeverbände eines Bundesstaats beteiligt sind, die oberste Verwaltungsbehörde.

Vgl. § 101 Abs. 3 IVG.

Streit zwischen V. Anstalten über Vermögensauseinandersetzung.

§ 1337. Bei Streit zwischen Versicherungsanstalten über die Vermögensauseinandersetzung entscheidet, mangels Verständigung über eine schiedsrichterliche Entscheidung, der Beschlußsenat des Reichsversicherungsamts oder des Landesversicherungsamts (§ 1382).

Vgl. § 102 IVG.

Die Vorschriften über das schiedsrichterliche Verfahren befinden sich in den §§ 1025 ff. ZPO. Der Beschlußsenat des LV. Amts ist dann zur Entscheidung zuständig, wenn der Streit zwischen V. Anstalten besteht, deren Bezirke über das Gebiet eines Bundesstaats, für den ein LV. Amt errichtet ist, nicht hinausgehen. Z. Z. kann hier nur das LV. Amt für Bayern in Betracht kommen.

II. Innere Verfassung.

1. Satzung.

Notwendiger Inhalt der Satzung.

§ 1338. Der Ausschuß beschließt eine Satzung. Sie muß Sitz und Bezirk der Versicherungsanstalt angeben und bestimmen über

1. Namen der Versicherungsanstalt,
2. Zahl der Vertreter der Arbeitgeber und der Versicherten im Vorstand,
3. die Gegenstände, für die im Vorstand die Mitwirkung der Vertreter der Arbeitgeber und Versicherten bei der Beratung und den Beschlüssen erforderlich ist,
4. Mitgliederzahl, Berufung, Rechte und Pflichten des Ausschusses, Bestellung seines Vorsitzenden, Art der Beschlußfassung sowie seine Vertretung nach außen im Falle des § 1354 Abs. 1 Satz 1,
5. Form der Willenserklärungen des Vorstandes sowie seiner Unterschrift für die Versicherungsanstalt, Art der Beschlußfassung des Vorstandes und seine Vertretung nach außen,
6. Vertretung der Versicherungsanstalt gegenüber dem Vorstand,
7. Höhe der Vergütungen nach § 21 Abs. 2, 3,
8. Aufstellung des Voranschlags,
9. Aufstellung und Abnahme der Jahresrechnung, soweit darüber nicht die oberste Verwaltungsbehörde bestimmt,
10. Veröffentlichung der Rechnungsabschlüsse,
11. Art der Bekanntmachungen,
12. Änderung der Satzung.

Vgl. § 70 IVG.
Vgl. § 677.

Die Satzung ist der Inbegriff der Rechtssätze, durch welche die V. Anstalt unter staatlichem Schutze auf genossenschaftlicher Grundlage unter Beachtung der gesetzlichen Vorschriften, im übrigen aber nach eigener — nur durch das Genehmigungsrecht der Aufsichtsbehörde beschränkter — Entschließung ihre Rechtsverhältnisse selbst zu regeln hat.

Dem Vorstande steht, wie bisher, eine Mitwirkung bei der Beschlußfassung über die Satzung nicht zu.

Die Vorschrift trifft nur Bestimmung über den notwendigen Inhalt der Satzung. Handelt es sich hier um das, was jede Satzung ohne Unterschied notwendig enthalten muß, so enthält § 1346 Abs. 2, Satz 2 eine Vorschrift, die für den Fall des Satzes 1 a. a. O. gleichfalls eine notwendige Satzungsbestimmung vorschreibt. Die Satzung wird auch die Grundsätze festzustellen haben, nach denen die gemäß § 15 erforderlichen Verhältniswahlen (für die Wahl der Vertreter der Arbeitgeber und Versicherten im Vorstand der V. Anstalt) zu erfolgen haben. — Die Wahlordnung für den Ausschuß erläßt die oberste Verwaltungsbehörde (§ 1352). Innerhalb der Organe werden die erforderlichen Wahlen ohne Verhältniswahl erfolgen können (§ 12). Daneben gibt es Bestimmungen, die zwar an sich nicht notwendig sind, aber nach gesetzlicher Vorschrift nur im Wege der Satzung getroffen werden können. So ist die Übertragung der Vertretungsmacht für die V. Anstalt auf einzelne Vorstandsmitglieder (§ 5 Abs. 3), die Vermehrung der im § 17 enthaltenen Ablehnungsgründe für die Wahl als Vertreter der Arbeitgeber zu den Organen der V. Anstalten nur durch die Satzung möglich (Abs. 3 a. a. O.). Ferner ist die Unterbringung von Rentenempfängern in Invaliden- und Waisenhäusern nur zulässig, wenn die Satzung den Vorstand der V. Anst. dazu ermächtigt (§ 1277). Vgl. des weiteren §§ 1342, 1347. Außerdem kann die Satzung auch noch andere, im Gesetze nicht erwähnte Verwaltungsangelegenheiten der V. Anstalt regeln. Über die Genehmigung der Satzung vgl. § 1339.

Neu ist, daß die Satzung den Sitz und Bezirk der V. Anst. angeben, sowie ihren Namen enthalten muß. Diese Angaben sind übrigens in den bestehenden Satzungen auch ohnedies durchweg enthalten. — Neu ist ferner die Nr. 3, welche die Kommission hinzugefügt hat (Kom. Ber. 4. Teil, S. 135). Desgleichen in Nr. 4 die Vorschrift, daß über die Vertretung des Ausschusses nach außen im Falle des § 1354 Abs. 1, Satz 1 in der Satzung Bestimmung getroffen werden muß.

In Nr. 7 ist nur auf § 21 Abs. 2, 3, nicht aber auch auf § 1347 Bezug genommen, während im § 70 Ziffer 6 IVG. auch der § 74 Abs. 3 a. a. O. angezogen war, welcher dem jetzigen § 1347 entspricht. Die Änderung ist deshalb erfolgt, weil die Bezüge der im § 1347 erwähnten Personen sich öfters verändern werden und dann jedesmal eine Satzungsänderung erforderlich wäre, wenn Nr. 7 auch diese Bezüge mit beträfe.

Im übrigen vgl. des Näheren:

zu Nr. 2 bei § 1346,

zu Nr. 4 bei §§ 1351 bis 1353,

zu Nr. 5, 6 bei §§ 5 ff., § 1342; für schriftliche Willenserklärungen von Wichtigkeit wird die handschriftliche Vollziehung durch den oder die den Vorstand nach außen vertretenden Beamten vorzuschreiben sein,

zu Nr. 11 bei § 1350,

zu Nr. 12 bei § 1341, § 1353 Nr. 4.

Der in Nr. 8 erwähnte Voranschlag ist vom Vorstand aufzustellen, vom Ausschuß festzusetzen (§ 1353 Nr. 2) und der Aufsichtsbehörde vorzulegen (§ 1355). Da die Einnahmen sich in der Hauptsache aus dem Erlöse der Beiträge und aus den Erträgen des angesammelten Vermögens zusammensetzen, so kann bei dem Budgetrechte des Ausschusses von einem Einnahmebewilligungsrechte nicht die Rede sein. Auch in Bezug auf die Ausgaben ist das Budgetrecht des Ausschusses erheblich beschränkt, da auch diese großenteils durch das Gesetz vorgeschrieben sind. Das Ausgabebewilligungsrecht des Ausschusses wird daher namentlich für solche Ausgaben in Betracht kommen, die durch das Gesetz nicht unmittelbar vorgeschrieben sind; aber auch hier wird es durch frühere Maßnahmen und bestehende Einrichtungen begrenzt sein.

Über die in Nr. 9 erwähnte Aufstellung und Abnahme der Jahresrechnung kann die oberste Verwaltungsbehörde bindende Anordnungen treffen. Tut sie dies nicht, so hat die Satzung das Nähere zu bestimmen. Übrigens wird durch jene Befugnis der obersten Verwaltungsbehörde die Verpflichtung des Ausschusses zur Prüfung und Abnahme der Jahresrechnung (§ 1353 Nr. 3) nicht berührt.

Gemäß Art. 81 Einf.-Ges. haben die Aufsichtsbehörden der V. Anstalten und zugelassenen Kasseneinrichtungen den Tag zu bestimmen, bis zu dem die nach der RVO. erforderlichen Satzungsänderungen zu beschließen sind, die vom 1. Januar 1912 ab gelten sollen. Bei Säumnis des Versicherungsträgers hat die Aufsichtsbehörde die Änderungen selbst vorzunehmen. Wegen der Satzung der Sonderanstalt der See-BG. und ihrer Änderung vgl. § 1380.

Über Satzungsstrafen vgl. die Vorbemerkung zum Unterabschnitt III des 8. Abschnitts.

Genehmigung der Satzung.

§ 1339. Die Satzung bedarf der Genehmigung des Reichsversicherungsamts oder des Landesversicherungsamts (§ 1382). Soll die Genehmigung versagt werden, so entscheidet über sie der Beschlußsenat; die Gründe der Versagung sind mitzuteilen. Wird die Genehmigung versagt, so entscheidet auf Beschwerde der Bundesrat.

Vgl. § 72 Abs. 1, 2, § 111 Abs. 2 IVG.

Vgl. § 681 und wegen der Sonderanstalt der See-BG. § 1380.

Die Prüfung des RVA. oder des LV. Amts wird sich darauf zu erstrecken haben, ob die Satzung (und im Fall des § 1341 ihre Änderung) ordnungsmäßig zustande gekommen ist, ob sie den nach § 1338 bezw. § 1346 Abs. 2, Satz 2 notwendigen Inhalt hat und ob ihre sonstigen Bestimmungen gesetzlich zulässig sind. Auch die Zweckmäßigkeit der Bestimmungen dürfte der Prüfung der Genehmigungsbehörden unterliegen.

Die Beschwerdefrist im Falle von Satz 3 beträgt nach § 128 Abs. 1 einen Monat. Die Frist beginnt mit der Zustellung des Versagungsbeschlusses.

Versagung der Genehmigung.

§ 1340. Ist die Genehmigung endgültig versagt, so hat in der vom Reichsversicherungsamt oder Landesversicherungsamt festgesetzten Frist der Ausschuß über eine neue Satzung zu beschließen. Kommt kein Beschluß zustande oder wird auch die neue Satzung endgültig nicht genehmigt, so erläßt das Reichsversicherungsamt oder das Landesversicherungsamt die Satzung und ordnet auf Kosten der Anstalt das zur Ausführung Erforderliche an.

Vgl. § 72 Abs. 3 IVG.
Vgl. § 682.

Die Genehmigung ist auch dann endgültig versagt, wenn innerhalb der Beschwerdefrist keine Beschwerde eingelegt ist.

Satzungsänderung.

§ 1341. Die Satzung darf nur mit Genehmigung des Reichsversicherungsamts oder des Landesversicherungsamts geändert werden. Soll die Genehmigung versagt werden, so entscheidet über sie der Beschlußsenat; die Gründe der Versagung sind mitzuteilen. Wird die Genehmigung versagt, so entscheidet auf Beschwerde der Bundesrat.

Vgl. § 72 Abs. 4 IVG.
Vgl. §§ 683, 1339 und wegen der Sonderanstalt der See-BG. § 1380.

Die Änderung der Satzung ist, wie ihre Errichtung, Sache des Ausschusses (§ 1353 Nr. 4).

2. Vorstand.

Aufgabe des Vorstands.

§ 1342. Der Vorstand verwaltet die Anstalt, soweit Gesetz oder Satzung nichts anderes bestimmt.

Vgl. § 73 Abs. 1 IVG.
Vgl. §§ 5 bis 11, § 685, § 1338 Nr. 4 bis 6.

Im Innern liegt dem Vorstande die Führung der laufenden Geschäfte und die Anordnung von allgemeinen Maßregeln zur Durchführung der Versicherung ob. Über Beschränkungen vgl. § 1353, 1400; vgl. auch § 1354 Abs. 2.

Nach außen hat er die V. Anstalt gerichtlich und außergerichtlich zu vertreten (§ 5). Eine Ausnahme besteht für den Fall, daß eine Vertretung der V. Anstalt gegenüber dem Vorstand in Frage kommt, z. B. wenn letzterer gemäß § 23 haftbar gemacht werden soll (vgl. § 1338 Nr. 6). In diesem Falle wird der Ausschuß die V. Anstalt zu vertreten haben (vgl. Anm. zu § 1353). In den Fällen des § 1354 Abs. 1, Satz 1 wird die Anstalt vom Vorstand und Ausschuß gemeinschaftlich vertreten.

Der Vorstand haftet der V. Anstalt für getreue Geschäftsverwaltung, wie ein Vormund seinem Mündel (§ 23 Abs. 1).

Rechtsstellung des Vorstands.

§ 1343. Er hat die Eigenschaft einer öffentlichen Behörde. Seine Geschäfte führen ein oder mehrere Beamte des Gemeindeverbandes oder Bundesstaats, für den die Versicherungsanstalt errichtet ist.

Vgl. § 74 Abs. 1, Satz 1, 2 IVG.

Die Vorstände der KK.en und BG.en haben nicht die Eigenschaft von öffentlichen Behörden (vgl. §§ 342 ff., §§ 685 ff.).

Die Geschäftsführung der V. Anstalt liegt im Gegensatze zur Kranken- und Unfallversicherung in den Händen von besoldeten Beamten (engerer Vorstand). Vgl. jedoch § 1347, der auch die Zulassung anderer (besoldeter oder unbesoldeter) Vorstandsmitglieder (durch Satzung) vorsieht; diese rechnet das Gesetz, wie § 1347 Satz 3 in Verbindung mit § 1346 Abs. 2 ergibt, zu den beamteten Vorstandsmitgliedern im Sinne der letzteren Vorschrift. Die beamteten Vorstandsmitglieder der V. Anstalt bilden mit den im § 1347 erwähnten anderen Vorstandsmitgliedern und mit den nicht beamteten Vorstandsmitgliedern (§ 1346 Abs. 1) den Gesamtvorstand.

Bestellung der beamteten Vorstandsmitglieder.

§ 1344. Der Gemeindeverband oder die oberste Verwaltungsbehörde bestellt nach den landesgesetzlichen Vorschriften die beamteten Vorstandsmitglieder und bezeichnet eines von ihnen als Vorsitzenden.

Reicht die Versicherungsanstalt über mehrere Gemeindeverbände, so tut es die oberste Verwaltungsbehörde oder der von ihr beauftragte Gemeindeverband.

Reicht die Versicherungsanstalt über mehrere Bundesstaaten, so entscheiden über die Bestellung der beamteten Vorstandsmitglieder die beteiligten obersten Verwaltungsbehörden.

Vgl. § 74 Abs. 1, Satz 3 bis 5 IVG.

Im Fall des Abs. 3 entscheiden jetzt nicht mehr — wie nach § 74 Abs. 1, Satz 5 IVG. — die beteiligten Landesregierungen, sondern die beteiligten obersten Verwaltungsbehörden. Einigen sie sich nicht, so entscheidet auch jetzt — wie bisher — der Reichskanzler (§ 113 Abs. 2).

Dienstliche Verhältnisse der beamteten Vorstandsmitglieder.

§ 1345. Für die dienstlichen Verhältnisse der beamteten Vorstandsmitglieder (§ 1344) gilt § 33 nicht.

Vgl. § 109 IVG.

Die Vorschrift des § 33 über die Befugnis der Aufsichtsbehörde zur Entscheidung bei Streit über die Rechte und Pflichten der Organe der Versicherungsträger ist hier ausgeschaltet, weil die beamteten Vorstandsmitglieder im Sinne des § 1344 den für Staats- oder Kommunalbeamte geltenden dienstpragmatischen und disziplinarrechtlichen Vorschriften unterstehen. Nur auf die Führung ihrer Vorstandsgeschäfte erstreckt sich die Aufsicht des RV. Amts oder des zuständigen LV. Amts. Zur Durchführung dieses Aufsichtsrechts steht ihnen gemäß § 31 Abs. 3 eine Strafbefugnis zu.

Nichtbeamtete Vorstandsmitglieder.

§ 1346. Als nichtbeamtete Mitglieder gehören dem Vorstand Vertreter der Arbeitgeber und der Versicherten in gleicher Zahl an; sie müssen im Bezirke der Versicherungsanstalt wohnen.

Ist die Zahl der beamteten Mitglieder größer als die Zahl der nichtbeamteten, so scheiden bei der Beschlußfassung so viel beamtete Mitglieder aus, daß die nichtbeamteten Mitglieder in der Mehrzahl sind. Das Nähere bestimmt die Satzung.

Vgl. § 74 Abs. 2 IVG.

Die nach Abs. 1 dem Vorstand angehörenden Vertreter der Arbeitgeber und Versicherten werden vom Ausschuß (§ 1353 Nr. 1) nach den Grundsätzen der Verhältniswahl gewählt (§ 15 Abs. 1). Im übrigen vgl. über Wählbarkeit, Art der Wahl, Dauer der Wahlzeit, Ablehnung der Wahl, Pflichten der Gewählten, Vergütungen, Amtsenthebung die §§ 12 bis 24. Bei Streit über die Gültigkeit der Wahlen entscheidet hier die Aufsichtsbehörde der V. Anstalt (§ 33).

Abs. 2 beruht auf einem Beschlusse der Kommission. Danach ist es zwar nicht unzulässig, daß die Zahl der beamteten Vorstandsmitglieder an sich größer ist, als die Zahl der nicht beamteten; aber bei der Beschlußfassung müssen die letzteren stets in der Mehrzahl sein. Dies wird auch dann zu gelten haben, wenn beamtete und nichtbeamtete Vorstandsmitglieder zu einer Sitzung in gleich großer Zahl erscheinen. Im Sinne dieses Absatzes sind auch die nach § 1347 in Betracht kommenden Vorstandsmitglieder den beamteten zuzuzählen (vgl. Satz 3 a. a. O.).

Andere Vorstandsmitglieder.

§ 1347. Die Satzung kann bestimmen, daß dem Vorstand noch andere besoldete oder unbesoldete Mitglieder angehören sollen. Für die besoldeten setzt der Ausschuß die Anstellungsbedingungen fest. § 1346 Abs. 2 gilt entsprechend.

Vgl. § 74 Abs. 3 IVG.

Diese Bestimmung ermöglicht es, z. B. Ärzte oder Versicherungstechniker in den Vorstand zu berufen. Mit ihrer Berufung hat der Ausschuß nur insofern zu tun, als er für sie, falls sie besoldet werden sollen, die Anstellungsbedingungen festsetzt. Die Vorschrift des § 1347 bezieht sich nicht auf das Bureaupersonal (§ 1348), auch nicht auf juristische Hülfsarbeiter im Vorstande.

Bureaupersonal.

§ 1348. Soweit die im Hauptamt beschäftigten Bureau-, Kanzlei- und Unterbeamten der Anstalt nicht nach Landesrecht staatliche oder gemeindliche Beamte sind, überträgt ihnen die Landesregierung die Rechte und Pflichten der staatlichen oder gemeindlichen Beamten.

Vgl. § 98 IVG.

Die Vorschrift bezieht sich nur auf diejenigen im Hauptamte beschäftigten Bureau- pp. Beamten der V. Anstalt, die nicht schon ohnehin Staats- oder Gemeindebeamte sind. Die Rechte und Pflichten dieser Beamten sind ihnen in vollem Umfang, insbesondere auch hinsichtlich der Höhe des Gehalts, der Pension, der Hinterbliebenenversorgung, der Umzugskosten, der Steuerprivilegien usw. zu übertragen. Denn durch die Vorschrift soll eine Verschiedenheit in der Stellung der Beamten der V. Anstalten gegenüber den in gleichartigen Verhältnissen befindlichen Beamten des Staates oder der Gemeindeverbände verhindert werden (Begr. S. 416).

Beamtengehälter zu Lasten der V. Anstalt.

§ 1349. Die Versicherungsanstalt trägt die Bezüge der Beamten und Unterbeamten sowie ihrer Hinterbliebenen.

Vgl. § 74 Abs. 1, Satz 6 IVG.

Die Vorschrift bezieht sich auf sämtliche besoldeten Beamten der V. Anstalt, einschließlich der Vorstandsmitglieder.

Veröffentlichungen.

§ 1350. Der Vorstand veröffentlicht im Reichsanzeiger und im amtlichen Blatte der obersten Verwaltungsbehörde Namen, Sitz und Bezirk der Versicherungsanstalt sowie den Namen des Vorsitzenden, ebenso die Änderungen.

Vgl. § 72 Abs. 5 IVG.

3. Ausschuß.

Zusammensetzung des Ausschusses und Wahl der Mitglieder.

§ 1351. Jede Versicherungsanstalt hat einen Ausschuß. Er besteht je zur Hälfte aus Vertretern der beteiligten Arbeitgeber und Versicherten und zählt mindestens zehn Mitglieder.

Diese werden von den Versicherungsvertretern bei den Versicherungsämtern des Bezirkes der Versicherungsanstalt je getrennt von den Arbeitgebern und den Versicherten gewählt.

Sie müssen im Bezirke der Versicherungsanstalt wohnen.

Vgl. § 76, § 88 Abs. 1 IVG.
Vgl. § 1338 Nr. 4.

Der Ausschuß hat die Funktion einer Generalversammlung der an der Versicherung interessierten Arbeitgeber und Arbeitnehmer. Die Anzahl der Vertreter der Arbeitgeber und der Versicherten im Ausschuß muß (ebenso wie nach § 1346 im Vorstande) gleich sein.

Die Wahl der Vertreter (Abs. 2) regelt sich infolge des veränderten Aufbaus der Versicherungsbehörden anders als nach dem IVG.

Über Wählbarkeit, Art der Wahl, Dauer der Wahlzeit, Ablehnung der Wahl, Vergütungen für Ausübung des Ehrenamts, Amtspflichten, Amtsenthebung vgl. §§ 12 bis 24.

Wahlordnung.

§ 1352. Die oberste Verwaltungsbehörde erläßt eine Wahlordnung und leitet die Wahl durch einen Beauftragten. Reicht die Versicherungsanstalt über mehrere Bundesstaaten, so bestimmen die beteiligten obersten Verwaltungsbehörden, welche von ihnen dazu berufen ist.

Für jeden Vertreter werden mindestens zwei Ersatzmänner gewählt; sie ersetzen ihn, wenn er verhindert ist, und treten, wenn er ausscheidet, für den Rest der Wahlzeit in der Reihenfolge ihrer Wahl ein.

Bei Streit über die Wahlen entscheidet die Behörde, welche die Wahlordnung erlassen hat.

Vgl. § 77 IVG.

Die oberste Verwaltungsbehörde muß die Wahlordnung selbst erlassen, während sie nach dem IVG. damit auch eine andere Behörde beauftragen konnte.

Kommt es im Fall des Abs. 1, Satz 2 zwischen den beteiligten obersten Verwaltungsbehörden zu keiner Einigung, so entscheidet nach § 113 Abs. 2 der Reichskanzler. Für die Wahlen ist die Verhältniswahl vorgesehen (§ 15); die Wahlzeit dauert 4 Jahre (§ 16).

Notwendige Obliegenheiten des Ausschusses.

§ 1353. Dem Ausschuß bleibt vorbehalten

1. die nichtbeamteten Vorstandsmitglieder zu wählen,
2. den Voranschlag festzusetzen,
3. die Jahresrechnung abzunehmen,
4. die Satzung zu ändern.

Vgl. § 71 Abs. 1 IVG.

Zu Nr. 1 vgl. § 1346, zu Nr. 2 § 1338 Nr. 8 und § 1355, zu Nr. 3 § 1338 Nr. 9, zu Nr. 4 § 1338 Nr. 12.

Notwendig ist ferner die Mitwirkung des Ausschusses in den Fällen des § 1354 Abs. 1, Satz 1 und Abs. 2, sowie des § 1400.

Das Recht, die Geschäftsführung des Vorstandes zu überwachen (§ 71 Abs. 1, Ziffer 7 IVG.) steht dem Ausschusse nicht mehr zu. Diese Überwachungsbefugnis beschränkt sich jetzt auf die zuständige Aufsichtsbehörde (RVA. oder LV. Amt).

Für den Fall, daß ein Beschluß des Ausschusses gegen Gesetz oder Satzung verstößt, hat ihn der Vorsitzende des Vorstands gemäß § 8 durch Beschwerde an die Aufsichtsbehörde zu beanstanden. Dies gilt auch in den Fällen des § 1355, Satz 3, 4.

Der Ausschuß hat die V. Anstalt auch zu vertreten, wenn dies dem Vorstande gegenüber erforderlich wird (vgl. Anm. zu § 1342 und § 1338 Nr. 6). Wegen der Form der Vertretung vgl. Anm. zu § 1354.

Mitwirkung des Ausschusses bei Maßnahmen betr. Grundstücke und Rückversicherungsverbände.

§ 1354. Bei Erwerb, Veräußerung oder Belastung von Grundstücken im Werte von mehr als eintausend Mark wird die Anstalt von dem Vorstand und dem Ausschuß vertreten. Soweit es sich darum handelt, im Zwangsversteigerungsverfahren Grundstücke zu erwerben, die von der Versicherungsanstalt beliehen sind, ist der Vorstand allein zur Vertretung berechtigt.

Der Vorstand bedarf der Zustimmung des Ausschusses zur Bildung von Rückversicherungsverbänden.

Vgl. § 71 Abs. 1, Nr. 4, 5 IVG.

Über die Vertretung des Ausschusses nach außen hat die Satzung für den Fall des Abs. 1, Satz 1 besondere Bestimmung zu treffen. Zur Vermeidung von geschäftlichen

Schwierigkeiten (namentlich vor dem Grundbuchamt) empfiehlt es sich, eine möglichst einfache Form der Vertretung zu wählen (Kom. Ber. 4. Teil, S. 141 flg.). Das geschieht am besten durch Bestellung eines Bevollmächtigten aus der Mitte des Ausschusses.

Unter Belastung von Grundstücken sind hypothekarische Beleihungen fremder Grundstücke nicht zu verstehen. Der im § 71 Abs. 1, Nr. 4 IVG. enthaltene Zusatz „der Versicherungsanstalt" ist lediglich aus sprachlichen Gründen unterblieben (Kom. Ber. 4. Teil, S. 142).

Wegen der Genehmigung der Aufsichtsbehörde zum Erwerbe von Grundstücken vgl. § 1357 Abs. 1; Ausnahme § 1357 Abs. 2.

Voranschlag.

§ 1355. Der Voranschlag muß mindestens zwei Wochen, bevor ihn der Ausschuß festsetzt, der Aufsichtsbehörde vorliegen. Sie beanstandet ihn, wenn er gegen Gesetz oder Satzung verstößt oder die Leistungsfähigkeit der Versicherungsanstalt zur Erfüllung der ihr obliegenden gesetzlichen Verpflichtungen gefährdet. Berücksichtigt der Ausschuß die Anstände nicht, so muß der Vorstandsvorsitzende die Aufsichtsbehörde anrufen (§ 8). Er hat dies zu tun, wenn es die Aufsichtsbehörde verlangt. Es entscheidet der Beschlußsenat.

Vgl. § 71 Abs. 2 IVG.

Wegen der Bedeutung des Voranschlages vgl. Anm. zu § 1338 Nr. 8. Die Vorschrift, daß die Aufsichtsbehörde den Voranschlag auch dann zu beanstanden hat, wenn er die Leistungsfähigkeit der V. Anstalt zur Erfüllung der ihr obliegenden gesetzlichen Verpflichtungen gefährdet, ist erst auf Grund eines Kommissionsbeschlusses eingefügt worden. Durch diesen Beschluß soll namentlich einer zu weit gehenden Verwendung der Mittel der V. Anstalten für die Zwecke des Heilverfahrens, zumal in Rücksicht auf die neue Vorschrift des § 1274 vorgebeugt werden (Kom. Ber. 4. Teil, S. 142 ff.).

4. Vermögensverwaltung.

Anlegung des Vermögens.

§ 1356. Die Versicherungsanstalt muß mindestens ein Viertel ihres Vermögens in Anleihen des Reichs oder der Bundesstaaten anlegen.

Sie kann höchstens die Hälfte ihres Vermögens anders als nach den §§ 26, 27 anlegen. Sie bedarf dazu der Genehmigung des Reichsversicherungsamts oder des Landesversicherungsamts (§ 1382).

Will eine Versicherungsanstalt mehr als den vierten Teil ihres Vermögens nach Abs. 2 anlegen, so bedarf sie dazu außerdem der Genehmigung des Gemeindeverbandes oder der obersten Verwaltungsbehörde. Reicht der Bezirk der Versicherungsanstalt über mehrere Bundesstaaten, so ist die Genehmigung ihrer obersten Verwaltungsbehörden erforderlich.

Eine solche Anlage (Abs. 2, 3) ist nur in Wertpapieren, in anderer Art nur für Verwaltungszwecke, zur Vermeidung von Vermögensverlusten oder für Unternehmungen zulässig, die ausschließlich oder überwiegend den Versicherungspflichtigen zugute kommen.

Vgl. **§ 164 Abs. 3 IVG.**
Vgl. §§ 26, 27, 718, 719 und die Anm. dazu.

Während die allgemeinen Bestimmungen über Vermögensanlagen der Versicherungsträger, einschließlich der V. Anstalten in den §§ 26, 27 niedergelegt sind, und dort nach dem Vorbilde des § 164 Abs. 1, 2 IVG. ihre Regelung gefunden haben, enthält § 1356 in den Absätzen 2 bis 4 die Vorschriften darüber, in welchem Umfang, in welcher Art und unter welchen Voraussetzungen die V. Anstalten ihr Vermögen anders als nach Maßgabe der §§ 26, 27 anlegen dürfen. Diese Vorschriften sind im wesentlichen dem § 164 Abs. 3 IVG. nachgebildet und gelten in der Hauptsache nach §§ 718, 719 auch für die anderweite Anlegung des Vermögens der BG.en (vgl. die Anm. zu diesen Paragraphen). Abweichungen bestehen nur hinsichtlich der zu den Genehmigungen berufenen Stellen und darin, daß im § 1356 eine dem § 719 Abs. 1, Nr. 2 (Vermögensanlagen zur Förderung des genossenschaftlichen Personalkredits der Mitglieder der BG.) entsprechende Bestimmung fehlt.

Unter die Abs. 2 bis 4 fallen insbesondere alle Vermögensanlagen in nicht mündelsicheren Werten. Dahin rechnet das RVA. stets die Beleihung von Erbbaurechten.

Abs. 4 gibt den V. Anstalten insbesondere die Möglichkeit, aus ihrem Vermögen eigene Kranken-, Genesungs-, Invalidenhäuser zu errichten und durch Hingabe von Darlehen an Gemeinden und andere Verbände, gemeinnützige Bauvereine, sowie einzelne Arbeitgeber und Versicherte zur Errichtung gemeinnütziger Anstalten (Krankenhäuser, Heilstätten usw.), gesunder Arbeiterwohnungen u. dergl. die allgemeine Volkswohlfahrt zu fördern. In welchem Umfange die V. Anstalten ihr Vermögen diesen Zwecken dienstbar gemacht haben, ist in der Einl. zum IV. Buche dargestellt worden.

Die V. Anstalten haben aber bei der Anlegung ihrer Vermögen auch auf eine angemessene Verzinsung Bedacht zu nehmen (vgl. das Rundschreiben des RVA. v. 11. Mai 1910, A. N. 1910, S. 466).

Neu ist die Vorschrift des Abs. 1. Sie soll nach der Begr. (S. 417 ff.) auf eine Festigung und Hebung des Kursstandes der deutschen Reichs- und Staatsanleihen hinwirken.

Für die Übergangszeit findet nach Art. 82 Einf-Ges. die Vorschrift des Art. 54 a. a. O. Anwendung. Danach müssen die V. Anstalten, solange sie noch nicht dem § 1356 Abs. 1 genügt haben, jährlich mindestens ein Drittel ihres Vermögenszuwachses in den bezeichneten Anleihen anlegen. Die durchschnittliche Übergangsfrist wird etwa 15 Jahre betragen (Kom. Ber. 4. Teil, S. 157 ff.).

Die Vorschriften der §§ 26, 27 lauten:

§ 26.

Das Vermögen muß wie Mündelgeld (§§ 1807, 1808 des Bürgerlichen Gesetzbuchs) verzinslich angelegt werden, soweit dieses Gesetz nichts anderes zuläßt.

Außerdem darf es in Wertpapieren, die landesgesetzlich zur Anlegung von Mündelgeld zugelassen sind, sowie in solchen auf den Inhaber lautenden Pfandbriefen deutscher Hypotheken-Aktienbanken angelegt werden, welche die Reichsbank in Klasse I beleiht.

§ 27.

Die oberste Verwaltungsbehörde kann genehmigen, daß das Vermögen auch in Darlehen an Gemeinden und Gemeindeverbände angelegt wird, soweit dies nicht bereits nach § 26 Abs. 1 zulässig ist.

Sie kann die Anlage in einzelnen Gattungen zinstragender Papiere auf einen bestimmten Betrag beschränken.

Erstreckt sich der Bezirk des Versicherungsträgers auf Gebiete oder Gebietsteile mehrerer Bundesstaaten, so ist dazu die Zustimmung ihrer obersten Verwaltungsbehörden erforderlich.

Die oberste Verwaltungsbehörde kann widerruflich gestatten, daß zeitweilig verfügbare Bestände in anderer Weise angelegt werden.

Des Näheren vgl. die Anm. zu diesen Paragraphen.

Besondere Fälle der Genehmigung.

§ 1357. Der Genehmigung (§ 1356 Abs. 2, 3) bedarf es

zum Erwerbe von Grundstücken im Werte von mehr als fünftausend Mark,

zum Errichten von Gebäuden im Werte von mehr als zehntausend Mark,

zum Anschaffen der zugehörigen Einrichtungsgegenstände im Gesamtwerte von mehr als fünftausend Mk.

Der Genehmigung bedarf es nicht zum Erwerbe von Grundstücken in den Fällen des § 1354 Abs. 1, Satz 2.

Die Vorschrift beruht auf einem Beschlusse der Kommission in der Ausgleichslesung. Sie entspricht genau derjenigen des § 720.

Das Zitat des § 1356 Abs. 3 im Abs. 1 bedeutet nicht, daß in allen Fällen des Abs. 1 sowohl die Genehmigung des RV. Amts bzw. LV. Amts, als auch des Gemeindeverbands bzw. der obersten Verwaltungsbehörde erforderlich ist. Vielmehr haben die im § 1356 Abs. 1 genannten Stellen nur in solchen Fällen des § 1357 Abs. 1 bei der Genehmigung mitzuwirken, in denen die Voraussetzungen des § 1356 Abs. 3 vorliegen (vgl. Sten. Ber. S. 7312).

Rechnungsführung. Rechnungsergebnisse.

§ 1358. Das Reichsversicherungsamt regelt die Art und Form der Rechnungsführung.

Die Versicherungsanstalten haben dem Reichsversicherungsamte nach seiner Anordnung Übersichten über ihre Geschäfts- und Rechnungsergebnisse einzureichen. Dieses stellt alljährlich über die gesamten Rechnungsergebnisse des abgeschlossenen Geschäftsjahrs einen Nachweis auf, der dem Reichstag vorzulegen ist.

Vgl. § 165 Abs. 2, 1 IVG.

Vgl. § 721.

Vgl. für das IVG.:

Das Rundschreiben des RV. Amts vom 1. März 1901, betr. die nach § 165 Abs. 1 IVG. dem RVA. einzureichenden Übersichten über die Geschäfts- und Rechnungsergebnisse nebst Erläuterungen dazu (A. N. 1901, S. 367 ff.), sowie die Vorschriften über die Art und Form der Rechnungsführung bei den V. Ämtern zur Durchführung des IVG. (A. N. 1900, S. 219).

Neue Vorschriften sind vom RV. Amt bisher noch nicht erlassen.

Abs. 2 Satz 2 ist neu, wenn auch bisher schon entsprechend verfahren wurde; für das Gebiet des UV. bestand schon bisher eine entsprechende Vorschrift (vgl. z. B. § 111 GUVG.).

Das Geschäftsjahr ist nach § 164 das Kalenderjahr.

5. Allgemeines.

§ 1359. Ist der Vorstand oder Ausschuß noch nicht gebildet oder weigern sie sich, ihre Geschäfte zu führen, so führt sie auf Kosten der Versicherungsanstalt der Vorsitzende des Vorstandes selbst oder durch Beauftragte.

Soweit die Wahl der Vertreter nicht zustande kommt oder sie die Dienste verweigern, beruft sie der Vorsitzende des Versicherungsamts aus den wählbaren Personen.

Vgl. § 95, § 90 Abs. 3 IVG.

B. Sonderanstalten.

1. Allgemeines.

Zulassung der Sonderanstalten.

§ 1360. Der Bundesrat bestimmt auf Antrag der zuständigen Stelle, welche Anstalten des Reichs, eines Bundesstaats oder eines Gemeindeverbandes als Sonderanstalten zugelassen werden und von welchem Zeitpunkt an.

Der Bundesrat kann auf Antrag auch andere Sonderanstalten zulassen.

Die Sonderanstalten müssen den §§ 1361 bis 1366 genügen.

Vgl. § 8 Abs. 2, Satz 1 und § 10 IVG.

Der Ausdruck „Sonderanstalten" ersetzt die frühere Bezeichnung „besondere" oder „zugelassene Kasseneinrichtungen".

Die Sonderanstalten dürfen vom Bundesrat nur zugelassen werden, wenn sie den Vorschriften der §§ 1361 bis 1366 genügen. Nach diesen Vorschriften müssen ihre Leistungen denjenigen der V. Anstalten mindestens gleichwertig sein und sich insbesondere auch auf eine der reichsgesetzlichen mindestens gleichwertige Hinterbliebenenfürsorge erstrecken. Denn sie treten für diejenigen Personen, für welche sie errichtet und zugelassen sind, auf dem Gebiete der Invaliden- und Hinterbliebenenversicherung an die Stelle der V. Anstalten (§ 1367).

Die Vorschrift unterscheidet zwischen den für Reichs-, Staats- oder Kommunalbetriebe bestehenden (Abs. 1) und anderen Sonderanstalten (Abs. 2). Zu den ersteren gehören nach dem IVG. z. B. die Pensionskasse für die Arbeiter der Preußisch-Hessischen Eisenbahngemeinschaft, die Arbeiter-Pensionskasse der Kgl. Bayerischen Staatseisenbahnverwaltung, zu den letzteren insbesondere Knappschaftskassen (z. B. der Allgemeine Knappschaftsverein in Bochum).

Außerdem kommt die Sonderanstalt der See-BG. in Betracht, für die besondere Vorschriften gelten (§ 1375 ff.).

Die sämtlichen bisher zugelassenen Kasseneinrichtungen bestehen nicht ohne weiteres fort, sondern nur wenn sie vom Bundesrat nach Prüfung der gesetzlichen Voraussetzungen (§§ 1360 bis 1366) als Sonderanstalten neu zugelassen werden.

Art. 83 Einf.-Ges. bestimmt aber für eine bis zum 31. März 1912 laufende Übergangszeit, daß bis dahin die bisher zugelassenen Kasseneinrichtungen einschließlich derjenigen für die See-BG. ohne neue Zulassung als Sonderanstalten nach den §§ 1360 bis 1380 zu gelten und nach dem Inkrafttreten der Hinterbliebenenversicherung die Hinterbliebenenbezüge nach der RVO. zu gewähren haben. Auch kann die Rechtswirksamkeit der seit dem Inkrafttreten der Hinterbliebenenversicherung bis zum 31. März 1912 entrichteten Beiträge nicht deshalb bestritten werden, weil ihre Höhe sich nachträglich als unzureichend erwiesen hat (Abs. 2 a. a. O.).

Wegen der nach der RVO. erforderlichen Satzungsänderungen für Sonderanstalten vgl. Art. 81 Einf.-Ges. und Anm. zu § 1338, wegen derjenigen der Sonderanstalt für die See-BG. § 1380.

Gleichwertigkeit der Leistungen.

§ 1361. Die Leistungen der Sonderanstalt müssen den gesetzlichen Leistungen der Versicherungsanstalt mindestens gleichwertig sein.

Vgl. § 8 Einleitung IVG.

Die Zulassung von Sonderanstalten, deren Leistungen über die reichsgesetzlichen hinausgehen, ist nicht ausgeschlossen.

Gleichwertig sind die Kassenleistungen nicht schon dann, wenn sie nach Umfang und Höhe den reichsgesetzlichen gleichkommen; sie müssen auch dauernd gesichert sein.

Der Kreis der Anspruchsberechtigten darf nicht enger als nach den reichsgesetzlichen Vorschriften gezogen sein, es muß namentlich auch für die Hinterbliebenen weiblicher Kassenmitglieder gesorgt sein. Einer besonderen Prüfung der Gleichwertigkeit der Ansprüche der Witwen (Witwer) und der Waisen wird es aber nicht bedürfen, es wird vielmehr genügen, daß der Wert der den Hinterbliebenen der Kassenmitglieder insgesamt zu gewährenden Fürsorge hinter den reichsgesetzlichen Ansprüchen der Hinterbliebenen nicht zurückbleibt (Begr. S. 419 flg.).

Höhe der Beiträge.

§ 1362. Die Beiträge der Versicherten für die reichsgesetzlichen Leistungen dürfen die Hälfte des gesetzlichen Betrags (§ 1392) nur übersteigen, wenn es durch die von § 1389 abweichende Berechnungsart der Sonderanstalt notwendig wird. Höher als die der Arbeitgeber dürfen sie auch dann nicht sein.

Vgl. § 8 Abs. 1, Nr. 1 IVG.

Den Sonderanstalten steht es frei, die Beiträge zur Deckung ihrer reichsgesetzlichen Leistungen nach dem für die V. Anstalten vorgeschriebenen oder nach einem anderen Verfahren festzusetzen. Im ersteren Falle dürfen die Beiträge der Versicherten für die reichsgesetzlichen Leistungen die Hälfte der im § 1392 festgesetzten Beträge nicht übersteigen. Letzterenfalls dürfen sie bis zu der im Satz 2 angegebenen Grenze höher sein. Sie können aber auch niedriger sein; alsdann trifft § 1374 Abs. 1, Satz 2 Vorsorge, daß die übrigen Versicherungsträger beim Verteilungsverfahren (§§ 1403 ff.) nicht benachteiligt werden.

Beteiligung der Versicherten an der Verwaltung der Sonderanstalt.

§ 1363. An der Verwaltung der Sonderanstalten müssen die Versicherten durch Vertreter beteiligt sein, die in geheimer Wahl bestimmt sind. Ihre Zahl muß mindestens dem Verhältnis der Beiträge der Versicherten zu denen der Arbeitgeber entsprechen.

Vgl. § 8 Abs. 1, Nr. 2 IVG.

Hier ist nicht — wie bei V. Anstalten — vorgeschrieben, daß die Zahl der Versichertenvertreter derjenigen der Arbeitgebervertreter gleich sein muß.

Die Organisation der Sonderanstalten wird auch noch durch § 1365 und einige Vorschriften des § 1372 berührt; im übrigen unterliegt sie, wie bisher, besonderer reichsgesetzlicher, landesgesetzlicher oder satzungsmäßiger Regelung.

Berechnung der Wartezeit und der Rente.

§ 1364. Bei Berechnung der Wartezeit und der Rente muß für den reichsgesetzlichen Anspruch die bei anderen Sonderanstalten und bei Versicherungsanstalten zurückgelegte Beitragszeit angerechnet werden.

Vgl. § 8 Abs. 1, Nr. 3 IVG.

Durch diese Vorschrift ist — was bisher zweifelhaft sein konnte — klargestellt, daß nicht nur die bei V. Anstalten sondern auch die bei anderen Sonderanstalten zurückgelegte Beitragszeit anzurechnen ist.

Für die Berechnung der Höhe der Rente gelten ebenso wie für die Berechnung der Wartezeit dieselben Grundsätze, einerlei, ob ein Teil der Wartezeit eine bei der Sonderanstalt oder eine bei der V. Anstalt versicherte Tätigkeit bildet, oder ob die Wartezeit durch eine bei der V. Anstalt oder bei der Sonderanstalt versicherte Tätigkeit ganz erfüllt wird. Der in § 46 IVG. gemachte Vorbehalt über den Verlust der Anwartschaft ist hier als selbstverständlich fortgelassen (Begr. S. 420, 421).

Verfahren.

§ 1365. Das Verfahren über die den reichsgesetzlichen Leistungen entsprechenden Ansprüche auf Invaliden-, Alters- und Hinterbliebenenbezüge muß nach den Vorschriften dieses Gesetzes geregelt sein.

Vgl. § 8 Abs. 1, Nr. 4 IVG.

Nach dieser Vorschrift genügt es nicht, wie bisher, daß ein schiedsgerichtliches Verfahren unter Mitwirkung von Vertretern der Versicherten zugelassen ist, sondern es muß nunmehr das ganze Verfahren über die Ansprüche auf die den reichsgesetzlichen Leistungen entsprechenden Ansprüche nach den Vorschriften der RVO. geregelt sein. Das gilt insbesondere von den Vorschriften über das Verfahren vor dem V. Amte.

Anrechnung besonderer Beiträge für reichsgesetzliche auf andere Leistungen.

§ 1366. Wenn die Sonderanstalt besondere oder erhöhte Beiträge für die reichsgesetzlichen Leistungen erhebt, so darf sie diese auf ihre anderen Leistungen nur soweit anrechnen, daß sie auf jede reichsgesetzliche Rente mindestens den Reichszuschuß zahlt.

Vgl. § 8 Abs. 1, Nr. 5 IVG.

Während die Vorlage noch, wie das IVG. (aber lediglich mit Rücksicht auf die Einführung der Hinterbliebenenversicherung) nur die Anrechnung eines im Durchschnitt mindestens dem Reichszuschusse gleichkommenden Betrags der reichsgesetzlichen Leistungen auf die anderen Kassenleistungen ausschloß, ist auf Grund eines Kommissionsbeschlusses nunmehr bestimmt worden, daß der Reichszuschuß auf jede einzelne reichsgesetzliche Rente unverkürzt ausgezahlt werden muß (Kom. Ber. 4. Teil, S. 168 flg.).

Gleichstellung der Sonderanstalt mit der V. Anstalt.

§ 1367. Die Beteiligung bei einer zugelassenen besonderen Kasseneinrichtung (§§ 8, 10, 11 des Invalidenversicherungsgesetzes) oder bei einer Sonderanstalt gilt der Versicherung in einer Versicherungsanstalt gleich.

Vgl. § 9 Abs. 1 IVG.
Vgl. Anm. zu §§ 1360, 1361, 1364.

Reichszuschuß.

§ 1368. Die Sonderanstalten erhalten zu ihren reichsgesetzlichen Leistungen den Reichszuschuß.

Vgl. § 8 Abs. 2, Satz 2 IVG.

Der Reichszuschuß wird nicht dem einzelnen Rentenempfänger zu seiner Rente gewährt, sondern der Sonderanstalt, zu deren Entlastung er dient.

Da es zulässig ist, daß die Sonderanstalten die Fürsorge für die Hinterbliebenen, abweichend von den reichsgesetzlichen Vorschriften, regeln, wenn sie nur im ganzen der reichsgesetzlichen gleichwertig ist (vgl. Anm. zu § 1361), so kann es vorkommen, daß ihre Leistungen an einzelne Hinterbliebene das Maß des reichsgesetzlichen Anspruchs nicht erreichen Das darf aber nicht dazu führen, ihnen den Reichszuschuß und die anteilige Belastung anderer Versicherungsträger für die Fälle vorzuenthalten, wo ein reichsgesetzlicher Fürsorgeanspruch entstanden ist, zumal da die Sonderanstalten wie die Versicherunganstalten unter Zugrundelegung der nach den reichsgesetzlichen Leistungen an die Hinterbliebenen bemessenen Beträge zum Gemeinvermögen herangezogen werden (§ 1374 Abs. 1). Vielmehr muß auch die Entlastung der

Sonderanstalten aus dem Gemeinvermögen und dem Reichszuschusse wegen der insgesamt gleichwertigen Leistungen an die Hinterbliebenen ebenso wie für die reichsgesetzlichen Leistungen eintreten.

Für den Ausgleich zwischen den Sonderanstalten und dem Reich sowie den übrigen Versicherungsträgern ist im Einzelfalle festzustellen, ob und in welcher Höhe ein reichsgesetzlicher Anspruch der Hinterbliebenen entstanden sein würde. Die diesem Anspruch entsprechende anteilige Entlastung ist den Sonderanstalten zu gewähren (vgl. § 1403 ff.). Das Reich und die übrigen Versicherungsträger sind mithin im reichsgesetzlichen Umfang an den von den Sonderanstalten bewilligten Waisenrenten und an den Witwenrenten — bei letzteren aber nur vom Eintritte der reichsgesetzlichen Invalidität ab — beteiligt (Begr. S. 421, 422).

Anwendung der reichsgesetzlichen Lohnklassen.

§ 1369. Für die Rente der bei einer Sonderanstalt Versicherten gilt für jede Woche der Beteiligung nach dem 1. Januar 1891 die Lohnklasse, der sie bei einer Versicherungsanstalt nach ihrem wirklichen Lohne angehört hätten. Waren sie gleichzeitig Mitglieder einer Krankenkasse oder knappschaftlichen Krankenkasse, so richtet sich die Lohnklasse nach § 1246 Abs. 2 Nr. 1 oder 3 und § 1247.

Vgl. § 39 IVG.

Wie die Sonderanstalten für die Festsetzung der Beiträge ein von dem reichsgesetzlichen abweichendes Verfahren beobachten können (vgl. § 1362), so sind sie auch für die Rentenbemessung an das reichsgesetzlich vorgeschriebene Lohnklassensystem nicht gebunden. Wer nur bei einer Sonderanstalt versichert war, dessen Rente braucht daher nicht nach diesem Lohnklassensystem berechnet zu werden, wenn es die Satzung der Sonderanstalt nicht vorschreibt. Wer aber von einer Versicherungsanstalt eine Rente zu erhalten hat, nachdem er einer Sonderanstalt angehört hat, für den findet auch bezüglich der letzteren Zeit das reichsgesetzliche Lohnklassensystem nach näherer Vorschrift dieses Paragraphen entsprechende Anwendung. Die Vorschrift hat also subsidiären Charakter. Die Vorschrift des § 1248 findet für die Versicherung bei einer Sonderanstalt keine Anwendung.

Wegen des Begriffs der knappschaftlichen Krankenkasse vgl. Anm. zu § 1246.

Bescheinigung beim Austritt aus der Sonderanstalt.

§ 1370. Wenn eine Sonderanstalt die Beiträge nicht durch Marken erhebt, so bescheinigt sie Austretenden die Dauer ihrer Beteiligung, ihre Lohnklassen sowie die Dauer von Militärdienst- und Krankheitszeiten (§§ 1393, 1394). Der Bundesrat kann Form und Inhalt der Bescheinigung bestimmen.

Vgl. § 9 Abs. 2 IVG.

Die Vorschrift enthält einige Erleichterungen gegenüber dem IVG., indem die Bescheinigung nicht mehr vom Vorstande der Sonderanstalt ausgestellt zu werden braucht, sondern auch von einem anderen Organe der Sonderanstalt ausgestellt werden kann; ferner ist auch die Bestimmung fortgefallen, daß die Höhe des bezogenen Lohnes und die etwaige Zugehörigkeit zu einer Krankenkasse zu bescheinigen ist.

Die Bescheinigung tritt an die Stelle der Quittungskarte und der Aufrechnungsbescheinigung (§ 1413 ff.). Zwischen den V. Anstalten und den zugelassenen Kasseneinrichtungen besteht ein Abkommen, wonach die ersteren von dem Beitritt des Versicherten zu den letzteren Mitteilung erhalten. Von einer entsprechenden gesetzlichen Regelung ist aber abgesehen worden (Kom. Ber. 4. Teil, S. 170).

Freiwillige Versicherung bei Sonderanstalten.

§ 1371. Versicherungsberechtigte in Betrieben, für die eine Sonderanstalt besteht, können sich nur bei ihr freiwillig versichern und beim Ausscheiden aus der Beschäftigung nur bei ihr die Versicherung fortsetzen (§ 1243). Versicherungspflichtige in solchen Betrieben können sich, wenn sie aus ihrer Beschäftigung ausscheiden, ohne anderswo versicherungspflichtig zu werden, nur bei der Sonderanstalt weiter versichern (§ 1244).

Vgl. § 14 Abs. 3 IVG.

Satz 1 bezieht sich auf die Selbstversicherung (§ 1243 Abs. 1) und deren Fortsetzung (Abs. 2 a. a. O.), Satz 2 auf die Weiterversicherung (§ 1244).

Solange die Voraussetzungen für die freiwililige Versicherung bei einer Sonderanstalt gegeben sind, findet die freiwillige Versicherung bei einer V. Anstalt nicht statt.

Aufzählung der für Sonderanstalten entsprechend anzuwendenden Vorschriften der RVO.

§ 1372. Auf die Sonderanstalten sind entsprechend anzuwenden

I. die Vorschriften des Ersten Buches über
1. die Rechnungsstelle (§ 103),
2. die Rechtshilfe (§§ 115 bis 117),
3. die Übertragung, die Verpfändung und die Pfändung der Ansprüche (§ 119),
4. die Fristen (§§ 124 bis 134),
5. die Gebühren und Stempel (§§ 137, 138);

II. die Vorschriften des Vierten Buches über
6. das Heilverfahren (§§ 1269 bis 1274),
7. die Entziehung von Invaliden-, Witwen- und Witwerrenten (§§ 1304 bis 1309),
8. das Ruhen der Renten und die Kapitalabfindung (§§ 1311 bis 1318),
9. die neue Feststellung und die Rückforderung von Rentenbeträgen (§§ 1319, 1320),
10. das Verhältnis der Ansprüche der reichsgesetzlich Versicherten zu den Ansprüchen aus Knappschaftsvereinen oder Knappschaftskassen, Fabrik-, Seemanns- und ähnlichen Kassen (§§ 1321, 1322),
11. die Aufrechnung (§§ 1324, 1325); die Übertragung, Pfändung und Verpfändung von Witwengeld und Waisenaussteuer (§ 1325),
12. die Änderung der Bezirke (§§ 1332 bis 1337),
13. die Verpflichtung zur Anlegung von mindestens einem Viertel des Vermögens in Anleihen des Reichs oder der Bundesstaaten und die Rechnungslegung gegenüber dem Reichsversicherungsamte (§ 1356 Abs. 1, § 1358 Abs. 2),
14. die Auszahlung durch die Post (§§ 1383 bis 1386), soweit die Sonderanstalten nicht unmittelbar zahlen

15. die Gemeinlast und die Sonderlast (§§ 1395 bis 1399), die Rückversicherungsverbände (§ 1401),
16. die Verteilung und die Erstattung der Versicherungsleistungen und die Abführung der Beträge an die Post (§§ 1403 bis 1410),
17. die Leistung von Beiträgen für eine zurückliegende Zeit (§§ 1442 bis 1444),
18. die Entscheidung von Streit im Falle des § 1460,
19. die freiwillige Zusatzversicherung (§§ 1472 bis 1483);

III. die Vorschriften des Fünften Buches über

20. die Beziehungen der Träger der Kranken- und der Unfallversicherung zu den Trägern der Invaliden- und Hinterbliebenenversicherung (§§ 1518 bis 1526),
21. die Beziehungen zu anderen Verpflichteten, soweit sie in den §§ 1527, 1531, 1536 bis 1543 geregelt sind.

Vgl. § 173 Abs. 1 IVG.

Die Vorschrift enthält eine Aufzählung derjenigen Bestimmungen des I., IV. und V. Buches der RVO., welche auf die Sonderanstalten entsprechend anzuwenden sind. Im allgemeinen schließt sich die Vorschrift an das bisherige Recht an.

Neu vorgeschrieben ist die Anwendung der Nr. 4, 7 (bezüglich der Witwen- und Waisenrenten), 8 (bezüglich der Kapitalabfindung) 9, 11 (bezüglich des § 1325), 13 (bezüglich der Verpflichtung zur Anlegung von mindestens einem Viertel des Vermögens in Anleihen des Reichs oder der Bundesstaaten), 17 und 19.

Da nach § 1365 die Zulassung einer Sonderanstalt davon abhängig ist, daß die Satzung ein den Vorschriften des VI. Buches in ihrer Gesamtheit entsprechendes Verfahren vorsieht, so brauchte die Anwendung dieser Vorschriften oder einzelner von ihnen hier nicht noch besonders ausgesprochen zu werden. Dasselbe gilt von den Vorschriften des I. Buches über die V. Ämter, die OV. Ämter, das RVA. und die LV. Ämter.

Haftung für die Leistungen der Sonderanstalten.

§ 1373. Das Reich oder der beteiligte Gemeindeverband haftet, je nachdem die Sonderanstalt ihren Betrieben dient, für die Leistungen; sonst haftet der Bundesstaat des Betriebssitzes. Sind mehrere Bundesstaaten beteiligt, so haften sie anteilig nach der Zahl der Versicherten, die am Schlusse des letzten Geschäftsjahrs in den Betrieben beschäftigt waren. Ebenso regelt sich die Haftung bei Auseinandersetzungen des Vermögens (§§ 1334 bis 1336).

Vgl. § 173 Abs. 2 IVG.

Eine Haftung des Gemeindeverbands findet abweichend von der für die V. Anstalten geltenden Vorschrift des § 1402 nur statt, wenn für Betriebe des Gemeindeverbands eine Sonderanstalt errichtet ist.

Feststellung der dem Gemeinvermögen zufließenden Einnahmen der Sonderanstalten.

§ 1374. Für die Feststellung des Betrags, den die Sonderanstalt dem Gemeinvermögen zuführt, sind die Beiträge (§ 1392) maßgebend. Die Leistungen der Sonderanstalten werden nur soweit verteilt, als sie den reichsgesetzlichen Vorschriften entsprechen.

Den Sonderanstalten, die ihre Zahlungen ohne Vermittlung der Postanstalten selbst leisten, wird der Reichszuschuß am Schlusse jedes Geschäftsjahrs überwiesen.

Vgl. § 174 IVG.

Vgl. Anm. zu §§ 1362, 1368.

Den im Abs. 2 erwähnten Sonderanstalten braucht der Reichszuschuß nicht mehr, wie nach § 174 Abs. 2 IVG., unmittelbar überwiesen zu werden. Dadurch wird erreicht, daß die Rechnungsstelle des RVAmts beim Ausgleich der gegenseitigen Forderungen der Versicherungsträger, des Reichs und der obersten Postbehörden die Zahl der zu überweisenden Beträge auf ein möglichst geringes Maß beschränken kann (Begr. S. 423)

2. Sonderanstalt der See-Berufsgenossenschaft.

Errichtung und Umfang.

§ 1375. Auf Beschluß des Bundesrats kann die See-Berufsgenossenschaft unter ihrer Haftung eine den reichsgesetzlichen Vorschriften entsprechende Sonderanstalt einrichten. Sie muß die Personen umfassen, die in den Betrieben der Genossenschaft oder in einzelnen Arten dieser Betriebe beschäftigt werden, und auch die Unternehmer, die gleichzeitig der Unfallversicherung und der Invaliden- und Hinterbliebenenversicherung unterliegen. Beide Gruppen sind in der Sonderanstalt kraft Gesetzes versichert.

Vgl. § 11 Abs. 1 IVG.

Es handelt sich hier um die durch Beschluß des Bundesrats vom 16. Juni 1906 gemäß § 11 IVG errichtete Invaliden-, Witwen- und Waisen-Versicherungskasse der See-BG. Nach der Satzung dieser Kasse erhalten zwar auch erwerbsfähige Witwen die Witwenrente, aber die Witwen- und Waisenrenten bleiben für die unteren Lohnklassen hinter den Hinterbliebenenbezügen der RVO. nicht unwesentlich zurück. Es steht daher, wie auch die Begr. (S. 424) hervorhebt, nicht ohne weiteres fest, ob der Bundesrat die von der Kasse gewährten Hinterbliebenenbezüge der reichsgesetzlichen Hinterbliebenenfürsorge mindestens gleichwertig erachten und die Kasse als Sonderanstalt weiter zulassen wird.

Über den Kreis derjenigen Personen, welche in den zur See-BG. gehörenden Betrieben beschäftigt werden, vgl. §§ 1046 ff., §§ 1186 ff.

Der Bundesrat kann die Versicherung auf einzelne Arten dieser Betriebe beschränken. Auf Unternehmer kann der Bundesrat diese Versicherung nur erstrecken, wenn sie gleichzeitig nach den Bestimmungen über die See-UV. und nach den Vorschriften des IV. Buches versichert sind. Hierhin gehören Personen, die nach §§ 1058, 1187 (als Reeder) und gleichzeitig nach § 1226 Abs. 1, Nr. 6 (als Schiffsführer) versichert sind.

Die Sonderanstalt der See-BG. muß den reichsgesetzlichen Vorschriften über die Invaliden- und Hinterbliebenenversicherung entsprechen. Sie steht, soweit nicht für sie in den §§ 1375 ff. besondere Vorschriften erlassen sind, den anderen Sonderanstalten gleich (§ 1379).

Beteiligung der Versicherten an der Verwaltung.

§ 1376. Werden die Versicherten zu Beiträgen herangezogen, so sind sie in gleicher Weise wie die Arbeitgeber bei der Verwaltung zu beteiligen.

Vgl. § 11 Abs. 2 IVG.

Das Gesetz läßt es zu, daß die Versicherten zu Beiträgen für die Sonderanstalt überhaupt nicht herangezogen werden; in diesem Falle sind sie auch von der Verwaltung der Sonderanstalt ausgeschlossen.

Höhe der Beiträge.

§ 1377. Der Beitragsanteil der Arbeitgeber darf im Durchschnitt nicht niedriger sein als die Hälfte der gesetzlichen Beiträge (§ 1392). Die Beiträge der Versicherten dürfen nicht höher sein als die der Arbeitgeber.

Vgl. § 11 Abs. 3 IVG.
Vgl. § 1362.

Abstufung der Beiträge und Renten. Wartezeit.

§ 1378. Werden die Beiträge der Versicherten abgestuft, so sind auch die Renten für die Hinterbliebenen entsprechend abzustufen.

Die Wartezeit darf nicht länger als die reichsgesetzliche sein.

Vgl. § 11 Abs. 4, 5.
Zu Abs. 2 vgl. §§ 1278, 1279.

Gleichstellung mit den anderen Sonderanstalten. Aufsicht.

§ 1379. Die Sonderanstalt der See-Berufsgenossenschaft steht im übrigen den anderen Sonderanstalten gleich. Die §§ 1355 bis 1358 gelten für sie ohne Einschränkung. Sie wird vom Reichsversicherungsamte beaufsichtigt.

Vgl. § 12 Abs. 1 IVG.

Die für die anderen Sonderanstalten erlassenen Vorschriften finden, soweit für die Sonderanstalt der See-BG. in den §§ 1375 bis 1378 nichts besonderes bestimmt ist, entsprechende Anwendung.

Genehmigung des Bundesrats.

§ 1380. Die Errichtung der Sonderanstalt, ihre Satzung und deren Änderung bedürfen der Genehmigung des Bundesrats. Er beschließt, nachdem die für den Bereich der See-Unfallversicherung als Vertreter der Arbeitgeber und der Versicherten gewählten nichtständigen Mitglieder des Reichsversicherungsamts gehört worden sind.

Der Bundesrat bestimmt den Zeitpunkt, mit dem die Einrichtung wirksam wird.

Vgl. § 13 IVG. sowie §§ 119, 120 SUVG., die gemäß § 1 Abs. 3 HG. vom 30. Juni 1900 an die Stelle des im § 13 IVG. angezogenen § 91 a. a. O. traten.

Die in Abs. 1, Satz 2 erwähnten nichtständigen Mitglieder des RVA.s können gemäß §§ 87, 88, 90, 91 vorläufig und auch vor dem 31. März 1912 (vgl. Art. 83 Einf.-Ges.) noch nicht gewählt werden. Der Bundesrat hat aber am 2. August 1911 (A. N. 1911, S. 485) beschlossen, daß die Amtsdauer der gegenwärtigen nichtständigen Mitglieder des RVA.s aus dem Stande der Arbeitgeber und der Versicherten bis zum 31. Dezember 1913 verlängert wird. Zu diesen Vertretern gehören auch solche aus dem Bereiche der See-Unfallversicherung (§ 11 des HG. v. 30. Juni 1900). Diese werden nunmehr zu hören sein.

Wegen der nach der RVO. erforderlichen Satzungsänderungen und der übrigen Sonderanstalten vgl. Anm. zu § 1338 und Art. 81 Einf.-Ges.

Vierter Abschnitt.

Aufsicht.

Aufsicht des RV. Amts.

§ 1381. Das Reichsversicherungsamt führt die Aufsicht über die Versicherungsanstalten.

Vgl. § 108 Abs. 1, Satz 1 IVG.

Das RVA. führt die Aufsicht über 19 Versicherungsanstalten (vgl. Anm. zu § 1326) und über die Sonderanstalt der See-BG. (vgl. § 1379, Satz 3).

Über den Inhalt des Aufsichtsrechts (früher § 108 Abs. 1, Satz 2, Abs. 2, § 109 IVG.) vgl. jetzt §§ 30 bis 34. Danach hat das RVA. insbesondere darüber zu wachen, daß Gesetz und Satzung beobachtet werden (§ 30). Es kann jederzeit die Geschäfts- und Rechnungsführung der V. Anstalten usw. prüfen (§ 31) und die Anberaumung von Sitzungen ihrer Organe verlangen (§ 32). Es entscheidet bei Streit über Rechte und Pflichten der Organe, über die Auslegung der Satzung und über die Gültigkeit der Wahlen (§ 33). Seiner Aufsicht unterstehen auch die Genesungsheime, Heil- und Pflegeanstalten usw. der V. Anstalt (§ 34). Eine Ausnahme von § 33 enthält § 1345.

Die Anordnungen und Entscheidungen des RVAmts sind nach § 84 in Verbindung mit § 83 endgültig, soweit die RVO. nichts anderes vorschreibt. Eine Beschwerde gegen Entscheidungen des RVAmts ist z. B. in den §§ 1339, 1341 vorgesehen.

Über die Zusammensetzung des RVAmts vgl. die §§ 85 ff.

Wegen des Aufsichtsrechts der LV. Ämter vgl. § 1382.

Aufsicht der LV. Ämter.

§ 1382. Ist für einen Bundesstaat ein Landesversicherungsamt errichtet, so führt es die Aufsicht über die Versicherungsanstalten, die nicht über dessen Gebiet hinausreichen.

Vgl. § 111 IVG.

Ein LV. Amt kann nur die Aufsicht über eine V. Anstalt haben, die nicht über das Gebiet des Bundesstaats hinausreicht, für den es errichtet ist. Von den bisher errichteten LV. Ämtern können nach § 105 nur diejenigen bestehen bleiben, zu deren Bereiche mindestens 4 OV. Ämter gehören.

Wo hiernach LV. Ämter aufrecht erhalten werden, treten sie in der Regel an die Stelle des RVA.s (§ 105 Abs. 2). Diese Regel erleidet aber Ausnahmen, d. h. in einigen Fällen ist das RVA. auch dann allein zuständig, wenn es sich um Angelegenheiten von V. Anstalten handelt, die der Aufsicht eines LV. Amts unterstehen (vgl § 1233 Abs. 2, §§ 1358, 1379, 1386, 1407, 1411, 1459 Abs. 1, Satz 2, § 1482 Abs. 2 Satz 1, 2). In diesen Fällen ist das RVA. im Gesetzestext allein genannt. Wo das RVA. nicht ausschließlich zuständig ist, sondern auch die Zuständigkeit des LV. Amts begründet ist, ist letzteres in den betr. Paragraphen neben dem RVA. aufgeführt (vgl. z. B. §§ 1337, 1339, 1341, 1460, 1467).

Über LV. Ämter im allgemeinen vgl. § 105 ff.

Fünfter Abschnitt.

Auszahlung der Leistungen. Aufbringung der Mittel.

Vorbemerkung.

Der V. Abschnitt enhält gegenüber dem IVG. keine Änderungen grundsätzlicher Natur, sondern nur Änderungen in Einzelheiten. Dahin gehört insbesondere die Erhöhung der Beiträge (§ 1392), die Verbesserung der

Lage der Versicherten bei Anrechnung von Zeiten der Schwangerschaft und des Wochenbetts auf die Beitragszeit (§ 1394 Abs. 3), die anderweite Bildung der Gemeinlast (§ 1396) und die Erhöhung der zu ihrer Deckung auszuscheidenden Beitragsteile (§ 1397). Die §§ 1383 bis 1386 über die Auszahlung der Leistungen gelten auch für Zahlungen auf Grund der freiwilligen Zusatzversicherung (§ 1487).

I. Auszahlung durch die Post.

Zahlung der Leistungen.

§ 1383. Die Anstalt zahlt auf Anweisung des Vorstandes durch die Post, und zwar in der Regel durch die Postanstalt, in deren Bezirk der Empfänger zur Zeit des Antrags wohnte. Die Zahlstelle wird ihm vom Anstaltsvorstande mitgeteilt.

Verzieht der Empfänger, so kann er bei der Versicherungsanstalt oder bei der Postanstalt des alten Wohnorts beantragen, daß die Zahlung an die Postanstalt des neuen Wohnorts überwiesen wird.

Vgl. § 123 Abs. 1, 2 IVG.
Vgl. § 726.

Die Vorschrift dürfte sich trotz ihrer allgemeinen Fassung nicht auf sämtliche Zahlungen der V. Anstalten, sondern nur auf solche beziehen, für die das Verteilungsverfahren (§§ 1403 ff.) gilt, also auf die Zahlung von Renten (einschließlich der in den Fällen des § 119 auf den neuen Gläubiger und in den Fällen der §§ 120, 1275 auf die Gemeinde übergegangenen), ferner auf die Zahlung des Witwengelds, der Waisenaussteuer und der Kapitalabfindungen. Dagegen hat z. B. die Zahlung von Kosten des Heilverfahrens nicht durch die Post zu geschehen.

Die Anweisung zur Zahlung hat in allen Fällen der Vorstand der V. Anstalt zu erlassen; er kann andere Organe damit nicht betrauen.

Der Post gegenüber wird der Berechtigte durch die Mitteilung des Vorstands über die Zahlstelle (Abs. 1, Satz 2) legitimiert. Auch der Feststellungsbescheid wird zur Legitimation genügen. Ein besonderer Berechtigungsausweis wird nicht ausgestellt. Die Post zahlt gegen Quittung.

Ob der Berechtigte selbst zur Empfangnahme der Zahlung und zur Quittungsleistung befugt ist, oder wer etwa an seiner Stelle dazu berufen ist, bestimmt sich nach bürgerlichem Recht.

Die Sonderanstalten können ihre Zahlungen an die Berechtigten unmittelbar leisten (§ 1372 Nr. 14). Sie können sich dazu aber auch ebenso, wie die V. Anstalten, der Vermittlung der Post bedienen. Letzterenfalls gelten auch für sie die Vorschriften der §§ 1383.

Wegen der Zahlungen ins Ausland vgl. § 1386. Bisher wurde die Auszahlung durch die Post in der bei § 1384 erwähnten Geschäftsanweisung des RV. Amts geregelt. Eine neue Anweisung ist noch nicht erlassen; sie wird später in dem Ergänzungsbande mitgeteilt werden. —

Bescheinigungen.

§ 1384. Jede Person, die berechtigt ist, ein öffentliches Siegel zu führen, ist befugt, die bei den Zahlungen erforderlichen Bescheinigungen zu erteilen und zu beglaubigen.

Vgl. § 727.

Im Sinne dieser auf einem Kommissionsbeschlusse beruhenden Vorschrift wurde schon bisher ohne ausdrückliche gesetzliche Bestimmung im Einvernehmen des RVA.s und der obersten Postbehörden verfahren (vgl. die Geschäftsanweisung des RVA.s betr. die Auszahlungen durch die Post, vom 9. November 1901, A. N. 1902, S. 189, ferner die Geschäftsanweisung für den Vorstand der Invaliden-, Witwen- und Waisen-Versicherungskasse der See-BG. vom 1. Dezember 1908, betr. die Auszahlungen der Witwen- und Waisengelder A. N. 1908, S. 695).

Wegen der zu erlassenden neuen Anweisung vgl. Anm. zu § 1383.

Vorschuß.

§ 1385. Die obersten Postbehörden können von jeder Versicherungsanstalt einen Vorschuß einziehen. Er wird nach Wahl der Versicherungsanstalt vierteljährlich oder monatlich an die von der Post bezeichneten Kassen abgeführt und darf den Betrag nicht übersteigen, den die Versicherungsanstalt im laufenden Geschäftsjahr voraussichtlich zu zahlen hat.

Vgl. § 123 Abs. 3 IVG.
Vgl. § 728.

Die Höhe des Postvorschusses (im IVG. Betriebsfonds genannt) wird nach näherer Bestimmung des § 1409 von der Rechnungsstelle des RVA.s festgestellt.

Die Vorschrift, daß die Vorschüsse von den V. Anstalten nach ihrer Wahl vierteljährlich oder monatlich zu leisten sind, beruht auf einem Beschlusse der Kommission; sie soll gegenüber der in der Vorlage übernommenen etwas unklaren Fassung des IVG. außer Zweifel stellen, daß die V. Anstalten gegen ihren Willen zur Zahlung vierteljährlicher Vorschüsse nicht gezwungen werden können.

Über die Abrechnung mit der Post vgl. §§ 1405 ff. Die obersten Postbehörden sind für das Gebiet des Reichs — mit Ausnahme von Bayern und Württemberg — das Reichspostamt, für Bayern das Ministerium des Königl. Hauses und des Äußern, für Württemberg das Ministerium der auswärtigen Angelegenheiten.

Zahlungen ins Ausland.

§ 1386. Das Reichsversicherungsamt kann bestimmen, wie an Empfänger zu zahlen ist, die sich gewöhnlich im Ausland aufhalten.

Vgl. § 729.

Bisher war das Verfahren bei Zahlungen an Personen, die sich im Ausland aufhalten, durch § 10 der Geschäftsanweisung, betr. die Auszahlungen durch die Post, vom 9. November 1901 (A. N. d. RVA. 1902, S. 189) geregelt.

Wegen der zu erwartenden neuen Anweisung vgl. Anm. zu § 1383.

II. Aufbringung der Mittel.

1. Allgemeines.

Beteiligte, Art der Beteiligung, Beitragswoche.

§ 1387. Das Reich, die Arbeitgeber und die Versicherten bringen die Mittel für die Versicherung auf.

Das Reich leistet Zuschüsse für die in jedem Jahre tatsächlich gezahlten Renten, Witwengelder und Waisenaussteuern (§ 1285), die Arbeitgeber und die Versicherten entrichten für jede Woche der versicherungspflichtigen Beschäftigung (Beitragswoche) laufende Beiträge zu gleichen Teilen (§§ 1432, 1439, 1458).

Die Beitragswoche beginnt mit Montag.

Vgl. § 27, § 30 Abs. 1 IVG.

Über die Höhe der Reichszuschüsse vgl. § 1285, über die Höhe der Beiträge §§ 1388 ff., besonders § 1392, über „Beitragswoche" §§ 1278, 1290 u. Anm. dazu.

Die Vorschrift, daß die Beiträge für versicherungspflichtige Beschäftigung von Arbeitgebern und Versicherten zu gleichen Teilen zu entrichten sind (Abs. 2), erleidet insofern eine Ausnahme, als der Versicherte, der sich über die gesetzliche Lohnklasse hinaus versichert, den Mehrbetrag an Beiträgen selbst tragen muß, wenn er nicht mit dem Arbeitgeber die Versicherung in der höheren Lohnklasse vereinbart hat (vgl. §§ 1248, 1432, 1439). Außerdem findet, wenn sich bei der Abrechnung zwischen Arbeitgebern und Versicherten Bruchteile von Pfennigen ergeben, eine Abrundung zugunsten des Versicherten statt (vgl. § 1458).

Freiwillig Versicherte haben den ganzen Beitrag allein zu entrichten. In den Fällen des § 1441 hat aber der freiwillig Versicherte gegen den Arbeitgeber Anspruch auf Erstattung der gesetzlichen Beitragshälfte.

Über die Art der Beitragsentrichtung vgl. §§ 1426 ff. (Entrichtung durch den Arbeitgeber), §§ 1439 ff. (Entrichtung durch den Versicherten), § 1447 ff. (Einziehung), §§ 28, 29 (Beitreibung).

Für die nach §§ 1228, 1229 Versicherungspflichtigen regelt der Bundesrat nach § 1436 die Erhebung der Beiträge (vgl. auch § 1230).

Als Beitragswoche bezeichnet das Gesetz jede Woche versicherungspflichtiger Beschäftigung, für die die Entrichtung eines Beitrags vorgeschrieben ist. Im übrigen wird aber unter „Beitragswoche" auch eine jede Woche verstanden, für welche — sei es auf Grund der Pflichtversicherung, sei es auf Grund der freiwilligen Versicherung — ein Beitrag tatsächlich entrichtet ist.

Die Beitragswoche beginnt mit dem Montag und endigt mit dem Sonntag (Rev. Entsch. 433, 547, A. N. I. u. AV. 1895, S. 223, A. N. 1897, S. 269).

Für jede Beitragswoche kann — sei es auf Grund der Versicherungspflicht, sei es auf Grund der freiwilligen Versicherung — nur ein Beitrag entrichtet werden (vgl. § 1290).

Die Beitragspflicht für eine Woche wird durch jede versicherungspflichtige Beschäftigung begründet, die an irgend einem Tage stattfindet; es ist also nicht nötig, daß diese versicherungspflichtige Beschäftigung am Montag beginnt und die ganze Woche dauert.

Die Zahl der Beitragswochen kommt nicht nur für die Entrichtung der Beiträge (§ 1387, Abs. 2), sondern auch für die Erfüllung der Wartezeit (§§ 1278, 1279), für die Höhe der Bezüge (§§ 1287 ff.) und für die Erhaltung der Anwartschaft (§§ 1280 ff.) in Betracht.

Darüber, daß eine Beitragswoche zur Erhaltung der Anwartschaft in zwei Perioden dienen kann, vgl. Anm. zu § 1280.

Über Unwirksamkeit der Beiträge vgl. §§ 1442 ff., über irrtümlich geleistete Beiträge vgl. § 1446.

Über Ersatztatsachen, die den Pflichtbeitragswochen gleichstehen, vgl. §§ 1393, 1394; über die Anrechnung von Krankheitswochen, wenn für Sonn- und Feiertage eine Bescheinigung fehlt, vgl. Anm. zu § 1393. Wegen der Einheitlichkeit der Beiträge für den gesamten Umfang der Invaliden- und Hinterbliebenenversicherung vgl. § 1388 und Vorbemerkung zum IV. Buch.

2. Höhe der Beiträge.

Die RVO. hat für die Berechnung der Beiträge das Prämiendurchschnittsverfahren des IVG. beibehalten. Danach ist zu jeder Zeit der Gesamtwert aller künftigen Beiträge unter Hinzurechnung des vorhandenen Vermögens dem Gesamtwert aller Verpflichtungen gleich. Aus den anfangs die Jahresausgaben übersteigenden Beitragseinnahmen wird ein der Prämienreserve der Lebensversicherungen ähnlicher Fonds angesammelt, aus dessen Zinsen später die alsdann die Jahreseinnahmen aus Beiträgen übersteigenden Jahresausgaben bestritten werden (Begr. S. 373 ff.). Dadurch wird erreicht, daß die Beiträge trotz der bis zum Beharrungszustande zu erwartenden starken Steigerung der Invaliden- und Hinterbliebenenbezüge in dauernd gleicher Höhe gehalten werden können. Allerdings bedarf es von Zeit zu Zeit einer Prüfung ihrer Zulänglichkeit, wofür 10jährige Perioden festgesetzt sind (§ 1388). Die §§ 1388 bis 1391 betreffen das vom Bundesrate bei der Festsetzung der Beiträge zu beobachtende Verfahren.

Festsetzung der Beiträge.

§ 1388. Die Wochenbeiträge setzt der Bundesrat einheitlich im voraus fest, und zwar zunächst für die Zeit bis zum 31. Dezember 1920, dann nach dem Ausfall des Prüfungsergebnisses (§ 1391) immer für zehn Jahre weiter. Änderungen bedürfen der Zustimmung des Reichstags.

Vgl. § 32 Abs. 1, 6 IVG.

Die Wochenbeiträge werden, wie bisher — abgesehen von ihrer Abstufung nach Lohnklassen (vgl. § 1392) — für alle Versicherten einheitlich festgesetzt. Es findet also eine verschiedene Bemessung der Beiträge für die Versicherten (nach ihren persönlichen Verhältnissen, wie Alter, Gesundheitszustand und dergl.), für die einzelnen Berufszweige (Invaliditätsgefahr) und für die V. Anstalten (finanzielle Lage) nicht statt. Aber auch für die neu geschaffene Hinterbliebenenversicherung sind besondere Beiträge nicht vorgesehen. Für den gesamten Umfang der Invaliden- und Hinterbliebenenversicherung sind vielmehr einheitliche Beiträge festzusetzen. Maßgebend für diese Regelung war neben Rücksichten der Einfachheit und der Kostenersparnis hauptsächlich der Umstand, daß dieselben Personen einheitlich für den Fall der Invalidität, des Alters und des Todes versichert sind und die verschiedenen Fürsorgeansprüche durch Zurücklegung der gleichen Wartezeit erwerben. Demgemäß werden zu der Beitragsleistung für die Hinterbliebenenversicherung wie für die Invalidenversicherung auch die weiblichen und ledigen Versicherten und deren Arbeitgeber herangezogen. Die Beitragserstattungen des IVG. (§ 42 ff.) sind aufgehoben und kommen nur noch für eine Übergangszeit in Betracht (Art. 75 bis 78 Einf.-Ges.). Die bisherigen Marken für die Invalidenversicherung kommen in Wegfall und es werden unter Beibehaltung des bisherigen Prinzips der Abstufung nach Lohnklassen neue Marken mit höherem Werte ausgegeben (vgl. § 1392). Die Erhöhung rechtfertigt sich durch die vermehrten Lasten.

Wie nach dem IVG., so sind auch nach der RVO. die Versicherten und ihre Arbeitgeber grundsätzlich in gleicher Höhe an den Versicherungsbeiträgen beteiligt (§ 1387 Abs. 2; vgl. jedoch die Anm. dazu).

Durchschnittsbeitrag.

§ 1389. Zur Festsetzung der Höhe der Beiträge wird für die Gesamtheit der Versicherten der jährliche Durchschnittsbeitrag berechnet. Er ist so zu bemessen, daß der Wert aller künftigen Beiträge samt dem Vermögen den Betrag deckt, der nach der Wahrscheinlichkeitsrechnung mit Zins und Zinseszins erforderlich ist, um alle zukünftigen Aufwendungen der Versicherungsanstalten zu bestreiten.

Vgl. § 32 Abs. 2 IVG.

Bei der Bemessung der Beiträge ist von der Gesamtbelastung der V. Anstalten — unter Ausschaltung des Reichszuschusses — auszugehen. Der dieser Gesamtbelastung im Durchschnitt für den Kopf der Versicherten entsprechende Jahresbeitrag ist der hier in Betracht kommende Durchschnittsbeitrag. Dieser Durchschnittsbeitrag ist in Abschnitt I der finanziellen Begründung zum Entwurfe der RVO. auf jährlich 14,793 M. berechnet worden. Dabei ist als Stichtag der 1. Januar 1910 gewählt worden. Für diesen Stichtag ist einmal der Wert der nach diesem Zeitpunkte zu erwartenden Aufwendungen der Versicherungsträger (d. s. die Kosten der Invaliden- und Altersversicherung, der Hinterbliebenenversicherung, des Heilverfahrens, der Invalidenhauspflege und der außerordentlichen Leistungen, sowie Verwaltungskosten) und demgegenüber der Gesamtvermögensbestand der Versicherungsträger und der Wert der künftigen Beiträge für den 1. Januar 1910 ermittelt und daraus die Gleichung zur Berechnung des durchschnittlichen Jahresbeitrags gemäß § 1389 gewonnen worden. Dabei sind allerdings die Kosten der erst durch Kommissionsbeschluß eingeführten Kinderzuschußrente (§ 1291) nicht berücksichtigt.

Abstufung des Durchschnittsbeitrags nach den Lohnklassen und Gleichheit der Beiträge in letzteren.

§ 1390. Der Durchschnittsbeitrag wird nach den Lohnklassen abgestuft, im übrigen aber für die Versicherten derselben Lohnklasse nach wöchentlichen Teilbeträgen gleich bemessen.

Die Stufen richten sich nach der Belastung, die sich unter der Annahme ergibt, daß jede Lohnklasse einen der Gesamtheit der Versicherten entsprechenden Versicherungsbestand mit gleicher Gefahr hat und daß für diesen Bestand die Renten, Witwengelder und Waisenaussteuern in der für die Lohnklasse vorgesehenen Höhe in Ansatz kommen.

Vgl. § 32 Abs. 3 IVG.

Wie schon bei § 1388 erwähnt, ist der Grundgedanke des IVG., daß zwar die Einheitsbeiträge nach Lohnklassen abzustufen, innerhalb dieser Lohnklassen aber für alle Versicherten gleich zu bemessen sind, auch in die RVO. übergegangen. Dagegen konnte die bisherige Vorschrift, wonach die Abstufung der Beiträge in den verschiedenen Lohnklassen nach der durchschnittlichen Höhe der in ihnen von den V. Anstalten zu gewährenden Renten zu erfolgen hatte, nicht beibehalten werden, weil es sich jetzt nicht mehr um die gleiche Rentenart handelt, sondern infolge der Einführung der Hinterbliebenenversicherung neue Bezüge von anderer Art hinzutreten (Begr. S. 376). Dieser Änderung trägt die Fassung des § 1390 Rechnung.

Im Abschnitt I C der finanziellen Begründung zum Entwurfe der RVO. ist nun berechnet worden, daß nach den Erhebungen für die Jahre 1903 bis 1907 auf einen Versicherten im jährlichen Durchschnitt 48,26 Beiträge kommen. Unter Zugrundelegung dieser Beitragszahl stellt sich der neue durchschnittliche Wochenbeitrag auf 0,30653 M. und erhöht sich gegenüber dem bisherigen durchschnittlichen Wochenbeitrag nach dem IVG. um 24,449 v. H. Die Übertragung dieser Erhöhung auf die bisherigen Beiträge der Invalidenversicherung und die Abrundung der so errechneten Beträge (bei Lohnklassen I u. II nach unten, bei den übrigen Lohnklassen nach oben) ergibt die neuen Beiträge des Entwurfs, über die das Gesetz bei den drei höchsten Lohnklassen wegen der Einführung der Kinderzuschußrenten noch hinausgegangen ist (vgl. § 1392 und Anm. zu § 1389).

Prüfung der Zulänglichkeit der Beiträge.

§ 1391. Die Rechnungsstelle des Reichsversicherungsamts prüft vorher, ob die Beiträge ausreichen.

Fehlbeträge oder Überschüsse müssen durch die neuen Beiträge ausgeglichen werden.

Vgl. § 32 Abs. 4 IVG.

Die Prüfung hat vor Ablauf der im § 1388 bestimmten Zeiträume zu erfolgen. Sie muß jedenfalls so zeitig vorgenommen werden, daß vor Beendigung der laufenden Periode der Bundesrat gemäß § 1388 Satz 1 Beschluß fassen, gegebenenfalls auch der Reichstag gemäß Satz 2 a. a. O. die etwaigen Änderungen genehmigen, und die Fertigstellung der neuen Marken erfolgen kann.

Die neuen Wochenbeiträge.

§ 1392. Bis auf weiteres wird als Wochenbeitrag erhoben

in Lohnklasse	I	16	Pfennig,
„ „	II	24	„
„ „	III	32	„
„ „	IV	40	„
„ „	V	48	„

Vgl. § 32 Abs. 5 IVG.

Wegen der Berechnung der neuen Wochenbeiträge vgl. §§ 1389, 1390.

Nach dem Entwurf betrugen die Beiträge in Lohnkl. III 30, in Lohnkl. IV 38 und in Lohnkl. V 46 Pf. Die Erhöhung der Beiträge in diesen 3 Lohnklassen beruht auf einem Beschlusse der Kommission. Sie ist eine Folge der ebenfalls durch Kommissionsbeschluß eingeführten Kinderzuschußrenten (vgl. auch Anm. zu §§ 1389, 1390).

3. Militärdienst- und Krankheitszeiten.

Allgemeines.

§ 1393. Als Beitragswochen der Lohnklasse II werden, ohne daß Beiträge entrichtet zu werden brauchen, die vollen Wochen angerechnet, in denen der Versicherte

1. zur Erfüllung der Wehrpflicht in Friedens-, Mobilmachungs- oder Kriegszeiten eingezogen gewesen ist,
2. in Mobilmachungs- oder Kriegszeiten freiwillig militärische Dienstleistungen verrichtet hat,
3. wegen einer Krankheit zeitweise arbeistunfähig und nachweislich verhindert gewesen ist, seine Berufstätigkeit fortzusetzen.

Diese Wochen werden jedoch nur denen angerechnet, die vorher berufsmäßig nicht nur vorübergehend versicherungspflichtig beschäftigt gewesen sind.

Vgl. § 30 Abs. 2, 3, § 40 Abs. 1 IVG.

Zu Abs. 1: Die in Nr. 1 bis 3 bezeichneten Ersatztatsachen sind sowohl für die Berechnung der Versicherungsleistungen (§§ 1284 ff.) als auch für die Erhaltung der Anwartschaft (§§ 1280 ff.) und für die Erfüllung der Wartezeit (§ 1278) anzurechnen. Sie sind auch auf die 100 Pflichtbeiträge anzurechnen, von deren Leistung der Eintritt der verkürzten Wartezeit von 200 Beitragswochen abhängig ist (vgl. Rev. Entsch. 1292, A. N. 1906, S. 662); freilich kann lediglich durch Ersatztatsachen die Wartezeit nicht erfüllt werden.

Über das Maß der Anrechnungsfähigkeit einer Krankheit vgl. § 1394 Abs. 2.

Für die Anrechnung der Ersatztatsachen kommen nur volle Wochen in Betracht. Volle Wochen sind hier Zeiträume, die je von Montag bis einschließlich Sonntag reichen (vgl. Rev. Entsch. 433, A. N. I. u. AV. 1895, S. 223). Bei Arbeitern, die Sonntags nicht zu arbeiten pflegen, ist auch eine Krankheit anzurechnen, die von Montag bis Sonnabend bescheinigt ist; ebenso ist eine auf Feiertage sich erstreckende Krankheitsbescheinigung für Arbeiter, die an Feiertagen nicht zu arbeiten pflegen, nicht zu verlangen (vgl. Rev. Entsch. 547, A. N. 1897, S. 269).

Zu Nr. 1 u. 2: Anrechnungsfähige Militärdienstzeiten sind nur die Dienstleistungen im deutschen Heere und in der Kaiserlichen Marine.

Unter Nr. 1 fallen auch diejenigen, welche als Freiwillige ihrer Wehrpflicht genügt haben, dagegen nicht die Kapitulanten, welche freiwillig weiter dienen.

Zu Nr. 3: Über den Begriff der Krankheit vgl. Anm. zu § 182.

Eine Krankheit ist dann anzurechnen, wenn zu ihrer Heilung oder zur Verhinderung ihrer Verschlimmerung die Einstellung der versicherungspflichtigen Tätigkeit erforderlich ist. Ein Zustand, wie er nach § 1255 Abs. 2 zur Annahme der Invalidität erforderlich ist, braucht daher nicht vorzuliegen (vgl. Rev. Entsch. 468, A. N., I. u. AV. 1895, S. 257).

Wegen des Nachweises der Ersatztatsachen vgl. § 1438.

Zu Abs. 2: Die im Abs. 1 Nr. 1 bis 3 genannten Zeiten sind nur den berufsmäßigen Lohnarbeitern als Beitragswochen anzurechnen. Von der Vergünstigung ist ausgeschlossen, wer nur vorübergehend eine an sich versicherungspflichtige Beschäftigung ausübt (vgl. § 1232). Auf Gelegenheits- und Saisonarbeiter trifft dies nicht schlechthin zu; bei ihnen kommt es darauf an, ob anzunehmen ist, daß sie eine versicherungspflichtige Beschäftigung gehabt haben würden, falls sie gesund geblieben wären (Rev. Entsch. 135, A. N. I. u. AV. 1892, S. 47; 136, A. N. I. u. AV. 1892, S. 48; 1049, A. N. 1903, S. 386).

Es genügt aber nicht, daß den im Abs. 1 genannten Zeiten eine versicherungspflichtige Beschäftigung nur vorausgegangen ist. Es ist vielmehr zu fordern, daß die Zeit dieser Beschäftigung auch mit Beiträgen belegt ist. Denn jene Ersatztatsachen sollen einer versicherungspflichtigen Beschäftigung gleichgestellt werden. Sie können daher Versicherten nicht zugute kommen, für deren versicherungspflichtige Beschäftigung selbst keine Beiträge entrichtet worden sind (vgl. Rev. Entsch. 1010, A. N. 1902, S. 592).

Die Ersatztatsachen brauchen sich nicht unmittelbar an eine mit Beiträgen belegte Zeit versicherungspflichtiger Beschäftigung anzuschließen, vielmehr ist ihre Anrechnung gerechtfertigt, wenn nach den Umständen des Falls, insbesondere nach dem Umfange der Markenverwendung, anzunehmen ist, daß der Versicherte auch während der im Abs. 1 genannten Zeiten eine versicherungspflichtige Beschäftigung bei Verwendung von

Marken ausgeübt haben würde, wenn er nicht durch die in Abs. 1 erwähnten Umstände daran gehindert worden wäre (vgl. Rev. Entsch. 1247, A. N. 1906, S. 280).

Wenn und soweit während der im Abs. 1 genannten Zeiten Marken einer höheren, als der II. Lohnkl. tatsächlich verwendet sind, so sind diese bei der Rentenberechnung zu berücksichtigen.

Die Vergünstigungen des § 1393 gelten nicht für die freiwillige Versicherung; will also ein freiwillig Versicherter für die Zeiten des Abs. 1 die Versicherung fortsetzen, so muß er Beiträge entrichten.

Besondere Krankheitsfälle. Niederkunft.

§ 1394. Nicht angerechnet wird eine Krankheit, die sich der Versicherte vorsätzlich oder bei Begehung eines durch strafgerichtliches Urteil festgestellten Verbrechens oder durch schuldhafte Beteiligung bei Schlägereien oder Raufhändeln zugezogen hat.

Wenn die Krankheit ununterbrochen über ein Jahr dauert, wird die weitere Dauer nicht angerechnet.

Die Genesungszeit wird der Krankheit gleichgeachtet. Dasselbe gilt für die Dauer von acht Wochen bei einer Arbeitsunfähigkeit, die durch eine Schwangerschaft oder ein regelmäßig verlaufenes Wochenbett veranlaßt ist.

Vgl. § 30 Abs. 4, 5, 6 IVG.

Zu Abs. 1: Über Verbrechen vgl. § 1 Abs. 1 StGB., über Schlägereien und Raufhändel § 227, § 367 Nr. 10 a. a. O. Trunkfälligkeit ist im Gegensatz zum IVG. kein Grund mehr, die dadurch hervorgerufene Krankheit von der Anrechnung auszuschließen.

Zu Abs. 2: Eine mit vorübergehender Invalidität verbundene Krankheit ist über die im § 1255 Abs. 3 bestimmten Zeiten hinaus für die Krankenrente nicht mehr anzurechnen, da ein solcher Invalider ebenso wie der nach Abs. 1 a. a. O. Invalide aus der Versicherung ausscheidet (§ 1236). Die abweichende bisherige Rechtsprechung (vgl. Rev. Entsch. 817, A. N. 1900, S. 673) wird mit Rücksicht auf die Änderung des Gesetzes nicht aufrecht erhalten werden können.

Wegen der Beschränkung der Anrechnung einer früheren Rentenbezugszeit auf die Dauer eines Jahres vgl. § 1309.

Zu Abs. 3: Unter „Genesungszeit" ist die an die eigentliche Krankheit sich anschließende Zeit zu verstehen, während welcher der Versicherte noch derart der Schonung bedarf, daß er sich der Wiederaufnahme versicherungspflichtiger Arbeit enthalten muß.

Für Wöchnerinnen durften bisher nur sechs Wochen — von der Entbindung an — als Beitragszeit angerechnet werden. Darüber hinaus fand eine Anrechnung der Zeit einer durch Niederkunft verursachten Arbeitsunfähigkeit überhaupt nicht statt. Die jetzt getroffene Änderung ist zurückzuführen auf die Novelle zur Gew. O. v. 28. Dezember 1908, wo im § 137 Abs. 6 bestimmt ist, daß Arbeiterinnen vor und nach ihrer Niederkunft im ganzen während acht Wochen nicht beschäftigt werden dürfen und daß davon sechs Wochen auf die Zeit nach der Entbindung entfallen müssen. Der Entwurf hatte demgemäß vorgesehen, daß mindestens sechs Wochen der Arbeitsunfähigkeit der Niederkunft folgen müssen. Diese Einschränkung hat die Kommission beseitigt, welche außerdem an die Stelle des Wortes „Niederkunft" die Worte „Schwangerschaft oder ein regelmäßig verlaufenes Wochenbett" gesetzt hat (Kom. Ber. 4. Teil, S. 176).

Stellt sich das Wochenbett als eigentliche Krankheit dar, so findet Abs. 2 Anwendung.

4. Gemeinlast, Sonderlast.

Teilung der Gesamtlast in Gemeinlast und Sonderlast.

§ 1395. Die Versicherungsanstalten verwalten ihre Einnahmen und ihr Vermögen (Gemeinvermögen und Sondervermögen) selbständig. Sie decken daraus die Gemeinlast, die alle Träger der Invaliden- und Hinterbliebenenversicherung gemeinsam aufzubringen haben, und die dem einzelnen verbleibende besondere Last.

Vgl. § 33 Abs. 1 IVG.

Die Vorschriften der §§ 1395 ff. bezwecken den finanziellen Ausgleich in der Vermögenslage der verschiedenen Versicherungsträger und teilen zu diesem Zwecke die Gesamtlast aller Versicherungsträger in eine Gemeinlast (d. s. die allen Versicherungsträgern gemeinsam obliegenden Aufwendungen) und in eine Sonderlast (d. s. die besonderen Aufwendungen jedes einzelnen Versicherungsträgers).

Dieser Teilung der Gesamtlast entspricht ein Gemeinvermögen und ein Sondervermögen. Zum Gemeinvermögen gehören diejenigen Vermögensbestände und Einnahmen, welche die Versicherungsträger zur Deckung der Gemeinlast auszuscheiden haben, der Rest bildet das Sondervermögen. Das Gemeinvermögen stellt sich aber nicht als eine besondere, im Miteigentum aller Versicherungsträger stehende Vermögensmasse dar, sondern bleibt im Vermögen der einzelnen Versicherungsträger, von denen es nur buchmäßig ausgeschieden wird (§ 1397).

Die Vorschriften der §§ 1395 ff. gelten für alle Träger der Invaliden- und Hinterbliebenenversicherung, einschließlich der Sonderanstalten (vgl. auch § 1372 Nr. 15).

Bildung der Gemeinlast.

§ 1396. Die Gemeinlast bilden

die Grundbeträge der Invalidenrenten und die Zuschüsse für Kinderrenten (§ 1291),

die Anteile der Versicherungsanstalten an den Altersrenten, Witwen-, Witwer-, Waisenrenten, Witwengeld und Waisenaussteuer,

die Steigerung der Renten infolge von Militärdienst- und Krankheitswochen und

die Rentenaufrundungen.

Alle übrigen Verpflichtungen bilden, unbeschadet des § 1478, die Sonderlast der Versicherungsanstalt.

Vgl. § 33 Abs. 2 IVG.

Gegenüber dem IVG. sind einige Änderungen eingetreten. Neu ist, daß zur Gemeinlast nicht nur, wie bisher, drei Viertel der Altersrenten, sondern die Gesamtheit der Altersrenten gehören. Ferner sind neu hinzugekommen die Zuschüsse für Kinderrenten, die Hinterbliebenenbezüge und die auf militärische Dienstleistungen entfallenden Rentenanteile. Auch die Ausgaben für Zusatzrenten bilden einen Teil der Gemeinlast (§ 1478).

Die Sonderlast bilden insbesondere die Steigerungssätze (abgesehen von den auf Militärdienst- und Krankheitszeiten entfallenden), die Kosten des Heilverfahrens, die Verwaltungskosten und die Leistungen nach § 1400.

Deckung der Gemeinlast.

§ 1397. Zur Deckung der Gemeinlast scheidet jede Versicherungsanstalt vom 1. Januar 1912 an fünfzig vom Hundert der Beiträge buchmäßig als Gemeinvermögen aus. Ihm schreibt sie für seinen buchmäßigen Bestand die Zinsen gut. Den Zinsfuß bestimmt der Bundesrat für die gleichen Zeiträume wie die Beiträge einheitlich.

Vgl. § 33 Abs. 3 IVG.

Die Feststezung der an das Gemeinvermögen zu überweisenden Beitragsteile machte infolge der Erhebung neuer Einheitsbeiträge und der Überweisung neuer Lasten an das Gemeinvermögen eine neue Berechnung erforderlich (vgl. darüber Abschnitt I D der finanziellen Begründung zum Entwurf des Gesetzes). Der Anteil des Gemeinvermögens an den Beitragseinnahmen ist nunmehr gegenüber dem IVG. um 10 v. H. der Beitragseinnahmen erhöht worden. Bei einem Gesamtvermögen aller Versicherungsträger von rund 1490 Millionen Mark betrug ihr Gemeinvermögen Ende 1908 nur rund 47 Millionen Mark. —

Ausgleich von Fehlbeträgen oder Überschüssen des Gemeinvermögens.

§ 1398. Ergibt die Prüfung (§ 1391), daß das Gemeinvermögen zur Deckung der Gemeinlast nicht ausreicht oder nicht erforderlich ist, so setzt der Bundesrat den Teil der Beiträge fest, der im nächsten Zeitraum zum Ausgleich der Fehlbeträge oder der Überschüsse für das Gemeinvermögen buchmäßig auszuscheiden ist.

Erhöht er ihn, so bedarf es der Zustimmung des Reichstags.

Vgl. § 33 Abs. 4, 5 IVG.

Die Prüfung muß vor Ablauf der im § 1388 bestimmten Zeiten erfolgen (vgl. Anm. zu § 1391).

Ausschluß der Heranziehung der Sondervermögen zur Deckung der Gemeinlast.

§ 1399. Das bei der Prüfung vorhandene Vermögen der Versicherungsanstalten darf zur Deckung der Gemeinlast nur soweit herangezogen werden, als es für sie buchmäßig ausgeschieden ist.

Vgl. § 33 Abs. 6 IVG.

Verwendung der Überschüsse des Sondervermögens.

§ 1400. Auf übereinstimmenden Beschluß des Vorstandes und des Ausschusses können die Überschüsse des Sondervermögens über die gesetzlichen Leistungen hinaus zum wirtschaftlichen Nutzen der Rentenempfänger und der Versicherten sowie ihrer Angehörigen verwendet werden.

Dazu bedarf es der Genehmigung des Bundesrats. Er kann sie widerrufen, wenn nach dem Gutachten der Rechnungsstelle das Sondervermögen keine genügend hohen Überschüsse mehr hat.

Vgl. § 45 IVG.

Vgl. § 25 Abs. 1.

Ein Überschuß des Sondervermögens liegt vor, wenn der Vermögensbestand und der Kapitalwert der zum Sondervermögen gehörenden künftigen Einnahmen höher ist als der Kapitalwert der dem Sondervermögen zur Last fallenden Verbindlichkeiten.

Unzulässig ist es, auf Grund dieser Vorschrift die gesetzlichen Leistungen zu erhöhen oder die gesetzlichen Beiträge herabzusetzen. In Betracht kommen dagegen als hierher gehörende Mehrleistungen nach der Begründung zum § 45 IVG. beispielsweise die Erhöhung der Angehörigenunterstützung, jetzt des Hausgeldes (§ 1271), die Gewährung von Begräbnis- und Sterbegeldern und dergl.

Neu ist die im Abs. 2 für den Widerruf des Bundesrats vorgesehene Einholung eines Gutachtens der Rechnungsstelle.

5. Rückversicherungsverbände.

§ 1401. Mehrere Versicherungsanstalten können vereinbaren, die Lasten der Invaliden- und Hinterbliebenenversicherung ganz oder zum Teil gemeinsam zu tragen.

Vgl. § 99 IVG.

Vgl. §§ 406 ff., §§ 714 ff.

Die Beschlußfassung der beteiligten Vorstände bedarf der Zustimmung der Ausschüsse (§ 1354 Abs. 2).

Die Vereinbarung kann sich nur auf die Sonderlasten der beteiligten V. Anstalten beziehen.

6. Haftung.

§ 1402. Soweit das Anstaltsvermögen zur Deckung der Verbindlichkeiten nicht ausreicht, haftet den Gläubigern der Gemeindeverband, für den die Versicherungsanstalt errichtet ist. Ist er unvermögend oder ist die Versicherungsanstalt für einen Bundesstaat oder Teile davon errichtet, so haftet dieser. Umfaßt die Anstalt mehrere Bundesstaaten oder Gemeindeverbände, so haften sie nach der Zahl der Einwohner bei der letzten Volkszählung.

Vgl. § 68 Abs. 1, Satz 2 und Abs. 2 IVG.

Über andere Fälle der Haftung vgl. §§ 1335, 1408.

Die Haftung für die Verbindlichkeiten der Sonderanstalten regelt § 1373, für diejenigen der Sonderanstalt der See-BG. § 1375.

7. Verteilung und Erstattung der Versicherungsleistungen. Abführung der Beträge an die Post.

Verteilung der Leistungen.

§ 1403. Die Rechnungsstelle des Reichsversicherungsamts verteilt Renten, Witwengelder und Waisenaussteuern auf Reich, Gemeinvermögen und Sondervermögen.

Die Steigerungssätze der Invalidenrenten belasten die Anstalt, der die Beiträge dafür zugeflossen sind. Hat sie Leistungen festgestellt, von denen Teile dem Sondervermögen anderer Anstalten zur Last fallen, so erstatten diese ihr die Beträge am Schlusse des Geschäftsjahrs mit ihrem Kapitalwert.

Vgl. § 125 Abs. 1, 2. IVG.

Über die Stellung und die Aufgaben der Rechnungsstelle im allgemeinen vgl. § 103.

Zu Abs. 1: Die Verteilung bezieht sich bei Witwengeldern und Waisenaussteuern auf die angewiesenen Beträge, bei den Renten aber auf den Jahresbetrag. Die hierbei gefundenen Anteile des Reichs, der Gemeinlast und der Sonderlast am Jahresbetrag der Renten bilden die Unterlage für die Kapitalisierung der Renten (§ 1404).

Zu Abs. 2: Die Steigerung der Invalidenrenten infolge von wirklicher Beitragsleistung (also abgesehen von Militärdienst- und Krankheitswochen) belastet das Sondervermögen der Versicherungsträger (§ 1396). Jeder Versicherungsträger, der eine Invalidenrente festgesetzt hat, wird in dem Verteilungsverfahren in Ansehung dieser Steigerung an sich voll belastet, auch wenn ein Teil der Beiträge anderen Versicherungsträgern zugeflossen ist. Er hat also laufend auch für alle Zahlungen aufzukommen, die aus den von ihm festgesetzten Renten auf die Sonderlast anderer Versicherungsträger entfallen. Zum Ausgleich haben die in Betracht kommenden anderen Versicherungsträger ihm aber den Kapitalwert der ihnen zur Last fallenden Steigerungssätze zu erstatten. Die erstatteten Summen fließen in das Sondervermögen des anweisenden Versicherungsträgers.

Über das Verteilungsverfahren vgl. § 1405.

Kapitalwert der laufenden Renten.

§ 1404. Die Rechnungsstelle ermittelt für jedes Jahr und für jede Versicherungsanstalt den Kapitalwert der noch laufenden Renten, die sie zur Zahlung angewiesen hat, und die Anteile, die davon auf Reich, Gemeinvermögen und Sondervermögen entfallen. Die Berechnung des Kapitalwerts regelt der Bundesrat.

Vgl. § 125 Abs. 3 IVG.

Unter dem Kapitalwert einer Rente ist das Kapital zu verstehen, das einschließlich der noch auflaufenden Zinsen durch die aus dieser Rente zu leistenden Zahlungen voraussichtlich aufgebraucht werden wird.

Für das IVG. vgl. über die Berechnung des Kapitalwerts die Bek. des Bundesrats v. 31. Januar 1901 (A. N. 1901, S. 268).

Über die Ermittlung des Verteilungsmaßstabs für das Jahr 1900 vgl. A. N. 1901, S. 564.

Verteilungsverfahren.

§ 1405. Binnen acht Wochen nach Ablauf jedes Geschäftsjahrs teilen die obersten Postbehörden der Rechnungsstelle die Beträge mit, die auf Anweisung der Versicherungsanstalten im abgelaufenen Geschäftsjahr gezahlt sind. Nach dem im § 1404 gefundenen Maßstabe werden die vorgeschossenen Renten auf das Reich, das Gemeinvermögen und das Sondervermögen verteilt. Die Rechnungsstelle ermittelt ferner den Anteil des Reichs und des Gemeinvermögens an den Witwengeldern und Waisenaussteuern. An der dem Gemeinvermögen zur Last fallenden Summe werden die Versicherungsanstalten, jede nach dem Verhältnis des für die Gemeinlast bestimmten Teiles ihres Vermögens, beteiligt.

Vgl. § 126 Abs. 1 IVG.

Die jetzige Fassung der Vorschrift beruht auf einem Beschlusse der Kommission. Satz 3 ist erforderlich geworden, weil nach Einführung der Hinterbliebenenversicherung nicht nur Renten zu verteilen sind (vgl. § 1403).

Die Fristbestimmung in Satz 1 ist neu. Über die obersten Postbehörden vgl. Anm. zu § 1385.

Das Verteilungsverfahren hat den Zweck, die jährliche Gesamtlast der Versicherungsleistungen auf das Reich sowie auf das Gemeinvermögen und das Sondervermögen der einzelnen Versicherungsträger anteilig umzulegen und zugleich nach Maßgabe der §§ 1395 ff. den Lastenausgleich zwischen den Versicherungsträgern herbeizuführen. Zu diesem Zweck ist zunächst festzustellen, wieviel von den durch die Post geleisteten Zahlungen aus den Renten eines jeden Versicherungsträgers dem Reiche, dem Gemeinvermögen und dem Sondervermögen zur Last fällt. Das geschieht in der Weise, daß nach näherer Bestimmung des § 1404 die Kapitalwerte der laufenden Renten jeder V. Anstalt und die davon auf Reich, Gemeinvermögen und Sondervermögen entfallenden Anteile ermittelt und in diesem Verhältnis die Zahlungen der Post in drei Teile zerlegt werden. Sodann werden die Anteile des Reichs und des Gemeinvermögens an den Witwengeldern und Waisenaussteuern (§ 1405 Satz 3) ermittelt. Demnächst wird durch Zusammenfassen der Ergebnisse die gesamte Reichslast und die gesamte Gemeinlast für alle Versicherungsträger gefunden. Letztere wird auf die verschiedenen Versicherungsträger im Verhältnis ihrer Gemeinvermögen verteilt (§ 1405, letzter Satz).

Die Rechnungsstelle teilt alsdann den V. Anstalten die Beträge mit, die sie aus dem für die Gemeinlast bestimmten Teile ihres Vermögens und aus ihrem Sondervermögen zu erstatten haben (§ 1406 Abs. 1, Satz 1), zeigt dem Reichskanzler die Höhe der dem Reich zur Last fallenden Beträge an (§ 1406 Abs. 3) und benachrichtigt die obersten Postbehörden, welche Beträge das Reich und die einzelnen V. Anstalten zu erstatten haben (§ 1407).

Eine tatsächliche Erstattung findet sowohl gegenüber den V. Anstalten in den Fällen des § 1403 Abs. 2, Satz 2 als auch gegenüber der Post mit Rücksicht auf die Postvorschüsse nach § 1385 nur insoweit statt, als nicht im Wege der Verrechnung ein Ausgleich erfolgt (§ 1406 Abs. 1, Satz 2).

Verteilungs- und Abrechnungsbescheid. Beschwerde.

§ 1406. Die Rechnungsstelle teilt den Versicherungsanstalten die Beträge mit, die sie aus dem für die Gemeinlast bestimmten Teile ihres Vermögens und aus ihrem Sondervermögen zu erstatten haben. Dabei hat die Rechnungsstelle die Zahlungen aus dem Postvorschusse (§ 1385) mit den tatsächlichen Zahlungen auszugleichen und die Kapitalwerte, die nach § 1403 die einzelnen Anstalten einander zu erstatten haben, zu verrechnen.

Die den Berechnungen zu Grunde gelegten Zahlen sind anzugeben. Gegen die Verteilung und Abrechnung ist die Beschwerde an das Reichsversicherungsamt zulässig.

Die Höhe der Beträge, die dem Reiche zur Last fallen, ist dem Reichskanzler anzuzeigen.

Vgl. § 126 Abs. 2 IVG.

Die Beschwerde an das RVA. ist an keine Frist gebunden. Die Vorschriften der §§ 1791 ff. finden keine Anwendung. Die Beschwerde hat, wie nach § 1408 anzunehmen ist, keine aufschiebende Wirkung. Das Nähere wird in der nach § 35 Abs. 2 zu erlassenen Kais. Verordnung zu regeln sein (vgl. bisher § 47 der Kais. Verordn. betr. den Geschäftsgang und das Verfahren des RV. Amts v. 19. Oktober 1900 (RGBl. S. 983).

Mitteilung der Erstattungsbeträge an die obersten Postbehörden.

§ 1407. Die Rechnungsstelle teilt den obersten Postbehörden mit, welche Beträge das Reich und die einzelnen Versicherungsanstalten zu erstatten haben.

Vgl. § 126 Abs. 3 IVG.

Abführung der festgestellten Beträge an die Post.

§ 1408. Binnen zwei Wochen nach Empfang der Mitteilung muß die Versicherungsanstalt der Post den Betrag aus den bereiten Mitteln zahlen. Sind keine vorhanden, so schießt sie der Gemeindeverband oder der Bundesstaat vor, bei gemeinsamen Versicherungsanstalten nach Verhältnis der Zahl der Einwohner bei der letzten Volkszählung.

Vgl. § 127 Abs. 1 IVG.

Die V. Anstalt hat die gezahlten Beträge von dem für die Gemeinlast bestimmten Teile ihres Vermögens oder dem Sondervermögen — je nachdem sie dem einen oder anderen zur Last fallen — abzuschreiben.

Feststellung und Mitteilung der Höhe des Postvorschusses.

§ 1409. Die Höhe des Postvorschusses (§ 1385) wird für jede Versicherungsanstalt nach Eingang der Mitteilung der obersten Postbehörde (§ 1405) durch die Rechnungsstelle für das laufende Geschäftsjahr festgestellt und den Versicherungsanstalten und den obersten Postbehörden mitgeteilt. Bis dahin werden die Teilbeträge des Postvorschusses in der Höhe des Vorjahrs vorläufig weitergezahlt. Sie werden nach der Feststellung des neuen Postvorschusses verrechnet.

Vgl. § 124 Abs. 1, Nr. 2 IVG.

Die Vorschrift beruht auf einem Beschlusse der Kommission. Sie enthält keine materiellen Änderungen gegenüber dem bisher tatsächlich geübten Verfahren, welches sie gesetzlich festlegt.

Zwangsbeitreibung.

§ 1410. Werden die Ansprüche der Post von den Versicherungsanstalten nicht rechtzeitig gedeckt, so leitet das Reichsversicherungsamt oder das Landesversicherungsamt (§ 1382) auf Antrag der Post die Zwangsbeitreibung ein.

Vgl. § 127 Abs. 2 IVG.
Vgl. § 781.

Die Vorschrift bezieht sich auch auf die Zahlung des Postvorschusses (§ 1385).
Soweit eine Zwangsbeitreibung gegen Sonderanstalten zu erfolgen hat, wird deren Aufsichtsbehörde darum zu ersuchen sein.

Sechster Abschnitt.

Beitragsverfahren.

Vorbemerkung.

Die allgemeinen Grundlagen für das Beitragsverfahren sind gegenüber dem IVG. nicht geändert. Demgemäß ist das Markensystem (§§ 1411, 1412) und die Einrichtung der Quittungskarten (§§ 1413 bis 1425) beibehalten worden. Ferner wird ebenso wie früher zwischen der Entrichtung der Beiträge durch die Arbeitgeber (§§ 1426 ff), durch die Versicherten (§§ 1439 ff) und dem Einzugsverfahren (§§ 1447 ff) unterschieden. Erhebliche Veränderungen zugunsten des Versicherten bringen die Vorschriften über unwirksame Beiträge (§§ 1442 ff) und über irrtümlich geleistete Beiträge (§ 1446), desgleichen der § 1459 über Beitragsstreitigkeiten, für die auch das Verfahren infolge des veränderten Aufbaus der Versicherungsbehörden geändert ist. Die Vorschriften, welche die Überwachung der Beitragsentrichtung betreffen (§§ 1465 ff.), haben durch die nunmehr vorgesehene Mitwirkung des VAmts eine Erweiterung erfahren. Auch ist jetzt eine Überwachung der Rentenempfänger unter Mitwirkung des V. Amts vorgesehen (§ 1470).

I. Marken.

Das Markensystem.

§ 1411. Zur Erhebung der Beiträge gibt jede Versicherungsanstalt Marken aus mit der Bezeichnung der Lohnklasse und des Geldwerts.

Das Reichsversicherungsamt bestimmt die Unterscheidungsmerkmale der Marken sowie die Zeitabschnitte, für die sie ausgegeben werden sollen.

Es kann die Gültigkeitsdauer der ausgegebenen Marken beschränken. Innerhalb zweier Jahre nach Ablauf der Gültigkeitsdauer können ungültig gewordene Marken bei den Verkaufsstellen umgetauscht werden.

Vgl. § 130 Abs. 1 IVG.

Die Vorschrift hat in Bezug auf das System an dem bisherigen Rechte nichts geändert.

Die Marke ist das Wertzeichen, mittelst dessen die Beitragsentrichtung für die V. Anstalten zu erfolgen hat.

Die Sonderanstalten einschließlich der Sonderanstalt der See-BG. brauchen die Beiträge nicht durch Marken zu erheben (§§ 1372, 1379), können dies aber tun. Bisher hat von der ihnen im IVG. gegebenen gleichen Befugnis nur die Invaliden-Witwen- und Waisen-Versicherungskasse der See-BG. Gebrauch gemacht.

Der Bundesrat kann sowohl für die Besatzung ausländischer Binnenschiffe (§ 1471) als auch für Seeleute (§ 1486 Abs. 2) ein von dem gesetzlichen abweichendes Beitragsverfahren anordnen.

Jede Marke muß die V. Anstalt, von der sie ausgegeben ist, die Lohnklasse und die Beitragsperiode, für die sie gelten soll, sowie ihren danach zu bemessenden Geldwert angeben. Aber auch abgesehen hiervon müssen die Marken Unterscheidungsmerkmale (z. B. in der Farbe, Größe) enthalten, die das RVA.

bestimmt. Besonderes gilt für die Zusatzmarke, weil hier weder Lohnklassen noch Beitragsperioden in Betracht kommen (vgl. §§ 1472 ff.).

Bisher hat das RVA. auf Grund des § 130 Abs. 1, Satz 2 IVG. für alle V. Anstalten die Ausgabe von Marken für eine Woche, für zwei Wochen und für dreizehn Wochen angeordnet, sodaß jede V. Anstalt bei den vorhandenen 5 Lohnklassen 15 verschiedene Marken auszugeben hatte. Diese Marken verlieren nach der RVO. infolge der Erhöhung der Wochenbeiträge für alle Lohnklassen (§ 1392) die Gültigkeit. Es sind nunmehr neue Marken auszugeben.

Nach Art. 72 Einf.-Ges. dürfen Marken in alten Werten für die Zeit nach dem 1. Januar 1912 nicht mehr verwendet, können aber nach Ablauf ihrer Gültigkeitsdauer noch binnen 2 Jahren bei den Markenverkaufsstellen gegen gültige Marken im gleichen Geldwert umgetauscht werden.

Das RVA. kann die Gültigkeitsdauer aller neuen Marken — einschließlich der Zusatzmarken — beschränken (§ 1411 Abs. 3, Satz 1, § 1482 Abs. 2, Satz 2), d. h. es kann später die Ausgabe anderer Marken mit neuen Unterscheidungsmerkmalen anordnen; eine solche Maßnahme kann vielleicht erforderlich werden, wenn Marken fälschlich angefertigt werden sollten.

Über Markenverwendung vgl. § 1413, § 1472 Abs. 1, Satz 1, über Markenentwertung vgl. § 1431, § 1482 Abs. 2, Satz 3.

Neue Bestimmungen des RVA. sind noch nicht erlassen; sie werden voraussichtlich im Ergänzungsbande abgedruckt werden.

Markenverkauf.

§ 1412. Die Marken jeder Versicherungsanstalt werden von den Postanstalten ihres Bezirkes und besonderen Verkaufsstellen der Versicherungsanstalten für den Nennwert verkauft.

Vgl. § 130 Abs. 2 IVG.

II. Quittungskarte.

Form der Beitragsentrichtung.

§ 1413. Die Beiträge werden durch Einkleben von Marken in die Quittungskarte des Versicherten entrichtet.

Vgl. § 131 Abs. 1 IVG.

Auf Grund der §§ 1413 ff. werden die obersten Verwaltungsbehörden voraussichtlich, wie durchweg bisher, über das Verfahren bei der Ausstellung, dem Umtausch, der Erneuerung und Berichtigung von Quittungskarten an die beteiligten Stellen Anweisungen ergehen lassen (vgl. bisher z. B. die Anweisung des Preuß. Handelsministers vom 17. Novbr. 1899, Min.-Blatt für die innere Verwaltung 1900, S. 16 ff.). Die für Preußen ergehende Anweisung wird im Ergänzungsbande veröffentlicht werden.

Eine Marke wird in der Regel erst dadurch zum Beitrag, daß sie in die Quittungskarte des Versicherten eingeklebt wird. Lose Marken können daher nicht als Beiträge gelten. Anderseits kann die einmal wirksam vollzogene Verwendung von Marken nicht wiederholt werden. Ist also eine Quittungskarte mit Markeninhalt verloren gegangen, zerstört oder sonst unbrauchbar geworden, so kann sie nur durch Erneuerung auf dem im § 1421 bestimmten Wege wiederersetzt werden. Auch die anderweite Verwendung einer durch Einkleben verbrauchten Marke ist unzulässig (vgl. Rev. Entsch. 703, A. N. 1899, S. 282).

Von obiger Regel gibt es nur zwei Ausnahmen: Beim Einzugsverfahren (§§ 1447 ff.) nämlich werden die Beiträge bereits mit der Einzahlung der entsprechenden Geldbeträge an die Hebestelle rechtswirksam entrichtet. Allerdings sind auch beim Einzugsverfahren Marken zu verwenden und in Quittungskarten einzukleben. Das Einkleben der Marken hat hier aber nur die Bedeutung eines Beweismittels und einer Kontrollmaßnahme. Vgl. Anm. zu § 1454. Ferner gelten auch außerhalb des Einzugsverfahrens Beiträge, die von einer zuständigen amtlichen Stelle erhoben werden (vgl. §§ 28, 29), mit der Ablieferung der Marken oder eines entsprechenden Geldbetrags an diese Stelle als wirksam entrichtet (vgl. Rev. Entsch. 1234, 1458, A. N. 1905, S. 580, 1910, S. 455).

Die Verwendung der Marken erfolgt entweder durch die Arbeitgeber der Versicherten (§§ 1426 ff.) oder durch die Versicherten selbst (§§ 1439 ff.) oder durch die Einzugsstellen (§§ 1447 ff.).

Für welche Lohnklasse Marken einzukleben sind, richtet sich nach den Vorschriften der §§ 1245 bis 1248; von welcher V. Anstalt Marken zu verwenden sind, bestimmen hinsichtlich der Versicherungspflichtigen die §§ 1329 bis 1331, hinsichtlich der freiwillig Versicherten die §§ 1440, 1441. Bei Streit zwischen V. Anstalten über die Frage, an welche von ihnen Beiträge zu entrichten sind, entscheidet das RVA. oder LV. Amt (§ 1460).

Bei der Fortsetzung der Versicherung im Auslande und bei der freiwilligen Zusatzversicherung können Marken einer beliebigen V. Anstalt verwendet werden (§ 1440 Abs. 2, § 1472 Abs. 1, Satz 1). Darüber, wann die Marken einzukleben sind, vgl. § 1428 ff.

Die Quittungskarte hat nach ihrer Ausstellung die Natur einer öffentlichen Urkunde, auch wenn noch keine Marken eingeklebt sind. Sie hat auch ohne Markeninhalt Rechtswirkungen, weil der Ausstellungstag die Anwartschaftsfrist bestimmt (§ 1280). Bis zur Ausstellung ist die Quittungskarte ein bloßes Formular. Die Quittungskarte dient auch zur Aufnahme der Zusatzmarken (vgl. § 1472 ff.).

Ausstellung der Karte. Zwangsmittel.

§ 1414. Der Versicherte hat sich die Quittungskarte ausstellen zu lassen und sie zum Einkleben und Entwerten der Marken rechtzeitig vorzulegen. Die Ortspolizeibehörde kann ihn dazu durch Geldstrafen bis zu zehn Mark anhalten. Hat er keine Quittungskarte oder weigert er sich, sie vorzulegen, so kann sie der Arbeitgeber beschaffen und die Kosten bei der nächsten Lohnzahlung einbehalten.

Vgl. § 131 Abs. 2 IVG.

Die Karte ist regelmäßig bei der Lohnzahlung zum Zwecke der Markenverwendung vorzulegen (vgl. § 1428 Abs. 1). Über Ausnahmen vgl. § 1428 Abs. 3, §§ 1429, 1430.

Die Vorschrift gilt entsprechend für das Einzugsverfahren (§ 1453 Abs. 2, letzter Satz).

Die Kosten der Quittungskarte trägt in der Regel die V. Anstalt (§ 1417).

Umtausch der Quittungskarte auf Kosten des Versicherten.

§ 1415. Der Versicherte kann auf seine Kosten stets eine neue Karte gegen Rückgabe der alten verlangen.

Vgl. § 131 Abs. 3 IVG.

Es handelt sich hier um den Umtausch der Quittungskarte, den der Versicherte außerhalb der Regel, d. h. vor Ausfüllung der zur Markeneinklebung bestimmten Felder oder vor Beendigung der Gültigkeit der Karte, veranlaßt. Im übrigen gilt für diesen Umtausch alles das, was bei ordnungsmäßigem Umtausche Rechtens ist (vgl. § 1419).

Einrichtung der Quittungskarte.

§ 1416. Die Quittungskarte enthält Jahr und Tag der Ausstellung und den Inhalt der Vorschriften der §§ 1424, 1425, 1495. Die übrige Einrichtung bestimmt der Bundesrat.

Er kann für die Selbstversicherung und ihre Fortsetzung (§ 1243) besondere Karten vorschreiben und die unbefugte Verwendung anderer mit Strafe bedrohen.

Vgl. § 132 Abs. 1 IVG.

An den gesetzlichen Vorschriften für die Einrichtung der Quittungskarte ist gegenüber dem IVG. nichts geändert. Neue Vorschriften des Bundesrats über die sonstige Einrichtung der Quittungskarte sind noch nicht erlassen. Die bisherigen Bestimmungen darüber sind enthalten in der Bek. des Reichskanzlers vom 10. November 1899, betr. die Einrichtung der Quittungskarten für die Invalidenversicherung (A. N. 1900, S. 173) und in der Bek. des Reichskanzlers vom 3. Juli 1905, betr. die Entwertung der Marken und die Einrichtung der Quittungskarten für die Invalidenversicherung (A. N. 1905, S. 458). Danach ist eingeführt die Quittungskarte A. auf gelbem Karton (für Versicherungspflichtige) und die Quittungskarte B. auf grauem Karton (für die Selbstversicherung). Die neuen Bekanntmachungen werden im Ergänzungsbande abgedruckt werden.

Abs. 2 gilt nicht für die Weiterversicherung (§ 1244).

Für diese ist also die Quittungskarte des Abs. 1 zu verwenden. Übrigens hat die Unterscheidung zwischen Selbstversicherung und Weiterversicherung an Bedeutung verloren (vgl. § 1446 u. Anm. dazu).

Für die freiwillige Zusatzversicherung (§§ 1472 ff.) sind keine besonderen Quittungskarten auszugeben. Hier benutzt der Versicherte die Quittungskarte, die er für seine sonstige Versicherung verwendet.

Wegen der weiteren Einrichtung der Quittungskarten vgl. § 1418.

Kosten der Quittungskarte.

§ 1417. Die Kosten der Karte trägt die Versicherungsanstalt des Ausgabebezirks, wenn sie nicht für Rechnung des Versicherten zu beschaffen ist (§§ 1414, 1415).

Vgl. § 132 Abs. 2 IVG.

Die V. Anstalt des Ausgabebezirks trägt auch die Kosten der Quittungskarte für die Selbstversicherung. Wegen der Fälle, in denen der Versicherte die Kosten der Quittungskarte zu tragen hat, vgl. § 1414, Satz 3 und § 1415. Wegen der Kosten für die in den deutschen Schutzgebieten auszugebenden Quittungskarten vgl. § 1419 Abs. 5.

Weitere Einrichtung der Quittungskarte.

§ 1418. Jede Karte bietet Raum für mindestens zweiundfünfzig Wochenmarken. Die Karten werden für jeden Versicherten fortlaufend beziffert. Die erste Karte wird am Kopfe mit dem Namen der Versicherungsanstalt versehen, in deren Bezirk der Versicherte zur Zeit der Ausstellung beschäftigt ist, jede folgende mit dem Namen der vorhergehenden (Ursprungsanstalt). Weicht die Bezeichnung einer späteren Karte ab, so ist der Name auf der ersten maßgebend.

Vgl. § 133 IVG.

Auch hier ist gegenüber dem IVG. nichts geändert.

Sämtliche Quittungskarten eines Versicherten müssen bei ordnungsmäßigem Verfahren am Kopfe den Namen der Ursprungsanstalt und fortlaufende Ziffern enthalten. Dadurch wird es ermöglicht, die Karten fortlaufend an einer Stelle zu sammeln (vgl. § 1423 Abs. 1, Satz 2) und im Bedarfsfalle ohne Weiterungen zur Stelle zu schaffen. Selbstverständlich wird hierdurch die Vorschrift nicht berührt, daß — abgesehen von den Fällen des § 1440 Abs. 2 und § 1472 Abs. 1, Satz 1 — nur Marken der jeweils örtlich zuständigen V. Anstalt verwendet werden dürfen (vgl. für die Pflichtversicherung §§ 1329 bis 1331, für die freiwillige Versicherung §§ 1440, 1441).

Ausgabestellen. Aufrechnungsbescheinigungen.

§ 1419. Die oberste Verwaltungsbehörde bestimmt, unbeschadet des § 1456, die Stellen, welche die Karten ausstellen und umtauschen (Ausgabestellen).

Der Reichskanzler bestimmt die Ausgabestellen in den deutschen Schutzgebieten.

Die Ausgabestellen rechnen, wenn die Karte zurückgegeben wird, nach den eingeklebten Marken die Beitragswochen für die einzelnen Lohnklassen auf. Gleichzeitig ist die Dauer der nachgewiesenen Militärdienste und der bescheinigten Krankheiten anzugeben, die in die Zeit der Geltung der Karte fallen. Die Ausgabestellen bescheinigen dem Inhaber die Endzahlen.

Die Kosten für die Muster der Bescheinigungen über die Aufrechnung trägt die Versicherungsanstalt des Ausgabebezirkes.

Der Reichskanzler bestimmt, wer die Kosten für die Quittungskarten und für die Muster der Bescheinigungen in den deutschen Schutzgebieten zu tragen hat.

Vgl. § 134 IVG.

In Preußen war nach dem IVG. das Kartengeschäft den Ortspolizeibehörden bezw. den Gemeindevorständen oder den von Gemeinden oder Kreisverbänden besonders bestellten Beamten, in Bayern und den übrigen Bundesstaaten mit Ausnahme Württembergs in der Regel den Gemeindehörden, in Württemberg den Ortsbehörden für die Arbeiterversicherung übertragen worden.

Die obersten Verwaltungsbehörden sind in der Bestimmung der Kartenausgabestellen nur beim Einzugsverfahren insofern beschränkt, als nach § 1456 die Satzung einer Krankenkasse oder die zuständige Dienstbehörde einer Reichs- oder Staatsbetriebskrankenkasse bei der Anordnung des Einzugsverfahrens für die Mitglieder auch die Ausstellung und den Umtausch der Quittungskarten der Kasse übertragen kann. Im übrigen kann die oberste Verwaltungsbehörde auch außerhalb des Einzugsverfahrens diejenigen Stellen, denen die Einziehung der Beiträge übertragen werden kann, mit der Ausstellung und dem Umtausch der Quittungskarten betrauen (vgl. § 1455).

Neu ist die Vorschrift des Abs. 2.

Neu ist auch die Vorschrift des Abs. 4, daß die Kosten für die Muster zu den Aufrechnungsbescheinigungen von den V. Anstalten zu tragen sind. Bisher wurde allgemein angenommen, daß diese Kosten von den Kartenausgabestellen zu tragen seien; eine ausdrückliche gesetzliche Bestimmung fehlte.

Die Aufrechnungsbescheinigungen (Abs. 3) sind ebenso wie die Quittungskarten öffentliche Urkunden, können die Quittungskarten aber schon mit Rücksicht auf ihren Inhalt nicht vollständig ersetzen. Für eine Erneuerung der Quittungskarte (§ 1421) sind sie indessen von Bedeutung, desgl. auch sonst als Beweismittel für den Markeninhalt der Quittungskarte und die darin bescheinigten Ersatztatsachen.

Gegen den Inhalt der Aufrechnungsbescheinigung kann der Versicherte Beschwerde erheben (vgl. § 1422).

Umtauschfrist und Rechtsfolgen der Versäumung.

§ 1420. Die Karte soll binnen zwei Jahren nach dem Tage der Ausstellung zum Umtausch eingereicht werden.

Ist dies versäumt, so muß im Streitfall der Versicherte beweisen, daß die Anwartschaft erhalten ist.

Vgl. § 135 IVG.

Die Vorschrift trägt der Auslegung Rechnung, welche der § 135 IVG. in der Rechtsprechung des RV. Amts erfahren hat (vgl. Rev. Entsch. 981, A. N. 1902, S. 474). Danach beeinflußt der verspätete Umtausch einer Quittungskarte sachlich weder die Anrechnungsfähigkeit der darin enthaltenen Marken und bescheinigten Krankheits- usw. Zeiten, noch das Erhalten oder Erlöschen der Anwartschaft. Aber eine verspätet umgetauschte Quittungskarte begründet im Gegensatze zu § 1445 keine Vermutung dafür, daß die Beiträge ordnungsmäßig und rechtzeitig entrichtet sind (vgl. §§ 1280 bis 1283). Vielmehr hat der Versicherte, der den rechtzeitigen Umtausch einer Quittungskarte versäumt, im Streitfalle zu beweisen, daß die Anwartschaft für den durch den Ausstellungstag dieser Karte bestimmten Zeitraum erhalten ist.

Die der V. Anstalt im § 135 Abs. 1, Satz 2 IVG. beigelegte Befugnis, die fortdauernde Gültigkeit einer verspätet umgetauschten Quittungskarte anzuerkennen, ist fortgefallen; ebenso die Befugnis des Bundesrats, die Verlängerung der Gültigkeitsdauer der Karten durch Abstempelung anzuordnen (§ 135 Abs. 2 IVG.).

Erneuerung der Quittungskarte.

§ 1421. Verlorene, unbrauchbar gewordene oder zerstörte Quittungskarten werden durch neue ersetzt.

Nachweisbare Beiträge werden beglaubigt übertragen; die beteiligten Versicherungsanstalten werden vorher gehört, wenn nicht die unbrauchbar gewordene Karte vorgelegt wird, und in jedem Falle nachher unterrichtet.

Vgl. § 136 IVG.

Marken in einer unter Abs. 1 fallenden Quittungskarte sind, solange sie nicht in eine erneuerte Quittungskarte übertragen sind, unwirksam (Rev. Entsch. 506, A. N. 1896, S. 292). Auch wenn Marken aus einer Quittungskarte losgelöst und in eine andere eingeklebt worden sind, ist letztere als teilweise unbrauchbar geworden anzusehen; die Marken können aber in eine erneuerte Quittungskarte nach Maßgabe dieser Vorschrift übertragen werden (Rev. Entsch. 1254, A. N. 1906, S. 286).

Unbrauchbar und nur durch Erneuerung ersetzbar ist eine Karte auch dann, wenn darin unzulässige Eintragungen gemacht sind (vgl. § 1424).

Die zur Erneuerung zuständigen Stellen sind im Gesetze nicht ausdrücklich genannt. Das Gesetz geht aber offenbar davon aus, daß dazu die Ausgabestellen zuständig sind (vgl. § 1419 und die Anm. dazu).

Die Erneuerung geschieht in der Weise, daß der Markeninhalt, soweit er nachgewiesen ist, in eine neue Karte durch einen mittelst Unterschrift der zuständigen Stelle und Beidrückung ihres Dienstsiegels zu beglaubigenden Vermerk übertragen wird. Auch die Aufschriften auf der Außenseite der zu erneuernden Quittungskarte sind, soweit nachweisbar, in die neue Karte zu übertragen. Der Nachweis des Markeninhalts ist entweder durch Vorlegung der zu erneuernden Karte oder auf andre Weise, insbesondere durch Auskünfte von Arbeitgebern, Mitarbeitern usw. zu führen. Neu ist die Vorschrift des Gesetzes, daß in Fällen der letzteren Art — d. h. wenn die alte Karte nicht vorgelegt wird — die V. Anstalt vor der Erneuerung zu hören ist. Dies hat also auch dann zu geschehen, wenn die Aufrechnungsbescheinigung über die alte Karte vorgelegt ist.

Der ordnungsmäßig vollzogene Übertragungsvermerk hat die Natur und Beweiskraft einer öffentlichen Urkunde. Lautet er dahin, daß Marken nicht zu übertragen sind, so spricht das Gesetz von einer Ablehnung der Übertragung (§ 1422 Satz 1).

Beschwerde.

§ 1422. Der Versicherte kann gegen den Inhalt der Bescheinigung (§ 1419 Abs, 3) und gegen die Übertragung oder deren Ablehnung (§ 1421 Abs. 2) Beschwerde beim Versicherungsamt erheben. Gegen die Übertragung (§ 1421 Abs. 2) können es auch die Versicherungsanstalten. Das Versicherungsamt entscheidet endgültig.

Vgl. § 137 IVG.

Früher stand nur den Versicherten das Recht der Beschwerde gegen den Inhalt der Aufrechnungsbescheinigung sowie gegen die Markenübertragung oder deren Ablehnung zu. Jetzt ist im Fall der Markenübertragung auch den V. Anstalten ein Beschwerderecht gegeben.

Man wird annehmen müssen, daß die Markenübertragung und deren Ablehnung, wie bisher, auch noch im Feststellungsverfahren angefochten werden kann (vgl. Rev. Entsch. 1313, A. N. 1907, S. 467). In diesem Falle genügt aber zur Anfechtung nicht das bloße Bestreiten der Richtigkeit der Übertragungsvermerke, sondern es bedarf dazu, wenn diese Übertragungsvermerke in ordnungsmäßiger Form vollzogen sind, eines „begründeten" Bestreitens, d. h. es müssen Tatsachen behauptet und unter Beweis gestellt werden, welche die Unrichtigkeit der Übertragungsvermerke ergeben (vgl. Rev. Entsch. 1552, A. N. 1911, S. 435).

Die Beschwerdefrist in den Fällen der Sätze 1 und 2 beträgt nach § 128 einen Monat.

Sammelstellen. Sammelkarten.

§ 1423. Die eingereichten Karten gehen der Versicherungsanstalt des Bezirkes zu. Diese gibt sie nach Prüfung und Berichtigung der Eintragungen auf der Außenseite an die Ursprungsanstalt (§ 1418) weiter.

Die Ursprungsanstalt kann den Inhalt aller Karten desselben Versicherten in Sammelkarten übertragen und sie statt der Einzelkarten aufbewahren.

Der Bundesrat bestimmt das Nähere. Er bestimmt auch, wann und wie sonst Quittungskarten zu vernichten sind.

Vgl. § 138 IVG.

Zu Abs. 1: Die Sammelstelle für die Quittungskarten ist die Ursprungsanstalt (§ 1418).

Die Ausgabestellen übersenden die umgetauschten Quittungskarten der V. Anstalt ihres Bezirks, und diese gibt sie, wenn sie nicht selbst die Ursprungsanstalt ist, an letztere weiter. So war es auch bisher. Neu aber ist, daß die V. Anstalt, der die Karten zunächst zugehen, vor der Weitergabe an die Ursprungsanstalt die Eintragungen auf der Außenseite zu prüfen und gegebenenfalls zu berichtigen hat. Dadurch soll mehr als bisher der Möglichkeit vorgebeugt werden, daß mehrere Quittungskarten desselben Versicherten als erste bezeichnet und mit den Namen verschiedener V. Anstalten versehen werden, was zu schweren Schädigungen der Versicherten führen kann (Begr. S. 428).

Zu Abs. 2: Die Sammelkarte ist eine schon durch das IVG. eingeführte, zur Entlastung der V. Anstalten vorgesehene Einrichtung. Sie tritt an die Stelle aller Einzelkarten desselben Versicherten, sodaß letztere vernichtet werden können. Diese Einrichtung, von der mehrere V. Anstalten Gebrauch gemacht haben, hat sich kaum bewährt. Denn die damit verbundenen Kosten und

Schwierigkeiten werden durch ihre hauptsächlich in der Raumersparnis bestehenden Vorteile nicht aufgewogen.

Zu Abs. 3: Die hier vorgesehenen Ausführungsbestimmungen des Bundesrats beziehen sich auf die Einrichtung der Sammelkarte und die Vernichtung der Quittungskarten für den Fall der Ausstellung einer Sammelkarte und für sonstige Fälle, ferner aber auch nach der Begr. a. a. O. auf die im Abs. 1 erwähnte Prüfung und Berichtigung der Eintragungen. Neue Ausführungsbestimmungen sind noch nicht erlassen. Die früheren sind vom 21. Juli 1901 (A. N. S. 560).

Unzulässige Eintragungen.

§ 1424. Die Karte darf nur die gesetzlich vorgeschriebenen Angaben enthalten und keine besonderen Merkmale tragen; vor allem darf aus ihr nichts über Führung oder Leistungen des Inhabers zu entnehmen sein. Karten, die dagegen verstoßen, hat jede Behörde, der sie zugehen, einzubehalten und durch neue zu ersetzen. Die nachweisbaren Beiträge werden beglaubigt übertragen. Die beteiligten Versicherungsanstalten werden benachrichtigt.

Vgl. § 139 Abs. 1 IVG.

Die Vorschrift will verhüten, daß die Quittungskarte anderen Zwecken als denen der Invaliden- und Hinterbliebenenversicherung dienstbar gemacht wird. Welche Angaben und Eintragungen sie zu enthalten hat, ergeben die §§ 1416, 1418. Alle sonstigen Eintragungen sind unzulässig; das Gesetz führt mit dem Verbot von Angaben über Führung und Leistungen des Inhabers nur Beispiele an. Unzulässig ist auch die Aufnahme besonderer Merkmale in die Quittungskarten; hier ist insbesondere an geheime Zeichen gedacht, durch die ein Arbeitgeber den Versicherten anderen Arbeitern kenntlich macht. Aber auch Merkmale, denen eine solche Absicht nicht zugrunde liegt, sind schlechthin unzulässig. Dahin gehört z. B. die Durchlochung der Beitragsmarken durch Buchstaben oder in anderer den Arbeitgeber kennzeichnenden Form (vgl. Besch. 1122, A. N. 1904, S. 363). Wegen Erneuerung der Karten vgl. § 1421.

Wegen der zur Durchführung dieses Paragraphen bestehenden Strafvorschriften vgl. § 1495.

Zurückbehaltung von Quittungskarten.

§ 1425. Niemand darf eine Quittungskarte wider den Willen des Inhabers zurückbehalten. Dies gilt nicht für die zuständigen Stellen, wenn sie die Karten zu Zwecken des Umtauschs, der Berichtigung, Aufrechnung, Übertragung, Beitragsüberwachung oder beim Einzugsverfahren zurückbehalten.

Wer Karten dieser Vorschrift zuwider zurückbehält, ist dem Berechtigten für Nachteile hieraus verantwortlich. Die Ortspolizeibehörde nimmt die Karte ab und händigt sie dem Berechtigten aus.

Vgl. § 139 Abs. 2, 3 IVG.

Bei widerrechtlicher Zurückbehaltung einer Quittungskarte kann — abgesehen von der nach Abs. 2, Satz 1 bestehenden zivilrechtlichen Haftung — nach § 1490 Nr. 5 Geldstrafe bis zu 300 M. oder Haft verhängt werden.

Kontraktbrüchigen Versicherten ist die beim Arbeitgeber zurückgelassene Karte auf Verlangen und auf ihre Kosten vom Arbeitgeber oder der Ortspolizeibehörde, bei der dieser sie hinterlegt hat, zu übersenden (vgl. Besch. 867, A. N. 1900, S. 842).

Eine Ausnahme von der Vorschrift des § 1425 gilt für das Einzugsverfahren (vgl. § 1457).

III. Entrichtung der Beiträge durch die Arbeitgeber. Nachweis des Militärdienstes und der Krankheit.

Vorbemerkung.

Die Bestimmungen der §§ 1426 bis 1438 beziehen sich nur auf die Pflichtversicherung.

Beitragspflicht.

§ 1426. Der Arbeitgeber, der den Versicherten die Beitragswoche hindurch beschäftigt, hat für sich und ihn den Beitrag zu entrichten.

Beschäftigen mehrere Arbeitgeber den Versicherten während der Woche, so zahlt der erste von ihnen den ganzen Betrag. Hat weder er noch der Versicherte selbst den Beitrag entrichtet (§ 1439), so hat der nächste Arbeitgeber den Beitrag zu entrichten, kann aber von dem ersten Ersatz beanspruchen. Ist der Versicherte gleichzeitig von mehreren Arbeitgebern versicherungspflichtig beschäftigt, so haften sie als Gesamtschuldner.

Vgl. § 140 Abs. 1, 2 IVG.

Unter der Beitragsentrichtung versteht das Gesetz die Einklebung der Marken. Verpflichtet dazu ist der Arbeitgeber. Der Versicherte ist dazu berechtigt (§ 1439). Die Beiträge sind für jeden Teil gleich hoch (vgl. § 1387 Abs. 2); vgl. jedoch §§ 1432, 1439, 1458.

Arbeitgeber ist derjenige, für dessen Rechnung die Beschäftigung stattfindet.

Unterläßt der Arbeitgeber die Beitragsentrichtung, so findet auf ihn die Strafbestimmung des § 1488 Anwendung.

Die Feststellung der Beitragspflicht findet im Streitfalle nach § 1459 statt.

Beitragspflichtig ist nicht nur der Arbeitgeber, welcher den Versicherten die ganze Woche hindurch beschäftigt (Abs. 1), sondern auch derjenige, welcher ihn nur während eines Teils der Woche beschäftigt. Auch in diesem Falle ist der Beitrag für die volle Woche zu entrichten, da das Gesetz eine Beitragsentrichtung für kleinere Zeitabschnitte als eine Woche nicht vorsieht. Ist der Versicherte während einer Beitragswoche (§ 1387 Abs. 2, 3) bei mehreren Arbeitgebern beschäftigt, so regelt sich die Beitragsentrichtung nach Abs. 2, Satz 1 und 2. Bei Streitigkeiten wegen des Rückgriffs auf den ersten Arbeitgeber entscheidet das V. Amt nach § 1461 endgültig. Bei Streitigkeiten aus Abs. 2 Satz 3 findet diese Bestimmung aber keine Anwendung. Hier besteht ein Gesamtschuldverhältnis, das sich nach bürgerlichem Rechte regelt (vgl. §§ 421 bis 426 BGB.). Ein solches Gesamtschuldverhältnis liegt z. B. vor, wenn mehrere Grundstückseigentümer einen Straßenkehrer, Flurhüter usw. gleichzeitig beschäftigen. Hier kann der Versicherte von jedem Arbeitgeber den ganzen Beitrag — aber natürlich nur einmal — fordern. Nach der Begr. zu § 140 Abs. 2 IVG. ist es den beteiligten Arbeitgebern nicht verwehrt, unter Zuziehung des Versicherten eine Vereinbarung über die Verteilung der Belastung unter sich zu treffen.

Versicherte, die von mehreren Arbeitgebern den vollen Beitragsteil für dieselbe Woche fordern, unterliegen der Strafbestimmung des § 1491.

Beitragsleistung für eine nicht feststellbare Arbeitszeit.

§ 1427. Läßt sich die tatsächliche Arbeitszeit nicht feststellen, so ist der Beitrag für die Zeit zu entrichten, die für die Arbeit annähernd erforderlich ist. Bei Streit entscheidet auf Antrag eines Teiles das Versicherungsamt endgültig.

Die Versicherungsanstalt kann mit Genehmigung des Reichsversicherungsamts oder des Landesversicherungsamts (§ 1382) für die Berechnung besondere Bestimmungen erlassen.

Vgl. § 140 Abs. 3 IVG.

Die Bestimmung wird namentlich bei Akkordarbeitsverhältnissen zur Anwendung kommen können. Sie setzt voraus, daß die Zahl der Wochen, innerhalb deren versicherungspflichtig gearbeitet wurde, nicht festzustellen ist, kommt also nicht in Betracht, wenn in jeder Kalenderwoche, sei es auch in wechselndem und meist nur geringem Umfange, gearbeitet wurde (vgl. Beschl. 1046, A. N. 1903, S. 372.

Regelmäßiger Zeitpunkt der Markenverwendung.

§ 1428. Der Arbeitgeber entrichtet die Beiträge, indem er bei der Lohnzahlung für die Dauer der Beschäftigung Marken nach der Lohnklasse des Versicherten in die Quittungskarte klebt. Sie werden von der Versicherungsanstalt des Beschäftigungsorts ausgegeben.

Der Arbeitgeber hat sie aus eigenen Mitteln zu erwerben.

Wenn eine Lohnzahlung nicht stattfindet, sind die Marken spätestens bei der Beendigung der Beschäftigung einzukleben.

Vgl. § 141 Abs. 1 IVG.

Die Beiträge sind regelmäßig bei der Lohnzahlung zu entrichten. Findet tägliche Lohnzahlung statt, so wird der Beitrag auch dann, wenn das Beschäftigungsverhältnis fortdauert, bei der ersten Lohnzahlung in der Woche zu entrichten sein, sofern für diese Woche nicht schon ein Beitrag entrichtet ist. Findet die Lohnzahlung vor der Fälligkeit des Lohnes statt, so ist auch der Beitrag vorher zu entrichten (Besch. 1018, A. N. 1902, S. 651). — Abschlagszahlungen gelten aber nicht als Lohnzahlungen (§ 1434).

Wegen der für die Beitragsentrichtung maßgebenden Lohnklassen vgl. §§ 1245 ff.

Es sind Marken der für den Beschäftigungsort zuständigen V. Anstalt zu verwenden (vgl. 1329 ff.). Marken einer unzuständigen V. Anstalt sind unwirksam (vgl. Rev. Entsch. 750, A. N. 1899, S. 561). Sie können aber jederzeit, ohne daß die Vorschrift des § 1442 entgegensteht, durch Marken der zutreffenden V. Anstalt ersetzt werden (vgl. Rev. Entsch. 1081, A. N. 1903, S. 549).

Verspätete Verwendung der Beitragsmarken sowie die Verwendung unrichtiger Marken unterliegt der Strafvorschrift des § 1488.

Von der Regel, daß die Beitragsentrichtung bei der Lohnzahlung zu erfolgen hat, gibt es Ausnahmen. Solche Ausnahmen bestehen nach der auf einem Komm.-Beschlusse beruhenden Vorschrift des Abs. 3 sowie nach den §§ 1429, 1430.

Der Arbeitgeber hat die Beitragsmarken in voller Höhe aus eigenen Mitteln zu erwerben (Abs. 2); die Wiedereinziehung des Beitragsteils der Versicherten regelt § 1432.

Anderweite Zeiten der Markenverwendung bei mindestens vierteljährig Arbeitspflichtigen.

§ 1429. Bei Versicherten, die durch Vertrag für mindestens ein Vierteljahr dem Arbeitgeber zur Arbeit verpflichtet sind, kann der Arbeitgeber die Marken zu anderer Zeit, spätestens in der letzten Woche jeden Vierteljahrs, einkleben. Auf jeden Fall sind die Marken bei Ablauf der Beschäftigung einzukleben.

Die Vorschrift beruht auf einem Kommissionsbeschlusse und bildet eine Ausnahme von § 1428.

Die Vorschrift des zweiten Satzes bezieht sich nur auf den ersten Satz.

Zulassung anderer Zeiten für die Beitragsentrichtung durch die V. Anstalt.

§ 1430. Die Versicherungsanstalt kann den Arbeitgebern gestatten, die Marken zu anderer Zeit einzukleben.

Vgl. § 141 Abs. 2, Satz 1 IVG.

Die Bestimmung des § 141 Abs. 2, Satz 2 IVG., wonach auch die V. Anstalt den Arbeitgebern nicht gestatten konnte, die Beiträge später als in der letzten Woche des Kalenderjahrs oder nach der früheren Beendigung des Arbeitsverhältnisses zu entrichten, ist weggefallen.

Die Vorschrift soll den V. Anstalten die Möglichkeit geben, Arbeitgebern, die eine größere Zahl von Arbeitern beschäftigen und in ihrer Person ausreichende Sicherheit gegen eine mißbräuchliche Anwendung der Vergünstigung bieten, die Markenverwendung zu erleichtern (vgl. die Begründung und die Kommissionsverhandlungen zu § 141 IVG.). Die V. Anstalten haben von der ihnen im § 141 Abs. 2 IVG. gegebenen Befugnis nur wenig Gebrauch gemacht.

Markenentwertung.

§ 1431. Die Marken müssen entwertet werden. Als Tag der Entwertung soll der letzte Tag desjenigen Zeitraums angegeben werden, für welchen die Marke gilt. Der Bundesrat bestimmt das Nähere und kann Zuwiderhandlungen mit Strafe bedrohen.

Vgl. § 141 Abs. 3, 4 IVG.

Früher war nur die Entwertung derjenigen Marken gesetzlich vorgeschrieben, welche für mehr als zwei Wochen galten, d. h. für die Dreizehnwochenmarken. Der Bundesrat konnte aber auch die Entwertung anderer Marken vorschreiben und hat von dieser Befugnis Gebrauch gemacht, indem er die Entwertung aller Marken angeordnet hat (Bek. vom 3. Juli 1905; vgl. Anm. zu § 1416). Diese Vorschrift ist nunmehr zur gesetzlichen erhoben. Die Entwertung hatte bisher durch Angabe des Entwertungstages zu geschehen (Bek., betr. die Entwertung und Vernichtung der Marken bei der Invalidenversicherung, vom 9. November 1899, Ziffer 6, A. N. 1900, S. 172). Jetzt „soll" statt dessen der letzte Tag desjenigen Zeitraums angegeben werden, für welchen die Marke gilt. Über das Nähere, namentlich über die Art und Form der Entwertung erläßt der Bundesrat die Ausführungsbestimmungen. Sie sind bisher noch nicht getroffen.

Die Außerachtlassung der Vorschriften des Gesetzes und des Bundesrats über die Entwertung von Marken haben deren Ungültigkeit nicht zur Folge. Sie sind aber im Interesse der Versicherten wohl zu beachten, da sie die spätere Prüfung der Karten, namentlich hinsichtlich der Erhaltung der Anwartschaft, erleichtern.

Lohnabzug auf den Beitragsteil des Versicherten.

§ 1432. Die Versicherungspflichtigen müssen sich bei der Lohnzahlung die Hälfte der Beiträge und, wer über die gesetzliche Lohnklasse hinaus versichert, ohne die Versicherung in einer höheren Lohnklasse mit dem Arbeitgeber vereinbart zu haben, auch den Mehrbetrag vom Barlohn abziehen lassen. Die Arbeitgeber dürfen nur auf diesem Wege den Beitragsteil der Versicherten wieder einziehen.

Die Abzüge sind auf die Lohnzeiten gleichmäßig zu verteilen.

Vgl. § 142 Abs. 1, 2 IVG.

Die Vorschrift bezieht sich nur auf Abzüge vom Barlohn, und nicht auf die Erstattung des Beitragsteils des Versicherten aus einem Entgelt, den sie von Dritten erhalten (z. B. Trinkgeldern), oder der in Sachbezügen besteht. Für die beiden letzteren Fälle trifft § 1437 Bestimmung.

Zu Abs. 1, Satz 1 vgl. auch § 1248.

Arbeitgeber oder deren Angestellte, die vorsätzlich den Versicherten höhere Lohnabzüge machen, als das Gesetz zuläßt, unterliegen den Strafbestimmungen des § 1490, Nr. 1, 4.

Auf Arbeitgeber, die abgezogene Beitragsteile vorsätzlich nicht für die Versicherung verwenden, findet die Strafbestimmung des § 1492 Anwendung.

Bei der Verteilung der Abzüge auf die Lohnzeiten durften früher die Teilbeträge — ohne Belastung des Versicherten — auf volle 10 Pf. aufgerundet werden (§ 142 Abs. 2, Satz 2 IVG.). Diese Bestimmung ist fortgefallen. Dagegen ist die Vorschrift des § 154 IVG. über die Abrundung von Pfennigbruchteilen bestehen geblieben; vgl. § 1458.

Nachholung von Lohnabzügen.

§ 1433. Sind Abzüge bei einer Lohnzahlung unterblieben, so dürfen sie nur noch bei der nächsten nachgeholt werden, es sei denn, daß der Arbeitgeber ohne sein Verschulden wirksame Beiträge nachträglich entrichtet (§ 1442).

Vgl. § 142 Abs. 3 IVG.

Ein Verschulden des Arbeitgebers liegt z. B. dann nicht vor, wenn erst nach der zweiten Lohnzahlung die Versicherungspflicht des Arbeiters festgestellt ist oder wenn dieser in der Beschaffung oder Vorlegung der Quittungskarte säumig gewesen ist (zu vgl. Begr. des Entwurfs zum IVG.).

Abschlagszahlungen.

§ 1434. Abschlagszahlungen gelten nicht als Lohnzahlungen im Sinne der §§ 1428, 1432, 1433. Auf jeden Fall sind die Marken in der letzten Woche jeden Vierteljahrs einzukleben.

Die Vorschrift beruht auf einem Beschlusse der Kommission. Abschlagszahlungen wurden unter der Herrschaft des IVG. vom RVA. in der Regel als Lohnzahlungen angesehen. Dadurch wurden Unzuträglichkeiten hervorgerufen, die die Vorschrift beseitigen will (Kom. Ber. 4. Teil, S. 186).

Lohnabzug bei Zahlungsunfähigkeit des Arbeitgebers.

§ 1435. Arbeitgeber, gegen die eine Anordnung des Versicherungsamts nach § 398 ergangen ist, dürfen, wenn sie die Beiträge in Marken entrichten, Lohnabzüge nur für die Zeit machen, für die sie die geschuldeten Beiträge nachweislich bereits entrichtet haben.

Wo das Einzugsverfahren besteht, gilt die Anordnung nach § 398 auch für die Beiträge zur Invaliden- und Hinterbliebenenversicherung. Die Versicherten haben dann ihren Beitragsteil an den Zahltagen selbst einzuzahlen.

Vgl. § 142 Abs. 4 IVG.

Vgl. Anm. zu §§ 398 ff. Der von der Anordnung betroffene Arbeitgeber hat ebenso wie im Falle des § 398 die Beschwerde an das OVA. (Beschlußkammer), welches endgültig entscheidet.

Arbeitgeber, die der Vorschrift zuwiderhandeln, unterliegen der Strafbestimmung des § 1490 Nr. 3.

Erhebung der Beiträge in den Fällen der §§ 1228, 1229.

§ 1436. Der Bundesrat regelt die Erhebung der Beiträge für die nach den §§ 1228, 1229 Versicherungspflichtigen.

Vgl. § 143 IVG.

Die hier vorgesehenen Anordnungen des Bundesrats sind noch nicht getroffen. Sie werden im Ergänzungsbande veröffentlicht werden.

Zu § 1229 Nr. 2 vgl. bezl. der Beitragserhebung die bisher zu § 2 Abs. 1, Nr. 2 IVG. erlassenen, in der Anm. zu § 1229 erwähnten Bundesratsbeschlüsse.

Eine dem § 1228 entsprechende Vorschrift war im IVG. noch nicht enthalten (vgl. die Anm. zu § 1228).

Erstattung der Beitragsteile der in Sachbezügen oder nicht vom Arbeitgeber selbst gelohnten Versicherten.

§ 1437. Die oberste Verwaltungsbehörde kann bestimmen, wie der Beitragsteil Versicherungspflichtiger aus ihrem Entgelt zu erstatten ist, wenn dieser nur aus Sachbezügen besteht oder von Dritten gewährt wird.

Für Fälle dieser Art fehlte es im IVG. an einer Vorschrift.

Sollte für Preußen eine Anordnung ergehen, so wird sie — wenn tunlich — im Ergänzungsbande abgedruckt werden.

Nachweis der Ersatztatsachen.

§ 1438. Geleistete Militärdienste werden durch die Militärpapiere nachgewiesen.

Krankheitswochen werden durch Bescheinigungen nachgewiesen. Nach Ablauf der Krankenhilfe oder der Fürsorge während der Genesung hat der Vorstand der Krankenkasse, der Ersatzkasse, des Versicherungsvereins auf Gegenseitigkeit oder der auf Grund landesrechtlicher Vorschriften errichteten Hilfskasse die Bescheinigung auszustellen. Im übrigen hat es der Gemeindevorstand zu tun. Das Versicherungsamt kann den Vorstand der Kasse oder des Versicherungsvereins auf Gegenseitigkeit durch Geldstrafen bis zu hundert Mark anhalten, diese Verpflichtung zu erfüllen.

Für die in Reichs- und Staatsbetrieben Beschäftigten kann die vorgesetzte Dienstbehörde die Bescheinigungen ausstellen. In diesen Fällen ist die Krankenkasse von der Verpflichtung zur Ausstellung der Bescheinigungen vom Versicherungsamte zu entbinden.

Vgl. § 31 IVG.

Neu ist, daß auch Versicherungsvereine auf Gegenseitigkeit die Krankheitsbescheinigung ausstellen können. Denn in Zukunft sollen die eingeschriebenen Hilfskassen, auch soweit sie nicht Ersatzkassen sein werden, nur noch als Versicherungsvereine auf Gegenseitigkeit bestehen (vgl. Entwurf eines Gesetzes, betr. die Aufhebung des Hilfskassengesetzes).

Krankheiten können auch auf andere Weise, als durch die im § 1438 erwähnten Bescheinigungen nachgewiesen werden, so durch ärztliche Atteste, Zeugnisse von Nachbarn u. dergl.; anderseits ist auch gegen den Inhalt einer ordnungsmäßig ausgestellten Krankheitsbescheinigung der Nachweis der Unrichtigkeit zuzulassen.

IV. Entrichtung der Beiträge durch die Versicherten.

Beitragsentrichtung der Versicherten bei Pflichtversicherung.

§ 1439. Auch der Versicherte kann die vollen Beiträge entrichten. Der Arbeitgeber hat ihm die Hälfte, und zwar der gesetzlichen Beiträge, wenn nicht die Versicherung in einer höheren Lohnklasse vereinbart ist, zu erstatten.

Der Anspruch besteht nur, wenn die Marke vorschriftsmäßig entwertet ist. Er ist spätestens bei der zweitnächsten Lohnzahlung zu erheben, es sei denn, daß der Versicherte ohne sein Verschulden wirksame Beiträge nachträglich entrichtet hat.

Vgl. § 144 IVG.

Vgl. die Strafvorschrift des § 1491.

Zu Abs. 1: Durch diese Vorschrift wird an dem Grundsatze des § 1426, daß der Arbeitgeber für die Entrichtung der vollen Beiträge verantwortlich ist, nichts geändert. Eine Vereinbarung zwischen Arbeitgeber und Versicherten, durch die letzterer zur Entrichtung der Beiträge verpflichtet werden soll, ist unzulässig (§ 139). Zuwiderhandlungen der Arbeitgeber und ihrer Angestellten sind nach § 140 strafbar.

Der Erstattungsanspruch des Versicherten besteht nur, wenn der Beitrag bereits entrichtet ist; außerdem muß die Marke nach Abs. 2 vorschriftsmäßig entwertet sein.

Zu Abs. 2: Während das Abzugsrecht des Arbeitgebers in der Regel erlischt, wenn es nicht spätestens bei der zweiten Lohnzahlung geltend gemacht wird (§ 1433), kann hier der Erstattungsanspruch des Versicherten ohne weiteres auch noch bei der dritten Lohnzahlung erhoben werden. Für seine spätere Geltendmachung ist, wie bei § 1433, Voraussetzung, daß den Berechtigten (also hier den Versicherten) kein Verschulden trifft.

Beitragsentrichtung der Versicherten bei freiwilliger Versicherung.

§ 1440. Freiwillig Versicherte verwenden, vorbehaltlich des § 1371, Marken der Versicherungsanstalt, in deren Bezirk sie beschäftigt sind oder sich unbeschäftigt aufhalten. Die Wahl der Lohnklasse steht ihnen frei.

Sie können die Versicherung im Ausland fortsetzen und dabei Marken einer beliebigen Versicherungsanstalt verwenden.

Marken der Versicherungsanstalten dürfen zur Fortsetzung der Versicherung bei einer Sonderanstalt nicht verwendet werden (§ 1371).

Vgl. § 145 Abs. 1 IVG.

Die Vorschrift entspricht dem bisherigen Rechte mit der Maßgabe, daß bei Fortsetzung der Versicherung im Auslande (Abs. 2) nicht mehr Marken derjenigen V. Anstalt verwendet werden müssen, in deren Bezirke der Versicherte zuletzt beschäftigt war oder sich aufhielt, sondern daß Marken einer beliebigen V. Anstalt verwendet werden dürfen. Als Ausland haben hier auch die deutschen Schutzgebiete zu gelten.

Im übrigen vgl. die Anm. zu § 1371.

Beitragsentrichtung durch die Versicherten in den Fällen der §§ 1227, 1232.

§ 1441. Auch wer sich während einer entgeltlichen, aber nicht bar bezahlten oder nur vorübergehenden Beschäftigung (§§ 1227, 1232) freiwillig versichert, hat Anspruch auf den Beitragsteil des Arbeitgebers. Dieser kann es ablehnen, mehr zu erstatten, als er gesetzlich (§§ 1245 bis 1247) verpflichtet ist.

Vgl. § 145 Abs. 2 IVG.

Vgl. die Strafvorschrift des § 1491.

Auch hier besteht ein Erstattungsanspruch gegen den Arbeitgeber nur bei vorschriftsmäßiger Markenverwendung.

V. Unwirksame Beiträge.

Nachentrichtung von Pflichtbeiträgen.

§ 1442. Pflichtbeiträge sind unwirksam, wenn sie nach Ablauf von zwei Jahren, falls aber die Beitragsleistung ohne Verschulden des Versicherten unterblieben ist, nach Ablauf von vier Jahren seit der Fälligkeit entrichtet werden.

Ein Verschulden des Versicherten liegt nicht vor, wenn der Arbeitgeber die Quittungskarte aufbewahrt und sie nicht zur richtigen Zeit ordnungsgemäß umgetauscht hat.

Vgl. § 146, Satz 1 IVG.

Die Vorschrift hat nur die freiwillige Nachentrichtung von Pflichtbeiträgen zum Gegenstande, findet also keine Anwendung, wenn Beiträge gemäß §§ 28, 29 beigetrieben werden (vgl. Rev. Entsch. 921, A. N. 1901, S. 544). Wegen der der tatsächlichen Nachentrichtung gleichgestellten Fälle vgl. § 1444 Abs. 1.

Eine Nachentrichtung von Beiträgen liegt vor, wenn die Beiträge erst nach der Fälligkeit (§§ 1428 bis 1430) entrichtet sind.

Nur rückständige Pflichtbeiträge kommen hier in Betracht. Für Zeiten, in denen eine versicherungspflichtige Beschäftigung nicht stattgefunden hat, können Beiträge nur nach Maßgabe des § 1443 nachentrichtet werden. Die Vorschrift des § 1442 findet aber Anwendung auf den Fall, daß Marken einer zu niedrigen Lohnklasse verwendet waren und durch solche der richtigen Lohnklasse ersetzt werden sollen (vgl. Rev. Entsch. 903, A. N. 1901, S. 407). Sind Marken einer unzuständigen V. Anstalt verwendet, so können sie jederzeit durch solche der zuständigen V. Anstalt ersetzt werden (vgl. Rev. Entsch. 1081, A. N. 1903, S. 549).

Für die Berechnung der Fristen ist der Tag der Beitragsentrichtung maßgebend. Beim Beitragsentrichtungsverfahren nach den §§ 1426 ff., 1439 ist dies der Tag der tatsächlichen Nachverwendung (vgl. Rev. Entsch. 969, A. N. 1902, S. 392), beim Einzugsverfahren der Tag, an welchem der Barbetrag für die Beiträge an die Einzugsstelle gezahlt ist (vgl. Rev. Entsch. 1025, 1026, A. N. 1903, S. 245, 249).

Auch für solche Zeiten versicherungspflichtiger Beschäftigung, die vor Beginn der Fristen dieses Paragraphen liegen, können Beiträge nachentrichtet werden, sofern sie nur innerhalb dieser Fristen nach den Vorschriften der §§ 1428 ff. fällig geworden sind (vgl. Besch. 978, A. N. 1902, S. 399).

Die Fristen des § 1442 sind nicht Verjährungs- sondern Ausschlußfristen; eine Unterbrechung findet daher nicht statt. Dagegen wird die Zeit einer Beitrags- oder Rentenstreitigkeit in diese Fristen nicht eingerechnet (§ 1444 Abs. 2).

Während nach dem IVG. die vierjährige Ausschlußfrist nur dann galt, wenn keinen der Beteiligten an der verspäteten Beitragsleistung ein Verschulden traf, ist jetzt die Nachentrichtung von Pflichtbeiträgen für vier Jahre schon dann zulässig, wenn der Versicherte die Verspätung nicht verschuldet hat. Dies beruht auf einem Beschlusse der Kommission (Kom. Ber. 4. Teil, S. 189 ff.).

Auch die Vorschrift des Abs. 2 ist auf einen Beschluß der Kommission zurückzuführen.

Die Fristen des § 1442 sind zwingender Natur; sie können daher von der V. Anstalt nicht verlängert werden (vgl. Rev. Entsch. 1176, A. N. 1904, S. 630).

Die Vorschrift findet auch beim Einzugsverfahren (§§ 1447 ff.) Anwendung.

Nachentrichtung von freiwilligen und über die gesetzliche Lohnklasse hinausgehenden Beiträgen.

§ 1443. Freiwillige Beiträge und Beiträge über die gesetzliche Lohnklasse hinaus dürfen für mehr als ein Jahr zurück nicht entrichtet werden, ebensowenig nach Eintritt dauernder oder vorübergehender Invalidität oder für die weitere Invalidität.

Vgl. § 146 Satz 2 IVG.

Es handelt sich hier um die auf freiwilliger Versicherung (§§ 1243, 1244) beruhende Nachentrichtung von Beiträgen sowie um die ihr bei der Pflichtversicherung gleichzuachtende Nachentrichtung von Beiträgen über die gesetzliche Lohnklasse hinaus.

Nach dem Erlöschen der Anwartschaft ist eine freiwillige Beitragsleistung für die Vergangenheit unzulässig, es sei denn, daß vermöge der in den Grenzen des § 1442 nachentrichteten Beiträge die Anwartschaft erhalten sein würde (vgl. Rev. Entsch. 1045, A. N. 1903, S. 371). Aber auch in letzterem Falle können sie für die abgelaufene Anwartschaftsfrist nicht mehr angerechnet werden, wenn der Versicherte sie nachweislich erst für die Zeit nach Ablauf der Frist hat verwenden wollen (vgl. Rev. Entsch. 1392, A. N. 1909, S. 461).

Wegen der nachträglichen Anrechnung der in der irrtümlichen Annahme der Versicherungspflicht entrichteten Beiträge für die freiwillige Versicherung vgl. Anm. zu § 1446.

Die von einem Altersrentenbewerber erst nach Vollendung des 70. Lebensjahrs freiwillig entrichteten Beiträge können nur auf die von der Vollendung des 70. Lebensjahrs ab laufende Zeit angerechnet werden (vgl. Rev. Entsch. 820, 1541, A. N. 1900, S. 676, 1911, S. 414).

Die Vorschrift findet auch dann Anwendung, wenn höhere als der gesetzlichen Lohnklasse entsprechende Beiträge nachträglich entrichtet werden sollen, obwohl bereits Pflichtmarken der an sich maßgebenden Lohnklasse verwendet worden sind (vgl. Rev. Entsch. 1359, A. N. 1908, S. 566).

Sind Beiträge einer zu hohen Lohnklasse für eine länger als 1 Jahr zurückliegenden Zeit nachträglich entrichtet worden, so gelten ohne Rücksicht auf Fristen die Beiträge der maßgebenden Lohnklasse als durch die der höheren mitentrichtet (vgl. Rev. Entsch. 1459, A. N. 1910, S. 456).

Die Frist des § 1443 wird vom Tage der tatsächlichen Verwendung der Marken zurückgerechnet.

Die Zeit einer Beitrags- oder Rentenstreitigkeit wird auch in die Frist des § 1443 nicht eingerechnet (§ 1444 Abs. 2).

Verlängerung und Unterbrechung der Fristen der §§ 1442, 1443.

§ 1444. Der Entrichtung der Beiträge im Sinne der §§ 1442, 1443 steht gleich

1. die von einer zuständigen Stelle an den Arbeitgeber gerichtete Mahnung,
2. die Bereiterklärung des Arbeitgebers oder des Versicherten zur Nachentrichtung gegenüber einer solchen Stelle,

wenn demnächst die Beiträge in einer angemessenen Frist entrichtet werden.

Zeiträume, in denen eine Beitragsstreitigkeit (§§ 1459 bis 1461) oder ein Verfahren über einen Anspruch auf Invaliden-, Alters-, Witwen- oder Witwerrente schwebt, werden in die Fristen der §§ 1442, 1443 nicht eingerechnet.

Diese Tatsachen (Abs. 1, 2) unterbrechen auch die Verjährung rückständiger Beiträge (§ 29).

Die Vorschriften dieses Paragraphen sind neu. Sie wollen dem Erlöschen der Anwartschaft nach Möglichkeit in Fällen vorbeugen, in denen es für den Versicherten eine Unbilligkeit bedeuten würde (Abs. 1 und 2), und gleichzeitig für die dadurch den V. Anstalten erwachsende Mehrbelastung einen gewissen Ausgleich schaffen (Abs. 3). Wie in den Fällen des Abs. 1 die Frist zur Nachentrichtung der Beiträge zu bemessen ist, richtet sich nach den Umständen des Einzelfalls.

Am wichtigsten ist die Vorschrift des Abs. 2, indem sie die Fristen der §§ 1442, 1443 um die Zeiträume verlängert, in denen ein Beitragsstreit oder ein Rentenverfahren schwebt. Namentlich in Fällen der letzteren Art kam es nicht selten vor, daß Versicherte, die nach Erfüllung der Wartezeit Ansprüche erhoben und in der Meinung, erwerbsunfähig zu sein, keine Beiträge mehr entrichteten, ihrer Ansprüche verlustig gingen, weil der Beginn der Erwerbsunfähigkeit erst auf einen späteren Zeitpunkt festgestellt wurde und inzwischen die Anwartschaft erloschen war. Solche offenbaren Härten sind nunmehr ausgeschlossen.

Die Vorschrift des Abs. 3 bildet das Korrelat zu den Vorschriften der Abs. 1 und 2. — Im übrigen tritt hier — abweichend von Abs. 1 und 2 — nicht eine Verlängerung der Fristen der §§ 1442, 1443 ein, sondern eine Unterbrechung der

Verjährung des § 29 mit der Wirkung des § 217 BGB. Daraus folgt, daß die bis zur Unterbrechung verstrichene Zeit nicht in Betracht kommt und daß nach Beendigung der Unterbrechung eine neue Verjährung beginnt. —

Vermutung für Gültigkeit der Markenverwendung. Anerkennung durch die V. Anstalt.

§ 1445. Sind die Marken einer richtig ausgestellten und rechtzeitig zum Umtausch eingereichten Quittungskarte ordnungsmäßig verwendet, so wird vermutet, daß während der belegten Beitragswochen ein Versicherungsverhältnis bestanden hat. Dies gilt nicht, wenn die Marken über einen Monat nach Fälligkeit der Beiträge, oder für das Kalenderjahr in größerer Zahl eingeklebt sind, als es Beitragswochen hat.

Der Versicherte kann von der Versicherungsanstalt die Feststellung der Gültigkeit der verwendeten Marken verlangen. Hat die Versicherungsanstalt die Versicherungspflicht oder die Versicherungsberechtigung anerkannt, so kann der Rentenanspruch nicht mit der Begründung abgelehnt werden, daß die Marken zu Unrecht verwendet sind.

Nach Ablauf von zehn Jahren seit Aufrechnung der Quittungskarte kann die rechtsgültige Verwendung der in der Aufrechnung bescheinigten Marken nicht mehr angefochten werden, es sei denn, daß der Versicherte oder sein Vertreter oder ein zur Fürsorge für ihn Verpflichteter die Verwendung der Marken in betrügerischer Absicht herbeigeführt hat.

Vgl. § 147 IVG.

Die Vorschrift des Abs. 1 entspricht dem bisherigen Recht, verlangt aber von der Quittungskarte ausdrücklich, daß sie nicht nur richtig ausgestellt, sondern auch rechtzeitig zum Umtausch eingereicht ist. Dasselbe wurde übrigens in der Praxis trotz Fehlens einer ausdrücklichen Bestimmung auch unter der Herrschaft des IVG. verlangt (vgl. Rev. Entsch. 981, A. N. 1902, S. 474).

Beim Einzugsverfahren beginnt die Monatsfrist des Abs. 1, Satz 2 mit den nach § 1453 in Betracht kommenden Terminen (vgl. Besch. 856, A. N. 1900, S. 842).

Die Abs. 2 und 3 sind neu; sie beruhen auf einem Beschlusse der Kommission und sollen die Versicherten mehr als bisher gegen Anfechtungen der Rechtsgültigkeit der für sie verwendeten Marken schützen (Kom. Ber. 4. Teil, S. 192 ff.).

Zu diesem Zwecke beseitigt Abs. 2 den in der Rechtsprechung des RV. Amts aufgestellten und stets festgehaltenen Grundsatz, daß nur in einem den Rentenanspruch festsetzenden förmlichen Bescheide der V. Anstalt ein diese bindendes Anerkenntnis der Versicherungspflicht oder der Versicherungsberechtigung — und zwar auch nur für das gerade in Betracht kommende Verfahren — gefunden werden kann (vgl. Rev. Entsch. 1422, 1423, 1495, A. N. 1909, S. 521, 1910, S. 553). Zweifelhaft kann sein, ob Satz 2 sich nur auf Satz 1 bezieht und ob demgemäß nur ein gegenüber dem Versicherten in dem von diesem gemäß Satz 1 beantragten Feststellungsverfahren erfolgtes Anerkenntnis in Betracht kommt. Der Zusammenhang der beiden Sätze spricht für die Bejahung der Frage, obwohl das Ergebnis nicht befriedigt (vgl. § 1459). Umstellung der Sätze hätte eine freiere Auslegung ermöglicht.

Die Vorschrift des Abs. 3 wird einer vorsichtigen V. Anstalt Anlaß geben, alsbald nach Empfang der aufgerechneten Quittungskarten die Rechtsgültigkeit der Markenverwendung nachzuprüfen, obwohl dadurch unter Umständen eine überflüssige Mehrarbeit entsteht, da nicht alle Versicherten einen Anspruch auf Versicherungsleistungen wirklich erwerben. —

VI. Irrtümlich geleistete Beiträge.

§ 1446. Beiträge, die in der irrtümlichen Annahme der Versicherungspflicht entrichtet worden sind und nicht zurückgefordert werden, gelten als für die Selbstversicherung oder Weiterversicherung entrichtet, wenn das Recht dazu in der Zeit der Entrichtung bestanden hat.

Der Versicherte kann die Beiträge binnen zehn Jahren nach der Entrichtung zurückfordern, wenn ihm nicht schon eine Rente rechtskräftig bewilligt worden ist, und nicht die Verwendung der Marken in betrügerischer Absicht geschehen ist.

Der Arbeitgeber kann die Beiträge nicht mehr zurückfordern, wenn vom Versicherten ihm der Wert seines Anteils erstattet ist oder seit der Entrichtung zwei Jahre verflossen sind.

Vgl. §§ 1243, 1244.

Nach der Rechtsprechung des RV. Amts unter der Herrschaft des IVG. konnten irrtümlich als Pflichtmarken verwendete Beitragsmarken zwar für die freiwillige Weiterversicherung angerechnet werden, wenn nur der Wille bestand, die Marken zum Zwecke der Versicherung überhaupt zu verwenden und der Leistende sein Rückforderungsrecht nicht geltend gemacht hatte (vgl. Rev. Entsch. 1073, 1136, 1137, A. N. 1903, S. 538, 1904, S. 477, 478); dagegen konnten solche Beiträge nicht als auf Grund der Selbstversicherung geleistet angesehen werden, weil angenommen wurde, daß zum Eintritt in die Selbstversicherung ein besonderer, auf diese Versicherungsform gerichteter und regelmäßig durch Verwendung der dafür bestimmten besonderen Quittungskarte (vgl. Anm. zu § 1416) zum Ausdruck kommender Wille erforderlich sei, und daß die Selbstversicherung nachträglich für die Vergangenheit nicht erklärt werden könne (vgl. Rev. Entsch. 1227, A. N. 1905, S. 496). Nach § 1446 Abs. 1 gelten nunmehr alle diese Beiträge, wenn sie nicht zurückgefordert werden, ohne weiteres entweder für die Weiterversicherung oder für die Selbstversicherung, je nachdem das Recht für die eine oder andere Versicherungsform in der Zeit der Beitragsentrichtung bestanden hat. Daneben wird der Grundsatz der Rev. Entsch. 1420 (A. N. 1909, S. 502) weiter zu gelten haben, wonach Beiträge, die für irrtümlich als versicherungspflichtig angesehene Tätigkeiten entrichtet worden sind, in der Regel auf versicherungspflichtige Beschäftigungen, die in die gleichen Beitragswochen fallen, anzurechnen sind. Dies gilt auch, wenn die Beiträge nicht von dem Versicherten selbst, sondern von dem vermeintlich dazu verpflichteten Arbeitgeber entrichtet worden sind (vgl. Rev. Entsch. 1556, A. N. 1911, S. 492).

Die Abs. 2 und 3 bezwecken teils den Schutz der V. Anstalt gegenüber den Rückforderungsrechten der Arbeitgeber oder Versicherten, die die Beiträge geleistet haben, teils den Schutz der Versicherten gegenüber dem Rückforderungsrechte des Arbeitgebers. —

VII. Einziehung der Beiträge.

Nach dem Einzugsverfahren ist die Markenverwendung weder Sache der Arbeitgeber, noch der Versicherten, sondern eine behördliche Einrichtung. Sog. Einzugsstellen beschaffen die Quittungskarten und die Marken, die sie selbständig und ohne Mitwirkung der beteiligten Arbeitgeber oder Versicherten in die Karten einkleben. Die zur Beschaffung der Marken erforderlichen Geldbeträge werden von Amts wegen vom Arbeitgeber eingefordert. Die Kosten der Einzugsstellen trägt im wesentlichen die V. Anstalt; s. jedoch §§ 1449, 1450. Als Einzugsstellen kommen örtliche Hebestellen, oder die für die Krankenversicherung bestehenden Kassen in Betracht; aber auch anderen Stellen kann die Einziehung der Beiträge übertragen werden. Das Einzugsverfahren gilt z. Z. im Königreich Sachsen, in Württemberg, Baden, Großherzogtum Hessen, in Thüringen, Braunschweig und in den Hansestädten. An den bisherigen Vorschriften über das Einzugsverfahren hat die RVO. — abgesehen von den bei den §§ 1447, 1449, 1451 zu erwähnenden Abweichungen — sachlich nichts geändert.

Anordnung der Einziehung.

§ 1447. Die oberste Verwaltungsbehörde kann nach Anhören der Versicherungsanstalt anordnen, daß Krankenkassen, Knappschaftsvereine oder Knappschaftskassen, andere Stellen, die sie bezeichnet, oder örtliche Hebestellen der Versicherungsanstalt für deren Rechnung die Beiträge aller oder einzelner Gruppen der Versicherungspflichtigen einziehen. Sie kann dabei die Pflicht zur Meldung der Versicherten regeln.

Das Gleiche kann die Versicherungsanstalt selbst mit Genehmigung der obersten Verwaltungsbehörde durch ihre Satzung, ferner eine Gemeinde oder ein Gemeindeverband mit Genehmigung der höheren Verwaltungsbehörde nach Anhören der Anstalt durch Statut bestimmen.

Vgl. § 148 Abs. 1 IVG.

Die Vorschrift bestimmt die Stellen, denen das Recht zusteht, das Einzugsverfahren anzuordnen oder einzuführen. Neu ist, daß eine Gemeinde oder ein Gemeindeverband das Einzugsverfahren nunmehr erst nach Anhörung der V. Anstalt einführen kann, und daß auch die oberste Verwaltungsbehörde vor Anordnung des Einzugsverfahrens erst die V. Anstalt hören muß.

Die Anordnung kann nach § 1456 auch durch die Satzung einer Krankenkasse oder durch die vorgesetzte Dienstbehörde der Krankenkasse eines Reichs- oder Staatsbetriebs für die Kassenmitglieder getroffen werden.

Wer den gemäß Abs. 1, Satz 2 erlassenen Meldevorschriften zuwiderhandelt, kann nach § 1489 bestraft werden.

Das Einzugsverfahren kann nur für die Pflichtversicherung vorgeschrieben werden, für die freiwillige Versicherung dagegen nicht (§ 1452); auch nicht für die freiwillige Zusatzversicherung (§§ 1472 ff.).

Die Krankenkassen, welchen gemäß § 1447 die Einziehung der Beiträge übertragen ist, sind insoweit Organe der V. Anstalt, unterliegen aber der Aufsicht der Kassenaufsichtsbehörde (Urteil des Preuß. OVG. v. 20. Februar 1908, A. N. 1908, S. 648 ff.).

Errichtung örtlicher Hebestellen.

§ 1448. Werden örtliche Hebestellen angeordnet, so muß sie die Anstalt auf eigene Kosten und da errichten, wo es die höhere Verwaltungsbehörde bestimmt.

Vgl. § 148 Abs. 2 IVG.

Die V. Anstalt trägt die Kosten der örtlichen Hebestellen allein. Diese Hebestellen sind Organe der V. Anstalt.

Entschädigung der Einzugsstellen durch die V. Anstalt.

§ 1449. Die Versicherungsanstalt hat den Einzugsstellen eine Vergütung zu gewähren; falls die Beteiligten sich nicht einigen, setzt sie die oberste Verwaltungsbehörde fest.

Vgl. § 148 Abs. 3 IVG.

Die Vorschrift findet nur Anwendung, wenn die Einziehung der Beiträge nicht durch örtliche Hebestellen der V. Anstalt stattfindet (§ 1448), sondern anderen Stellen übertragen ist; letzteren zahlt die V. Anstalt eine Vergütung. Im Falle des § 1456 findet die Vorschrift keine Anwendung.

Während die oberste Verwaltungsbehörde die Vergütung bisher allgemein festzusetzen hatte, hat sie dies nunmehr nur dann zu tun, wenn die Beteiligten sich nicht einigen. Diese Änderung beruht auf einem Beschlusse der Kommission.

Einziehung der Krankenversicherungsbeiträge durch örtliche Hebestellen.

§ 1450. Die oberste Verwaltungsbehörde kann mit Zustimmung der Krankenkasse die Beiträge auch für diese von den örtlichen Hebestellen einziehen lassen. Die Kasse übernimmt einen Teil der Kosten. Das Nähere bestimmt die oberste Verwaltungsbehörde nach Anhören der beteiligten Versicherungsanstalten und Krankenkassen.

Vgl. § 148 Abs. 4 IVG.

Diese Vorschrift steht im Zusammenhange mit den Bestimmungen, wonach umgekehrt den Organen der Krankenversicherung die Einziehung der Beiträge zur Invaliden- und Hinterbliebenenversicherung übertragen werden kann (vgl. §§ 1447, 1456), setzt aber das Einverständnis der in Betracht kommenden Krankenkassen voraus.

Regelung der Befugnisse der V. Anstalt gegenüber den nicht von ihr eingerichteten Einzugsstellen.

§ 1451. Die oberste Verwaltungsbehörde regelt die Befugnisse der Versicherungsanstalt gegenüber den nicht von dieser selbst eingerichteten Einzugsstellen.

Vgl. § 148 Abs. 5 IVG.

Eine solche Regelung ist nunmehr gesetzlich vorgeschrieben, während sie nach dem IVG. in das Ermessen der obersten Verwaltungsbehörde gestellt war. Für Preußen war sie erfolgt in der Anweisung der Minister für Handel und Gewerbe und des Innern vom 5. Juni 1903 (Mbl. f. H. u. G. S. 217). Die neuen Regelungen stehen noch aus.

Ausschluß des Einzugsverfahrens für die freiwillige Versicherung.

§ 1452. Für die freiwillige Versicherung kann die Einziehung der Beiträge nicht vorgeschrieben werden.

Vgl. § 148 Abs. 6 IVG.

Es ist zulässig, daß ein Versicherter die Geschäfte der freiwilligen Versicherung den Einzugsstellen überträgt. Alsdann gelten diese aber lediglich als Bevollmächtigte des Versicherten (vgl. Rev. Entsch. 1396, A. N. 1909, S. 464).

Verfahren der Einzugsstellen.

§ 1453. Die oberste Verwaltungsbehörde kann das Verfahren bei Einziehung, Verwendung und Verrechnung der Beiträge näher regeln.

Die Beiträge werden in der Regel zugleich mit denen der Krankenkasse an deren Fälligkeitstag eingezogen.

Für Versicherte, von denen die Krankenkasse keine Beiträge einzieht, bestimmt die Einzugsstelle den Tag. Für die eingezogenen Beiträge werden Marken in die Quittungskarte eingeklebt. § 1414 ist entsprechend anzuwenden.

Vgl. § 149 IVG.

Soweit die oberste Verwaltungsbehörde nach Abs. 1 nichts anderes bestimmt, gelten die Vorschriften des Abs. 2.

Abs. 2, Satz 1 hat den Sinn, daß die Beiträge zur Invaliden- und Hinterbliebenenversicherung an den für die Krankenversicherung geltenden Fälligkeitstagen (§ 393) gleichfalls fällig sind, ohne Rücksicht darauf, ob sie nach den sonstigen Bestimmungen des 4. Buches dann fällig waren.

Die gemäß Abs. 2, Satz 3 erforderliche Einklebung der Marken in die Quittungskarte hat hier nicht die Bedeutung der Beitragsentrichtung, sondern eines Kontroll- und Beweismittels (vgl. Rev. Entsch. 1025, A. N. 1903 S. 245). Die Beitragsentrichtung selbst erfolgt hier vollwirksam mit der Zahlung des dem Markenwerte entsprechenden Geldbetrags an die Einzugsstelle, sodaß eine nachträgliche Beitragsentrichtung im Sinne des § 1442 nicht vorliegt, wenn die Markenbeschaffung und -Verwendung verspätet stattfindet (vgl. auch Rev. Entsch. 1026, A. N. 1903 S. 249).

Beitragsentrichtung durch die Arbeitgeber im Einzugsverfahren.

§ 1454. Auch wo das Einzugsverfahren angeordnet ist, kann die oberste Verwaltungsbehörde oder der Vorstand der Versicherungsanstalt einzelnen Arbeitgebern gestatten, die Beiträge durch Verwendung von Marken nach den §§ 1426 bis 1430 selbst zu entrichten. Die Verfügungen sind der Einzugsstelle mitzuteilen.

Auch Reichs-, Staats- und Gemeindebehörden können sich von dem Einzugsverfahren ausschließen. Es wird der Versicherungsanstalt und der Einzugsstelle mitgeteilt.

Vgl. § 150 IVG.

Die Beitragsentrichtung durch die Versicherten selbst ist im Einzugsverfahren unzulässig.

Ausstellung und Umtausch der Quittungskarten durch die Einzugstellen. Entrichtung der Beiträge für unständig Beschäftigte.

§ 1455. Die oberste Verwaltungsbehörde kann anordnen, daß

1. Krankenkassen, Knappschaftsvereine oder Knappschaftskassen oder örtliche Hebestellen der Versicherungsanstalten die Quittungskarten ausstellen und umtauschen,
2. unständig Beschäftigte (§ 441) ihre Beitragshälfte unmittelbar entrichten, die andere der Gemeindeverband oder die Gemeinde auslegt und der Arbeitgeber erstattet; auch kann die entsprechende Anwendung der §§ 453 ff. angeordnet werden.

Die Versicherungsanstalt hat dafür den bezeichneten Stellen besondere Vergütungen zu gewähren, deren Höhe die oberste Verwaltungsbehörde festsetzt.

Vgl. § 151 IVG.

Die Vorschrift des Abs. 1, Nr. 2 beruht insoweit, als danach die entsprechende Anwendung der §§ 453 ff. über die Einziehung und Entrichtung der Krankenversicherungsbeiträge für unständig Beschäftigte angeordnet werden kann, auf einem Kommissionsbeschlusse.

Einführung des Einzugsverfahrens durch Satzung oder Dienstanweisung.

§ 1456. Für die Mitglieder einer Krankenkasse kann ihre Satzung, für die Mitglieder der Krankenkasse eines Reichs- oder Staatsbetriebs können die zuständigen Dienstbehörden das Einzugsverfahren anordnen und der Kasse die Ausstellung und den Umtausch der Quittungskarten übertragen.

§ 1449 ist nicht anzuwenden.

Vgl. § 152 IVG.

Die Vorschrift bildet eine Ergänzung zu § 1447, § 1455 Abs. 1, Ziffer 1 (vgl. auch § 1450 und Anm. dazu).

Abs. 2 ist neu, entspricht aber der in der Praxis bisher vertretenen Auffassung (vgl. Besch. 16, A. N. 1891, S. 127).

Hinterlegung der Quittungskarte bei der Einzugsstelle.

§ 1457. Solange jemand im Bezirk einer Einzugsstelle versichert ist, kann er bei ihr seine Quittungskarte hinterlegen.

Die oberste Verwaltungsbehörde kann im Einvernehmen mit der Versicherungsanstalt die Hinterlegung vorschreiben. Das Versicherungsamt kann dann den Versicherten durch Geldstrafe bis zu zehn Mark dazu anhalten.

Vgl. § 153 IVG.

Sobald der Versicherte seine Beschäftigung im Bezirke der Einzugsstelle aufgibt, ist ihm die Quittungskarte zurückzugeben.

VIII. Abrundung.

§ 1458. Ergibt die Abrechnung zwischen Arbeitgebern und Versicherten Bruchteile von Pfennigen, so wird der Beitragsanteil der Arbeitgeber auf volle Pfennig aufgerundet, der der Versicherten nach unten auf volle Pfennig abgerundet.

Vgl. § 154 IVG.

Diese Vorschrift findet in den Fällen der §§ 1432, 1439, 1441 Anwendung.

Über Abrundung der Rentenbeträge vgl. § 1297.

IX. Beitragsstreitigkeiten.

Streit über die Beitragsleistung überhaupt.

§ 1459. Bei Streit über die Beitragsleistung entscheidet, wenn er nicht bei der Rentenfestsetzung hervortritt, das Versicherungsamt und auf Beschwerde endgültig das Oberversicherungsamt. Diese Behörden sind an die amtlich veröffentlichten grundsätzlichen Entscheidungen des Reichsversicherungsamts gebunden.

Handelt es sich um eine noch nicht feststehende Auslegung gesetzlicher Vorschriften von grundsätzlicher Bedeutung, so gibt das Oberversicherungsamt die Sache unter Begründung seiner eigenen Ansicht an das Reichsversicherungsamt ab, wenn es der Beschwerdeführer innerhalb der Beschwerdefrist beantragt hat. Auch andere Beteiligte können diesen Antrag binnen einer Woche stellen, nachdem sie die Gelegenheit sich zu äußern erhalten haben. Das Reichsversicherungsamt entscheidet in diesen Fällen statt des Oberversicherungsamts.

Vgl. § 155 IVG.

Die Vorschrift regelt das Beitragsstreitverfahren unter Beibehaltung der Hauptgrundgedanken des § 155 IVG.

Gegenstand dieses Verfahrens können alle aus Anlaß der Beitragsentrichtung möglichen Streitigkeiten sein, soweit nicht die Vorschriften der §§ 1460, 1461 in Betracht kommen. Dabei kann es sich sowohl um Beiträge, die erst entrichtet werden sollen, als auch um solche handeln, die schon entrichtet sind, deren Gültigkeit aber bestritten wird.

Aktiv und passiv legitimiert in diesem Verfahren ist jeder, der an der Beitragsleistung beteiligt ist.

Zur Entscheidung ist jetzt in erster Reihe an Stelle der unteren Verwaltungsbehörde das V. Amt und auf Beschwerde an Stelle der höheren Verwaltungsbehörde das OV. Amt zuständig. Diese Behörden sind — wie bisher — an die grundsätzlichen Entscheidungen des RV. Amts (nicht auch der LV. Ämter) gebunden, nur kommen jetzt nach einem Beschlusse der Kommission in 2. Lesung dabei lediglich die amtlich (d. i. in den Amtlichen Nachrichten) veröffentlichten grundsätzlichen Entscheidungen des RV. Amts in Betracht.

Wie bisher die höhere Verwaltungsbehörde, so entscheidet jetzt das OV. Amt in der Regel endgültig. In Fragen von grundsätzlicher Bedeutung kann auch jetzt die Entscheidung des RV. Amts herbeigeführt werden. Dabei ist einmal gegenüber dem § 155 IVG., dessen Fassung Zweifel zuließ, klargestellt worden, daß nur solche Streifälle an das RV. Amt gebracht werden dürfen, in denen es sich um eine noch nicht feststehende Auslegung gesetzlicher Vorschriften von grundsätzlicher Bedeutung handelt. Sodann ist das Recht zur Herbeiführung einer solchen Entscheidung, das bisher auf die V. Anstalten beschränkt war, auf alle am Streitverfahren Beteiligten ausgedehnt worden. Dabei sind die Antragsfristen verschieden, je nachdem es sich um den Beschwerdeführer oder um andere Beteiligte handelt.

Im übrigen ist für die Einheitlichkeit in der Entscheidung von grundsätzlichen Fragen beim Spruchverfahren durch die Vorschriften des § 1693 und beim Beschlußverfahren durch die Vorschrift des § 1799 gesorgt.

Die gemäß § 1459 ergangenen Entscheidungen sind für die Instanzen im Spruchverfahren, wenn dieses später eingeleitet ist, bindend, soweit es sich um dieselben Personen und um dieselben Verhältnisse (Beschäftigung, Gesundheitszustand usw.) handelt.

Auf Sonderanstalten finden die Vorschriften des § 1459 keine Anwendung.

Streit zwischen V. Anstalten über den Anspruch auf Beiträge.

§ 1460. Ist es streitig, an welche von mehreren Versicherungsanstalten Beiträge für bestimmte Personen zu entrichten sind, so entscheidet auf Antrag das Reichsversicherungsamt oder das Landesversicherungsamt (§ 1382).

Vgl. § 156 IVG.

An die Stelle des RV. Amts tritt das LV. Amt, wenn die beteiligten V. Anstalten ihm unterstellt sind. Z. Z. hat nur Bayern ein LV. Amt, dem mehrere V. Anstalten unterstehen. Die Vorschrift gilt auch für Sonderanstalten (vgl. § 1372 Nr. 18).

Streit zwischen Arbeitgeber und -nehmer, der nicht unter § 1459 fällt.

§ 1461. Allen anderen Streit zwischen Arbeitgebern und Arbeitnehmern über Berechnung und Anrechnung, Erstattung und Ersatz der Beiträge (§ 1426 Abs. 2, §§ 1432 bis 1435, 1437, 1439, 1441) entscheidet das Versicherungsamt endgültig.

Vgl. § 157 IVG.

An die Stelle der unteren Verwaltungsbehörde ist nunmehr das V. Amt getreten.

Hier handelt es sich im Gegensatz zu den §§ 1459, 1460 um Fragen von untergeordneter Bedeutung. Erstreckt sich der Streit aber auch auf Fragen der im § 1459 erwähnten Art, so ist nach dessen Vorschrift zu verfahren.

Berichtigung der Beitragsleistung.

§ 1462. Ist der Streit endgültig entschieden, so sorgt das Versicherungsamt dafür, daß zu wenig erhobene Beiträge nachträglich durch Marken gedeckt werden. Zuviel erhobene, die noch zurückgefordert werden können (§ 1446), zieht es von der Versicherungsanstalt auf Antrag wieder ein und zahlt sie den Beteiligten zurück. Die Marken werden vernichtet und die Aufrechnungen berichtigt.

Vernichtete Marken, die von einer unzuständigen Versicherungsanstalt stammten, müssen durch die der zuständigen ersetzt werden. Ihr Betrag wird der Ausgabeanstalt abgefordert und an die Beteiligten ausgezahlt.

Vgl. § 158 Abs. 1, 2 IVG.

Die Beteiligten im Sinne dieser Vorschrift sind die Arbeitgeber und Versicherten, welche Aufwendungen für die Beitragsentrichtung gemacht haben.

Zu wenig (zu viel) erhobene Beiträge sind auch Beiträge einer zu niedrigen (zu hohen) Lohnklasse. Die Berichtigung hat bei Verwendung von zu wenig Marken oder von Marken einer unzuständigen V. Anstalt von Amtswegen, sonst nur auf Antrag zu erfolgen.

Einziehung der Quittungskarte statt Markenvernichtung.

§ 1463. Statt die Marken zu vernichten, kann das Versicherungsamt die Quittungskarte einziehen und das Gültige auf eine neuausgestellte übertragen lassen.

Vgl. 158 Abs. 3 IVG.
Vgl. § 1421.

Rückzahlung von Beiträgen außerhalb eines Streitfalls.

§ 1464. Wenn die Pflicht oder das Recht zur Versicherung endgültig verneint ist, so erhalten die Beteiligten die noch nicht verfallenen Beiträge auf Antrag zurück. § 1446 wird hierdurch nicht berührt.

Vgl. § 160 IVG.

Diese Vorschrift trifft den Fall, daß außerhalb eines Streitverfahrens nach § 1459 die Versicherungspflicht oder das Versicherungsrecht endgültig verneint ist. Dies kann im Rentenfeststellungsverfahren, aber auch in der Weise geschehen, daß die V. Anstalt die Versicherungspflicht oder das Versicherungsrecht verneint und die Beteiligten sich bei dieser Erklärung beruhigen.

X. Überwachung.

Überwachungspflicht der V. Anstalt. Mitwirkung des V. Amts.

§ 1465. Die Versicherungsanstalten überwachen die rechtzeitige und vollständige Entrichtung der Beiträge. Das Versicherungsamt kann die Versicherungsanstalten mit ihrer Zustimmung und unter Vereinbarung über die Kosten dabei unterstützen.

Vgl. § 161 Abs. 1 IVG.

Neu ist die in Satz 2 vorgesehene Mitwirkung des V. Amts bei der Überwachung, die aber in erster Linie Recht und Pflicht der V. Anstalt bleibt.

Zur Durchführung der Überwachung bedienen die Vorstände der V. Anstalten sich meist besonderer Angestellten (der sog. Kontrolbeamten), die keine öffentlichen Beamten sind, sondern nur als Beauftragte der V. Anstalten zu gelten haben.

Die Vorschrift des § 162 Satz 1 des IVG., daß die durch die Überwachung entstehenden Kosten zu den Verwaltungskosten der V. Anstalt gehören, ist in der RVO. fortgelassen, weil sie nur etwas Selbstverständliches sagt (Begr. S. 432).

Pflichten der Arbeitgeber und Versicherten zur Auskunfterteilung usw.

§ 1466. Die Arbeitgeber haben dem Versicherungsamt und dem Anstaltsvorstande selbst sowie den Beauftragten beider Auskunft zu geben über die Zahl der Beschäftigten, ihren Arbeitsverdienst und die Dauer ihrer Beschäftigung. Sie haben die Geschäftsbücher oder Listen, aus denen diese Tatsachen hervorgehen, während der Betriebszeit an Ort und Stelle vorzulegen. Auch die Versicherten haben über Ort und Dauer ihrer Beschäftigung sowie ihren Arbeitsverdienst Auskunft zu geben.

Beide Gruppen sind verpflichtet, den bezeichneten Behörden und Beauftragten auf Erfordern die Quittungskarten und Bescheinigungen (§ 1419 Abs. 3) zur Prüfung und Berichtigung gegen Empfangschein auszuhändigen.

Das Versicherungsamt kann die Arbeitgeber und die Versicherten durch Geldstrafen bis zu je einhundertundfünfzig Mark zur Erfüllung ihrer Pflichten (Abs. 1, 2) anhalten.

Vgl. § 161 Abs. 2 IVG.
Vgl. §§ 874 ff.

Die Arbeitgeber, die nach dieser Vorschrift, soweit es deren Zweck erheischt, ihre Geschäfts- und Betriebsverhältnisse dem zuständigen Überwachungsbeamten darlegen müssen, bedürfen eines besonderen gesetzlichen Schutzes gegen den Verrat von Geschäfts- und Betriebsgeheimnissen. Diesen Schutz gewähren ihnen die §§ 142 ff. Die danach verhängten Geldstrafen fließen in die Kasse der V. Anstalt; dasselbe gilt von den Geldstrafen, die das V. Amt gemäß § 1466 Abs. 3 auferlegt (vgl. § 146).

Neu ist gegenüber dem IVG., daß auch die Versicherten, die bisher nur über Ort und Dauer ihrer Beschäftigung Auskunft zu erteilen brauchten, zur Angabe ihres Arbeitsverdienstes verpflichtet sind (Abs. 1, Satz 3) und daß dem Überwachungsbeamten nicht nur — wie bisher — die Quittungskarten, sondern auch die Aufrechnungsbescheinigungen auf Verlangen auszuhändigen sind (Abs. 2).

Überwachungsvorschriften.

§ 1467. Die Versicherungsanstalten können mit Genehmigung des Reichsversicherungsamts oder des Landesversicherungsamts (§ 1382) Überwachungsvorschriften erlassen. Diese Behörden können den Erlaß solcher Vorschriften anordnen und, wenn dies ohne Erfolg bleibt, sie selbst erlassen. Der Anstaltsvorstand kann Arbeitgeber und Versicherte zur pünktlichen Befolgung solcher Vorschriften durch Geldstrafen bis zu je einhundertundfünfzig Mark anhalten.

Vgl. § 161 Abs. 3 IVG.

Die Überwachungsvorschriften sollen der Durchführung vollständiger und rechtzeitiger Beitragsentrichtung dienen und können zu diesem Zwecke den Arbeitgebern und Versicherten auch neue im Gesetze selbst nicht vorgesehene Verpflichtungen auferlegen, die aber die Beteiligten nicht unnötig belasten und jedenfalls über die vom Gesetz gezogenen Grenzen (vgl. besonders § 1466 Abs. 1, 2) nicht hinausgehen dürfen.

Überwachungsvorschriften haben bis jetzt 15 von den dem RVA. unterstellten 19 V. Anstalten erlassen.

Belastung der Arbeitgeber mit Überwachungskosten.

§ 1468. Entstehen durch die Überwachung bare Auslagen, so können sie dem Arbeitgeber auferlegt werden, wenn er sie durch Pflichtversäumnis verursacht hat. Auf Beschwerde entscheidet das Oberversicherungsamt endgültig.

Die Kosten werden wie Gemeindeabgaben beigetrieben.

Vgl. § 162 Satz 2 bis 4 IVG.

Vgl. § 887.

Die Beschwerdefrist beträgt einen Monat (§ 128).

Berichtigung der Quittungskarten.

§ 1469. Die Quittungskarten werden nach Einwilligung der Beteiligten oder nach Schluß des Streitverfahrens von den überwachenden Behörden oder Beauftragten oder den Einzugsstellen berichtigt.

Vgl. § 163 IVG.

Die Berichtigung erfolgt durch die hier angegebenen Stellen auf demselben Wege, wie dies im Falle des § 1462 durch das V. Amt geschieht.

Mitwirkung des V. Amts bei Überwachung der Rentenempfänger.

§ 1470. Das Versicherungsamt kann die Versicherungsanstalten mit ihrer Zustimmung und unter Vereinbarung über die Kosten bei der Überwachung der Rentenempfänger unterstützen. Hierüber beschließt der Beschlußausschuß. Lehnt er ab, so beschließt auf Beschwerde das Oberversicherungsamt endgültig.

Die Vorschrift ist neu sowohl hinsichtlich der ausdrücklichen Hervorhebung einer Verpflichtung der V. Anstalt zur Überwachung der Rentenempfänger als auch hinsichtlich der Mitwirkung des V. Amts bei dieser Überwachung.

XI. Besondere Vorschriften.

Besondere Bestimmungen für die Besatzung ausländischer Binnenschiffe.

§ 1471. Der Bundesrat kann die Vorschriften dieses Abschnitts für die Besatzung ausländischer Binnenschiffe durch andere Bestimmungen ersetzen.

Die Vorschrift ist neu. Sie beruht auf einem Beschlusse der Kommission und will den Unzuträglichkeiten begegnen, die sich namentlich im Gebiete der Rheinschiffahrt der Beitragsüberwachung für die Besatzung ausländischer Binnenschiffe entgegengestellt haben. Sie steht insofern im Zusammenhange mit der Vorschrift des § 1232, als es von der Ausgestaltung der hiernach zu erlassenden Bundesratsbestimmungen abhängen wird, ob und inwieweit der Bundesrat von der ihm im § 1471 gegebenen Befugnis Gebrauch machen wird. Bisher galten nach Nr. 7 des Bundesratsbeschlusses v. 27. Dezember 1899 betr. die Befreiung vorübergehender Dienstleistungen von der Versicherungspflicht gemäß § 4 Abs. 1 IVG. (A. N. 1900, S. 181) als nichtversicherungspflichtig die Dienstleistungen des Personals ausländischer Schiffe, die im Binnenschiffahrtsverkehr deutsche Wasserstraßen befahren, wenn diese Schiffe nach der Entscheidung der unteren Verwaltungsbehörde des Beschäftigungsorts im Inland keinen regelmäßigen Verkehr von erheblicher Dauer unterhielten. Ein solcher Verkehr wurde in der Regel angenommen, wenn die Schiffe zehn Wochen im Inlande blieben. Es war aber vielfach unmöglich, bei dem häufigen Wechsel des Aufenthalts dieser Schiffe im Inlande die versicherungspflichtigen Betriebe und Personen mit Sicherheit festzustellen oder bei Beitragsstreitigkeiten noch während des Aufenthalts dieser Schiffe im Inland eine endgültige Entscheidung herbeizuführen und gegen die Beteiligten zur Geltung zu bringen (vgl. Kom. Ber. 4. Teil, S. 200 ff.).

Wegen des Beschäftigungsorts für ausländische Binnenschiffe vgl. § 1331.

Siebenter Abschnitt.

Freiwillige Zusatzversicherung.

Vorbemerkung.

Die freiwillige Zusatzversicherung bildet eine durch die RVO. neu eingeführte Erweiterung der Invalidenversicherung. Sie gibt allen Versicherten — ohne Rücksicht darauf, ob sie versicherungspflichtig oder freiwillig versichert sind — die Möglichkeit, durch freiwillige Leistungen für den Fall und die Dauer der Invalidität (§ 1255 Abs. 2, 3) den Anspruch auf eine Zusatzrente zu ihrer Invalidenrente zu erwerben. Der Gesetzgeber beabsichtigt mit dieser Zusatzversicherung namentlich den selbständigen Gewerbtreibenden entgegenzukommen (Begr.

S. 355 fg., Kom. Ber. 4. Teil, S. 202 fg.). Ihre Ausgestaltung ist eine sehr freie. Eine Wartezeit kommt nicht in Betracht, ein Erlöschen der Anwartschaft findet nicht statt, ebensowenig eine Kürzung der Zusatzrente beim Zusammentreffen mit einer Unfallrente, oder mit anderen Ansprüchen. Auch die Vorschriften über das Ruhen von Renten finden hier keine Anwendung. Die Beiträge zur Zusatzversicherung werden nur von den Versicherten selbst geleistet, und zwar in der Form von sog. Zusatzmarken, die in die für die Invaliden- und Hinterbliebenenversicherung vorhandenen Quittungskarten (§ 1413) zu beliebiger Zeit und in beliebiger Zahl eingeklebt werden. Da die Einnahmen aus der Beitragsleistung für die Zusatzversicherung dem Gemeinvermögen zufließen und die Ausgaben für diese Versicherung einen Teil der Gemeinlast bilden (§ 1478), so können Zusatzmarken jeder beliebigen V. Anstalt verwendet werden (§ 1472). Wegen Berechnung der Zusatzrente vgl. § 1473. Die Zusatzrenten werden wie Invalidenrenten in dem für diese geltenden Verfahren bewilligt und entzogen (vgl. § 1483). Die Feststellungen erfolgen für sich, während die Zahlungen auch zusammen mit den Invalidenrenten erfolgen können.

Verwendung und Wert der Zusatzmarke. Anwartschaft.

§ 1472. Alle Versicherungspflichtigen und alle Versicherungsberechtigten können zu jeder Zeit und in beliebiger Zahl Zusatzmarken einer beliebigen Versicherungsanstalt in die Quittungskarte einkleben. Sie erwerben dadurch Anspruch auf Zusatzrente für den Fall, daß sie invalide werden.

Der Wert der Zusatzmarke beträgt eine Mark.

Die durch Zusatzmarken erworbene Anwartschaft erlischt nicht.

Auch die bei Sonderanstalten Versicherten können Zusatzmarken kleben; nur müssen sie eine Quittungskarte haben, denn die Zusatzversicherung kann nur durch Einkleben von Zusatzmarken in eine Quittungskarte bewirkt werden.

Durch die Verwendung der Zusatzmarken erwirbt der Versicherte eine Anwartschaft auf Zusatzrente nur für den Fall seiner Invalidität. Eine Zusatzrente zur Erhöhung der Altersrente oder der Hinterbliebenenbezüge ist also nicht vorgesehen. Wegen des Begriffs der Invalidität vgl. § 1255. Die durch Zusatzbeiträge erworbene Anwartschaft auf Zusatzrente kann nicht erlöschen, da jeder Zusatzbeitrag als einmalige Einzahlung für den Erwerb eines Rentenanspruchs berechnet ist. Die Zusatzrente ist also auch dann zu zahlen, wenn die Anwartschaft auf die Invalidenrente erloschen ist.

Berechnung der Zusatzrente.

§ 1473. Für jede Zusatzmarke, die der Versicherte eingeklebt hat, erhält er als jährliche Zusatzrente sovielmal zwei Pfennig, als beim Eintritt der Invalidität Jahre seit Verwendung der Zusatzmarke vergangen sind.

Gezählt wird von dem Kalenderjahr, in dem die Quittungskarte aufgerechnet worden ist, bis zu dem, wo die Invalidität eintritt. Der Wert der Zusatzmarken, die danach ausfallen, wird dem Versicherten oder seinen Hinterbliebenen (§ 1302) erstattet.

Die Zusatzrente stellt sich als ein Vielfaches der seit Verwendung jeder einzelnen Zusatzmarke bis zum Eintritt der Invalidität verflossenen Jahre und eines Einheitssatzes von 2 Pf. für jede Zusatzmarke dar. Wer also nach dem in der Begr. S. 355 gewählten Beispiel im Alter von 25 bis 55 Jahren, d. i. während 31 Jahren Monat für Monat je 1 Zusatzmarke geklebt hat und im 56. Lebensjahr invalide wird, erhält eine jährliche Zusatzrente von 496 (d. i. 31 + 30 + 29 + 28 usw. + 1) . 12 . 0,02 M. = 119,04 M., wofür er insgesamt 372 M. eingezahlt hat. Freilich steigt die Rente nur langsam. Wer beispielsweise nur 10 Jahre lang Monat für Monat je 1 Zusatzmarke geklebt hat, bis er invalide wird, erhält für eine Einzahlung von insgesamt 120 M. nur eine jährliche Zusatzrente von 55 (d. i. 10 + 9 + 8 usw. + 1) . 12 . 0,02 M. = 13,20 M.

Da die Höhe der Rente umso geringer ist, je früher die Invalidität eintritt, so ist jede finanzielle Gefahr, die der Eintritt von gesundheitlich nicht einwandfreien Personen in die Versicherung herbeiführen könnte, für die V. Anstalt ausgeschlossen (Begr. S. 356, 433).

Der Renteneinheitssatz von 2 Pf. für jede Beitragseinheit von 1 M. ist vorläufig für 10 Jahre festgesetzt (§ 1480).

Für jede Zusatzmarke, die in einem der nach Abs. 2 nicht mitzuzählenden Kalenderjahre verwendet ist, wird der Wert mit 1 M. erstattet.

Dauer-Entziehung und Verwirkung der Zusatzrente.

§ 1474. Die Zusatzrente wird gezahlt, solange die Invalidität (§ 1255) dauert. Der Bescheid, der die Rente entzieht, wird mit Ablauf des auf die Zustellung folgenden Monats wirksam.

§ 1254 gilt auch für die Zusatzrenten.

Da die Zustzrente eine Leistung für den Fall der Invalidität darstellt, so ist sie folgerichtig auch nur für die Dauer der Invalidität zu zahlen.

Abs. 1, Satz 2 entspricht dem § 1308.

Abs. 2 ordnet ausdrücklich die Anwendbarkeit der Vorschriften über die vorsätzlich oder infolge einer strafbaren Handlung herbeigeführte Invalidität auf die Zusatzrenten an. Dies entsprach schon, wie die Begr. S. 433 ergibt, der Absicht des Entwurfs, ist aber auf Beschluß der Kommission zur Behebung von Zweifeln noch besonders zum Ausdruck gebracht worden.

Vollzahlung der Zusatzrente.

§ 1475. Die Zusatzrente wird stets voll ausgezahlt, und zwar entweder mit der Invalidenrente zusammen oder für sich, monatlich im voraus, jedesmal auf volle fünf Pfennig aufgerundet.

Hierdurch wird insbesondere klargestellt, daß die Zusatzrente nicht berührt wird von den Vorschriften über die Umwandlung von Renten in Sachleistungen (§§ 120, 1275) über das Ruhen der Renten (§§ 1311 ff.), über das Verhältnis zu anderen Ansprüchen (§§ 1321 ff.), über die Beziehungen zwischen Unfallversicherung und Invaliden- und Hinterbliebenenversicherung (§§ 1522 ff.) und über die Beziehungen zu anderen Verpflichteten (§§ 1527 ff.).

Einmalige Abfindungen.

§ 1476. Beträgt die Zusatzrente nicht mehr als sechzig Mark jährlich, so wird auf Antrag eine einmalige Abfindung in Höhe des Kapitalwerts gezahlt.

Geben die Empfänger ihren Wohnsitz im Inland auf, so können sie mit dem Kapitalwert der Zusatzrente abgefunden werden.

Die Berechnung der Kapitalwerte regelt der Bundesrat.

Abs. 1 will verhüten, daß Zusatzrenten in allzu geringfügigen Beträgen gezahlt werden müssen.

Abs. 2 bezieht sich sowohl auf Ausländer als auf Inländer. Es genügt aber nicht, daß der Berechtigte seinen gewöhnlichen Aufenthalt im Auslande nimmt, er muß vielmehr seinen Wohnsitz im Inland aufgeben (vgl. dagegen § 1313 Nr. 1, § 1316). Über „Wohnsitz" vgl. Anm. zu § 1316.

Aus der Natur der Zusatzrente folgt, daß der volle Kapitalwert der Zusatzrente als Abfindung zu gewähren ist. —

Art der Zahlung.

§ 1477. Für die Zahlung der Zusatzrenten und der einmaligen Abfindungen gelten die §§ 1383 bis 1386.

Die Vorschriften über Auszahlung durch die Post finden auch auf die Zahlung der Zusatzrenten und der Abfindungen Anwendung.

Zusatzversicherung und Gemeinvermögen.

§ 1478. Die Einnahmen aus den Zusatzmarken fließen dem Gemeinvermögen zu. Die Ausgaben für Zusatzrenten bilden einen Teil der Gemeinlast.

Für die Verpflichtungen aus der Zusatzversicherung haftet das Gemeinvermögen.

Diese Vorschrift erleichtert die Durchführung der Zusatzversicherung, da sie den Versicherten ermöglicht, frei zu wählen, von welcher V. Anstalt sie Zusatzmarken verwenden wollen (§ 1472).

Übersichten über Zahl und Art der verwendeten Zusatzmarken.

§ 1479. Um die Verbindlichkeiten zu ermitteln, die aus der Zusatzversicherung erwachsen, stellen die Versicherungsanstalten aus den einlaufenden Quittungskarten besondere Übersichten her, die über Zahl und Art der verwendeten Zusatzmarken unterrichten und der Rechnungsstelle als Unterlage dienen.

Diese Übersichten dienen der Rechnungsstelle als Unterlage für die ihr nach § 1480 obliegende Prüfung.

Periodische Prüfung und Festsetzung des Einheitssatzes der Zusatzrente.

§ 1480. Die Rechnungsstelle des Reichsversicherungsamts prüft alle zehn Jahre (§ 1388), wie hoch der Satz der Rente (§ 1473 Abs. 1) sein kann. Danach setzt ihn der Bundesrat für je zehn Jahre fest.

Die Frist von 10 Jahren ist gewählt, um eine Übereinstimmung mit der Frist für die Nachprüfung der Wochenbeiträge (§§ 1388, 1391) herbeizuführen (Kom. Ber. 4. Teil, S. 207).

Verteilung der Leistungen aus der Zusatzversicherung durch die Rechnungsstelle und Abrechnung mit der Post.

§ 1481. Die Leistungen für die Zusatzrente werden ebenso verteilt und erstattet wie die übrigen (§§ 1403 bis 1410).

Vgl. die Anm. zu den §§ 1403 bis 1410.

Ausgabe, Unterscheidungsmerkmale, Gültigkeitsdauer und Entwertung der Zusatzmarken.

§ 1482. Zusatzmarken gibt jede Versicherungsanstalt aus.

Das Reichsversicherungsamt bestimmt ihre Unterscheidungsmerkmale. Es kann ihre Gültigkeitsdauer beschränken. Der Bundesrat bestimmt Näheres über die Entwertung.

Vgl. §§ 1411, 1431 und die Anm. daselbst.

Verfahren bei Feststellung der Zusatzrenten.

§ 1483. Für das Verfahren bei Feststellung der Zusatzrenten sind die Vorschriften entsprechend anzuwenden, die für die Feststellung der Invaliden- und Hinterbliebenenrenten gelten.

Hiernach gelten für die Feststellung der Zusatzrenten die Vorschriften über die Antragstellung (§ 1545), die Anmeldung des Anspruchs (§§ 1613, 1614, 1616), die Vorbereitung der Sache durch das V. Amt (§§ 1617 bis 1629), die Entscheidung des Versicherungsträgers (§§ 1630 bis 1634), die Wiederholung von Anträgen (§ 1635), das Verfahren vor dem OVA. (§§ 1675, 1678, 1679, 1681, 1682, 1684, 1686, 1689, 1690, 1692, 1693), das Verfahren vor dem RVA. [LV. Amt] (§§ 1694, 1696, 1697, 1698, 1707, 1721), die Wiederaufnahme des Verfahrens (§ 1722 bis 1734), die Anfechtung endgültiger Bescheide der Versicherungsträger (§ 1744), die Kosten des Verfahrens (§§ 1802, 1803) und die Gebühren der Rechtsanwälte (§§ 1804, 1805). —

Die Zusatzrente wird stets gesondert von der Invalidenrente festzustellen und zu entziehen sein, was aber nicht ausschließen dürfte, daß dies in einem und demselben Bescheide oder Urteil geschieht. —

Achter Abschnitt.

Schluss- und Strafvorschriften.

I. Krankenkassen.

Allgemeine Gleichstellung der knappschaftlichen Krankenkassen mit den im § 225 genannten Krankenkassen.

§ 1484. Was dieses Buch für Krankenkassen (§ 225) vorschreibt, gilt auch für die knappschaftlichen Krankenkassen.

Vgl. § 166 IVG.

Wo die Ersatzkassen (vgl. §§ 503 ff.) den im § 225 genannten Krankenkassen gleichgestellt sein sollen, ist es in diesem Buche besonders hervorgehoben (vgl. §§ 1271, 1438). Nur im § 1246 Abs. 2, Nr. 1 ist dies unterblieben. Daß aber von dieser Vorschrift die Mitglieder der Ersatzkassen ebenfalls betroffen sind, ist in der Begr. ausgeführt (vgl. die Anm. zu § 1246).

Die Gemeinde-Krankenversicherung und landesrechtliche Einrichtungen ähnlicher Art, wie sie im § 166 IVG. aufgeführt sind, sind für die RVO. in Fortfall gekommen und waren daher auch hier nicht mehr zu erwähnen.

II. Besondere Vorschriften für Seeleute.

Bestimmung der für die Versicherung der Seeleute zuständigen V. Anstalt.

§ 1485. Seeleute (§ 1046 Nr. 1) sind bei der Versicherungsanstalt zu versichern, in deren Bezirke der Heimathafen des Schiffes liegt.

Vgl. § 167 Abs. 1 IVG.

Diese Vorschrift hat nur für den Fall Bedeutung, daß eine alle Betriebe der See-BG. umfassende Sonderanstalt für diese BG. nach den Vorschriften der RVO. (§ 1375 ff.) nicht errichtet werden sollte.

Nach § 480 HGB. ist als Heimathafen des Schiffes derjenige Hafen anzusehen, von dem aus mit dem Schiffe die Seefahrt betrieben wird (vgl. auch Anm. zu § 1108).

Entrichtung der Beiträge für Seeleute.

§ 1486. Die Reeder dürfen die Beiträge für Seeleute nach dem Mannschaftsbedarfe der einzelnen Schiffe entrichten, wie er für ihre Unfallversicherung abgeschätzt ist. Die Versicherungsanstalt bestimmt das Nähere.

Der Bundesrat kann für die Entrichtung der Beiträge ein anderes Verfahren anordnen, als dieses Buch vorschreibt.

Vgl. § 167 Abs. 2 IVG.

Wegen der Abschätzung des Mannschaftsbedarfs bei der Unfallversicherung vgl. § 1148, §§ 1150 bis 1152. Diese Abschätzung erstreckt sich nicht auf die Schiffer (Schiffsführer); vgl. Rev. Entsch. 1150, A. N. 1904, S. 507. —

Auf Grund der dem Abs. 2 entsprechenden Vorschrift des § 167 Abs. 2, Satz 2 IVG. hatte der Bundesrat für die Einziehung von Beiträgen für Seeleute Bestimmungen getroffen, die er aber mit dem Ende des Jahres 1907 wieder außer Kraft gesetzt hat.

Nach § 167 Abs. 4 IVG. konnte der Bundesrat die Obliegenheiten der UVB.en, soweit es sich um Seeleute handelte, den Seemannsämtern übertragen. Er hat aber von dieser Befugnis keinen Gebrauch gemacht, weshalb davon abgesehen worden ist, ihm eine gleiche Befugnis in Bezug auf die V. Ämter zu geben.

Wegen der Rechtsmittelfristen für Seeleute, die sich außerhalb Europas aufhalten, vgl. § 128 Abs. 2; vgl. auch § 129 Abs. 2).

III. Strafvorschriften.

Die allgemeinen Vorschriften über Verbote und Strafen nach der RVO., insbesondere über die Verjährung von Zuwiderhandlungen gegen Strafvorschriften, für welche die Gerichte nicht zuständig sind, ferner über die Beitreibung und Verjährung der nicht gerichtlich erkannten Strafen desgl. die Strafvorschriften zum Schutze der Ausübung von Ehrenämtern und zum Schutze gegen die Offenbarung von Krankheiten und Gebrechen sowie gegen die Offenbarung und Verwertung von Geschäfts- und Betriebsgeheimnissen befinden sich in den §§ 139 bis 148. Sonstige Strafvorschriften enthält das 1. Buch noch in den §§ 18, 19, § 23 Abs. 2, § 31 Abs. 3, § 51 Abs. 1, § 53 Abs. 2, §§ 76, 95. — Hier sind die besonderen Strafvorschriften behandelt, die der ordnungsmäßigen Durchführung der Invaliden- und Hinterbliebenenversicherung dienen sollen. — Die in den §§ 1487 bis 1489, § 1495 Abs. 1, 2 angedrohten Strafen sind sog. Ordnungsstrafen, während die nach den §§ 1490 bis 1492, § 1495 Abs. 3, 4, §§ 1496 bis 1499 zu verhängenden Strafen sog. Kriminalstrafen sind und die §§ 1493, 1494 sich auf beide Strafarten beziehen. Die Ordnungsstrafen werden von den Anstaltsvorständen oder den V. Ämtern, die kriminellen Strafen von den Strafgerichten verhängt. Erstere können, letztere müssen verhängt werden. Erstere sind stets Geldstrafen die nicht, wie die gerichtlichen, in Freiheitsstrafen umgewandelt werden können und, soweit sie für das 4. Buch in Betracht kommen, nicht, wie die gerichtlichen, in die Staatskasse, sondern in die Kasse der V. Anstalten fließen (§ 146), es sei denn, daß sie im Falle des § 1489 der Krankenkasse zukommen. Gegen die Verfügung von Ordnungsstrafen ist die Beschwerde zulässig, über die § 1500 Bestimmung trifft. Im übrigen sind die Ordnungsstrafen entweder solche, die eine Übertretung ahnden, weil sie begangen ist (sog. Kontraventions- oder Vergehensstrafen), oder solche, die eine Handlung oder Unterlassung erzwingen sollen (sog. Exekutiv- oder Zwangsstrafen). Diese werden durch Verfügung angedroht und erst festgesetzt, wenn die Verfügung nicht befolgt wird. Zu der ersteren Gruppe gehören z. B. die Strafvorschriften der §§ 1487 bis 1489, zur letzteren z. B. die Strafvorschriften der §§ 1414 Satz 2, 1438 Abs. 2, Satz 4, 1457 Abs. 2, Satz 2, 1466 Abs. 3, 1467.

Die Strafvorschriften sind gegenüber denjenigen des IVG. teilweise verschärft worden (vgl. §§ 1488, 1489, 1494, 1495 Abs. 2, 1496, 1497, 1499; dagegen § 1492). Strafandrohungen sind auch sonst noch im 4. Buche vorgesehen; vgl. z. B. § 1416 Abs. 2, § 1431.

Auch in den Satzungen der V. Anstalten werden Strafbestimmungen erlassen werden können, soweit dies zur Durchführung der besonderen Satzungsvorschriften erforderlich erscheint und die gesetzlichen Strafbestimmungen nicht anwendbar sind. Denn ein autonomes Strafrecht der V. Anstalten dürfte aus ihrer genossenschaftlichen Natur von selbst folgen und ist auch — wenigstens im IVG. (§ 118 Abs. 1, Satz 1) — vom Gesetzgeber selbst anerkannt worden (vgl. auch Rosin, Recht der Arbeiterversicherung Bd. I, S. 807 ff. sowie für das Gebiet der Unfallversicherung § 680). Im übrigen vgl. über Strafvorschriften die Vorbemerkungen zu den bzgl. Abschnitten des 2. und 3. Buches.

Bestrafung unrichtiger oder der Unterlassung vorgeschriebener Eintragungen.

§ 1487. Nehmen Arbeitgeber in die Nachweise oder Anzeigen, die sie nach den Vorschriften des Gesetzes oder den Bestimmungen der Versicherungsanstalt aufzustellen haben, Eintragungen auf, deren Unrichtigkeit sie kannten oder den Umständen nach kennen mußten, oder unterlassen sie die vorgeschriebenen Eintragungen ganz oder teilweise, so kann der Anstaltsvorstand Geldstrafe bis zu fünfhundert Mark gegen sie verhängen.

Vgl. § 175 IVG.

Die durch diese Vorschrift mit Strafe bedrohten Zuwiderhandlungen werden namentlich bei der Beitragsentrichtung und im Rentenfeststellungsverfahren vorkommen. Neu ist gegenüber dem § 175 IVG., daß auch die Unterlassung vorgeschriebener Eintragungen strafbar ist und daß der Anstaltsvorstand allein die Strafbefugnis hat, während sie früher auch — bis 150 M. — die UVBeh.en und die Vorsitzenden der Rentenstellen hatten. Es ist unter Abänderung des Entwurfs auf Beschluß der Kommission davon abgesehen worden, an Stelle der UV. Beh.en den V. Ämtern diese Befugnis zu geben.

Unterlassung rechtzeitiger und richtiger Beitragsleistung.

§ 1488. Unterlassen es Arbeitgeber, rechtzeitig für ihre versicherungspflichtig Beschäftigten die richtigen Marken zu verwenden oder die Beiträge abzuführen, so kann sie der Anstaltsvorstand mit Geldstrafe bis zu dreihundert Mark belegen. Unabhängig von der Strafe und der Nachholung der Rückstände kann der Vorstand dem Bestraften die Zahlung des Ein- bis Zweifachen dieser Rückstände auferlegen. Der Betrag wird wie Gemeindeabgaben beigetrieben.

Das Gleiche gilt, wenn Arbeitgeber bei Beschäftigung ausländischer Versicherten ihre Pflichten aus § 1233 nicht erfüllen.

Bestreitet der Arbeitgeber seine Beitragspflicht, so ist sie nach § 1459 festzustellen.

Vgl. § 176 IVG.

Die vielfach beobachtete Nachlässigkeit der Arbeitgeber in der Beitragsentrichtung hat den Gesetzgeber veranlaßt, die bisherige Strafvorschrift zu verschärfen. Die Strafgrenze von 300 M. ist zwar beibehalten worden, der nachlässige Arbeitgeber ist aber nicht mehr, wie früher, straffrei, wenn ein anderer Arbeitgeber oder der Versicherte selbst die Marken rechtzeitig verwendet hat. Außerdem kann jetzt dem säumigen Arbeitgeber neben der Strafe die Zahlung des ein- bis zweifachen Betrages der Beitragsrückstände auferlegt werden. Dazu kommt die Nachholung der nicht entrichteten Beiträge selbst.

Die Strafbefugnis ist auch hier wie im § 1487 gegenüber dem Entwurf auf die Anstaltsvorstände beschränkt worden.

Wann die Marken zu verwenden sind, bestimmen die §§ 1428 ff., wann die Beiträge im Einzugsverfahren abzuführen sind, bestimmt § 1453.

Es müssen die richtigen Marken verwendet sein; dazu gehört, daß sie von der zuständigen V. Anstalt (§ 1428 Abs. 1, Satz 2) ausgegeben sind, der ausreichenden Lohnklasse angehören (§§ 1245 ff.) und in richtiger Zahl (§ 1387 Abs. 2) eingeklebt sind.

Unterlassung der Meldepflicht.

§ 1489. Wer seiner Pflicht zuwider Versicherungspflichtige nicht meldet (§ 1447), kann vom Versicherungsamte, falls er vorsätzlich handelt, mit Geldstrafe bis zu dreihundert Mark und, falls er fahrlässig handelt, mit Geldstrafe bis zu einhundert Mark bestraft werden.

Vgl. § 179 IVG.

Die Vorschrift bezieht sich nur auf das Einzugsverfahren (§§ 1447 ff.). Das Gesetz unterscheidet jetzt zwischen vorsätzlicher und fahrlässiger Unterlassung der Meldepflicht und hat in beiden Fällen die Strafgrenze, die bisher nur bis 20 M. ging, erhöht.

Die nach dieser Vorschrift verhängten Strafen fließen, sofern die Meldung für eine Krankenkasse zu erfolgen hatte, dieser zu (vgl. § 146).

Unzulässige Lohnabzüge und Vorenthaltung der Quittungskarte.

§ 1490. Mit Geldstrafe bis zu dreihundert Mark oder mit Haft werden bestraft, wenn nicht nach anderen gesetzlichen Vorschriften härtere Strafe verwirkt ist,

1. Arbeitgeber, die vorsätzlich ihren Beschäftigten höhere Beiträge vom Lohne abziehen, als dieses Gesetz zuläßt,
2. Arbeitgeber, die vorsätzlich der Vorschrift des § 1435 Abs. 1 zuwiderhandeln,
3. Arbeitgeber, die im Falle des § 1435 Abs. 2 Lohnabzüge machen, wenn das Versicherungsamt die Anordnung nach § 398 erlassen hat,
4. Angestellte, die vorsätzlich mehr abziehen, als dieses Gesetz zuläßt,
5. Personen, die dem Berechtigten eine Quittungskarte widerrechtlich vorenthalten.

Vgl. § 181 Nr. 1, 2, 4 IVG.

Diese Vorschrift enthält gegenüber dem IVG. keine sachliche Änderung.

Zuwiderhandlungen nach Nr. 1 bis 4 können insbesondere in ideeller Konkurrenz mit vollendetem oder versuchtem Betruge (§§ 263, 73 StGB.) vorkommen.

Wegen der Lohnabzüge vgl. §§ 1432, 1433 und wegen der Abrundung bei der Abrechnung zwischen Arbeitgeber und Versicherten § 1458.

Durch die Vorschrift zu Nr. 5 wird nicht nur der Arbeitgeber und dessen Angestellter, sondern jeder mit Strafe bedroht, der eine Quittungskarte widerrechtlich vorenthält; im übrigen vgl. zu Nr. 5 § 1425. Die Strafvorschrift der Nr. 5 gilt nicht für die Einzugsstellen (vgl. § 1457).

Auf Haft kann bis zur Höchstdauer von 6 Wochen erkannt werden; ihre Mindestdauer ist ein Tag (§ 18 StGB.). Die Haftstrafe tritt nicht lediglich an die Stelle einer nicht beitreibbaren Geldstrafe, sondern es steht dem Gerichte frei, auf sie allein zu erkennen. — Wird auf Geldstrafe erkannt, so ist, falls sie nicht beitreibbar ist, für je 3 bis 15 M. ein Tag Haft einzusetzen (§ 29 in Verbindung mit § 1 Abs. 2 StGB.).

Verfehlungen der Versicherten aus Anlaß der Selbstentrichtung von Beiträgen.

§ 1491. Mit Geldstrafe bis zu dreihundert Mark oder mit Haft werden bestraft, wenn nicht nach anderen gesetzlichen Vorschriften härtere Strafe verwirkt ist, Versicherte, die vorsätzlich für selbstentrichtete Beiträge vom Arbeitgeber mehr als zulässig oder von mehreren Arbeitgebern den vollen Beitragsteil für dieselbe Woche fordern oder den erhobenen Betrag nicht zur Entrichtung der Beiträge verwenden, oder die Beitragsteile erheben, ohne daß von ihnen die vollen Beiträge entrichtet sind.

Vgl. § 181 Nr. 3 IVG.

Diese Strafvorschrift wird nach der Begr. zu § 181 Nr. 3 IVG. mit Rücksicht auf die Bestimmungen des § 144 Abs. 2 a. a. O. (jetzt § 1439) namentlich dann praktisch, wenn der Arbeitgeber seinen Beitragsanteil dem Versicherten erstattet, ohne daß diesem ein Anspruch darauf nach § 1439 schon zustand. — Nach derselben Begründung ist § 1491 auch dann anzuwenden, wenn Versicherte im Falle gleichzeitiger versicherungspflichtiger Beschäftigung bei mehreren Arbeitgebern, welche die Belastung unter sich geteilt haben (§ 1426 Abs. 2), von diesen zusammen mehr als den zulässigen Beitrag verlangen, oder es unterlassen, die von den einzelnen Arbeitgebern erhobenen zulässigen Beitragsanteile zur Entrichtung des Beitrags zu verwenden.

Defraudation von Beitragsteilen der Versicherten.

§ 1492. Arbeitgeber werden mit Gefängnis bestraft, wenn sie vorsätzlich Beitragsteile, die sie den Beschäftigten vom Lohne abgezogen oder von ihnen erhalten haben, nicht für die Versicherung verwenden.

Daneben kann auf Geldstrafe bis zu dreitausend Mark und Verlust der bürgerlichen Ehrenrechte erkannt werden.

Bei mildernden Umständen kann ausschließlich auf Geldstrafe erkannt werden.

Vgl. § 182 IVG.

Hier wird die Unterlassung der gesetzmäßigen Verwendung der Beitragsteile des Versicherten im Gegensatz zu § 182 Abs. 1 IVG. nicht schlechthin, sondern nur bei Vorsatz des Arbeitgebers unter Strafe gestellt. Die Strafen sind aber dieselben, wie sie § 182 Abs. 2 IVG. für den Fall festsetzte, daß der Arbeitgeber sich oder einem Dritten einen rechtswidrigen Vermögensvorteil verschaffen oder die V. Anstalt oder den Versicherten schädigen wollte. Die RVO. geht nach der Begr. S. 435 davon aus, daß bei Vorsatz auf solche Absichten ohne weiteres geschlossen werden kann; der Abs. 2 des § 182 IVG. ist deshalb weggefallen.

Auf Gefängnis kann bis zur Höchstdauer von 5 Jahren erkannt werden; seine Mindestdauer ist ein Tag (§ 16 StGB.).

Über die Folgen des Verlustes der bürgerlichen Ehrenrechte vgl. §§ 33, 34 StGB.

Anwendung der Strafvorschriften auf gesetzliche Vertreter.

§ 1493. Die gleichen Strafvorschriften gelten

1. wenn eine Aktiengesellschaft, ein Versicherungsverein auf Gegenseitigkeit, eine eingetragene Genossenschaft, eine Innung oder andere juristische Person Arbeitgeber ist, für die Mitglieder des Vorstandes,
2. wenn eine Gesellschaft mit beschränkter Haftung Arbeitgeber ist, für die Geschäftsführer,
3. wenn eine andere Handelsgesellschaft Arbeitgeber ist, für alle persönlich haftenden Gesellschafter, soweit sie von der Vertretung nicht ausgeschlossen sind,

4. für die gesetzlichen Vertreter geschäftsunfähiger und beschränkt geschäftsfähiger Arbeitgeber sowie für die Liquidatoren einer Handelsgesellschaft, eines Versicherungsvereins auf Gegenseitigkeit, einer eingetragenen Genossenschaft, einer Innung oder einer anderen juristischen Person.

Vgl. § 183 IVG.
Vgl. die Anm. zu §§ 536, 912.

Die Vorschrift bezieht sich auf alle Strafbestimmungen der §§ 1487 bis 1492.

Verantwortlichkeit von Angestellten und Haftung der Arbeitgeber neben ihnen.

§ 1494. Der Arbeitgeber darf die Pflichten, die ihm dieses Gesetz oder die Satzung auferlegt, Betriebsleitern, Aufsichtspersonen oder anderen Angestellten seines Betriebs übertragen.

Handeln solche Stellvertreter den Vorschriften zuwider, die den Arbeitgeber mit Strafe bedrohen, so trifft sie die Strafe. Neben ihnen ist der Arbeitgeber strafbar, wenn

1. die Zuwiderhandlung mit seinem Wissen geschehen ist, oder
2. er bei Auswahl und Beaufsichtigung der Stellvertreter nicht die im Verkehr erforderliche Sorgfalt beobachtet hat; in diesem Falle darf gegen den Arbeitgeber auf keine andere Strafe als auf Geldstrafe erkannt werden.

Die Zahlung des Ein- bis Zweifachen der rückständigen Beiträge (§ 1488) kann auch dem Stellvertreter auferlegt werden. Neben ihm haftet für diesen Betrag der Arbeitgeber, falls er nach Abs. 2 bestraft ist.

Vgl. § 177 IVG.
Vgl. die Anm. zu §§ 534, 913.

Die Vorschrift geht über den § 177 IVG. hinaus, weil sie sich nicht auf die bevollmächtigten Leiter der Betriebe beschränkt und die Anzeige ihres Namens und Wohnorts nicht fordert. Sie geht auch insofern weiter als § 177 a. a. O., als sie nicht wie dort auf einzelne, sondern auf alle Strafvorschriften Bezug nimmt, die den Arbeitgeber mit Strafe bedrohen.

Mißbrauch von Quittungskarten.

§ 1495. Wer Quittungskarten mit unzulässigen Eintragungen oder mit besonderen Merkmalen versieht, kann vom Versicherungsamte mit Geldstrafe bis zu zwanzig Mark bestraft werden.

Mit der gleichen Strafe kann bestraft werden, wer in Quittungskarten den Vordruck fälschlich ausfüllt oder die zur Ausfüllung des Vordrucks eingetragenen Worte oder Zahlen verfälscht oder wissentlich eine solche Karte gebraucht.

Wer die Eintragungen, Merkmale oder Fälschungen in der Absicht macht, den Inhaber Arbeitgebern gegenüber kenntlich zu machen, wird mit Geldstrafe bis zu zweitausend Mark oder mit Gefängnis bis zu sechs Monaten bestraft. Bei mildernden Umständen kann statt der Gefängnisstrafe auf Haft erkannt werden.

Eine Verfolgung wegen Urkundenfälschung (§§ 267, 268 des Reichs-Strafgesetzbuchs) tritt nur gegen Personen ein, welche die Fälschung in der Absicht begangen haben, sich oder anderen einen Vermögensvorteil zu verschaffen oder anderen einen Schaden zuzufügen.

Vgl. § 184 IVG.

Die Vorschrift will die Quittungskarten gegen Mißbrauch schützen, und zwar gegenüber jedermann, nicht bloß gegenüber Arbeitgebern und deren Angestellten, sowie gegenüber Versicherten. Sie richtet sich auch nicht nur gegen Personen, die die Quittungskarte aus einem Rechtsgrund in Gewahrsam haben, sondern auch gegen unberechtigte Gewahrsamsinhaber (vgl. Entsch. des Reichsger. in Strafs. Bd. 36, S. 531, abgedruckt in A. N. 1903, S. 556 Nr. 2).

Die in Abs. 1 und 2 angedrohten Strafen sind Ordnungsstrafen, die übrigen sind kriminelle Strafen (vgl. die Vorbem. zu diesem Unterabschnitt).

Abs. 2 geht über § 184 Abs. 1 IVG. insofern hinaus, als nunmehr auch die fälschliche Ausfüllung des Vordrucks von Quittungskarten strafbar ist.

Unzulässig sind alle nicht gesetzlich vorgeschriebenen Eintragungen in Quittungskarten (vgl. darüber § 1424).

Auch wegen der besonderen Merkmale, welche die Quittungskarte nicht enthalten darf, vgl. § 1424.

Abs. 4 der Vorschrift will ungerechtfertigten Härten begegnen, die sich ergeben würden, wenn jede Fälschung in einer Quittungskarte als Urkundenfälschung bestraft werden müßte, was ohne diesen Absatz der Fall wäre, da die Quittungskarte sich nach ihrer Ausstellung als eine öffentliche Urkunde darstellt (vgl. Anm. zu § 1413 und § 267 StGB.).

Markenfälschung und damit zusammenhängende Verfehlungen.

§ 1496. Mit Gefängnis nicht unter drei Monaten, neben dem auf Verlust der bürgerlichen Ehrenrechte erkannt werden kann, wird bestraft, wer Marken fälschlich anfertigt oder verfälscht, um sie als echte zu verwenden, oder wer zu demselben Zwecke falsche Marken sich verschafft, verwendet, feilhält oder in Verkehr bringt.

Vgl. § 187 Abs. 1 IVG.
Vgl. § 275 StGB.

Sachlich ist an der Vorschrift des § 187 Abs. 1 IVG. wenig geändert. Nicht ausdrücklich erwähnt ist der im § 187 Abs. 1 IVG. hervorgehobene Fall, daß jemand echte Marken in der Absicht verfälscht, sie zu einem höheren Werte zu verwenden; er wird aber von dem Wortlaute der Vorschrift offenbar mitbetroffen. Auch insofern dürfte eine sachliche Änderung gegenüber dem IVG. nicht vorliegen, als die Vorschrift unter den strafbaren Handlungen das Verwenden, Feilhalten und Inverkehrbringen der falschen Marken aufzählt, während sich im IVG. die allgemeinere Wendung „wer . . . Gebrauch macht“ findet. Neu aber ist, daß nunmehr auch mit Strafe bedroht wird, wer sich falsche Marken verschafft, um sie als echte zu verwenden; denn diese Handlung wurde von jener Wendung des IVG. nicht miterfaßt.

Durch die Vorschriften der §§ 1496, 1497 wird die Anwendung der §§ 267, 268 StGB. (Urkundenfälschung) sowie des § 263 a. a. O. (Betrug) ausgeschlossen (vgl. Entsch. d. Reichsger. i. Strafs. Bd. 32, S. 116, Bd. 34, S. 259).

Wiederverwendung schon einmal verwendeter Marken und damit zusammenhängende Verfehlungen.

§ 1497. Mit der gleichen Strafe (§ 1496) wird bestraft, wer wissentlich bereits verwendete Marken wieder verwendet oder zur Wiederverwendung sich verschafft, feilhält oder in Verkehr bringt. Bei mildernden Umständen darf auf Geldstrafe bis zu dreihundert Mark oder Haft erkannt werden.

Vgl. § 187 Abs. 2 IVG.
Vgl. § 276 StGB.

Auch hier ist über das IVG. insofern hinausgegangen, als nunmehr bereits die Anschaffung schon einmal verwendeter Marken zum Zwecke der Wiederverwendung mit Strafe bedroht ist. Das Reichsgericht hat freilich in einem Falle eine solche Handlung schon nach § 187 Abs. 2 IVG. für strafbar erklärt, indem es den Ankäufer der Marken als Gehülfen des Veräußerers angesehen hat (vgl. Entsch. d. Reichsger. in Strafs. Bd. 34, S. 273, teilweis abgedruckt in A. N. 1902, S. 401).

Einziehung der Marken in den Fällen der §§ 1496, 1497.

§ 1498. In den Fällen der §§ 1496, 1497 ist zugleich auf Einziehung der Marken zu erkennen, auch wenn sie dem Verurteilten nicht gehören. Das muß auch geschehen, wenn keine bestimmte Person verfolgt oder verurteilt werden kann.

Vgl. § 187 Abs. 3 IVG.
Vgl. §§ 40, 42 StGB.

Unberechtigte Anfertigung usw. von zur Markenherstellung dienlichen Formen oder Abdrücken.

§ 1499. Wer ohne schriftlichen Auftrag einer Versicherungsanstalt oder einer Behörde Stempel, Siegel, Stiche, Platten oder andere Formen, die zur Herstellung von Marken dienen können, oder Abdrücke solcher Formen anfertigt, sich verschafft oder einem anderen als der Versicherungsanstalt oder der Behörde überläßt, wird mit Geldstrafe bis zu einhundertundfünfzig Mark oder mit Haft bestraft.

Neben der Geldstrafe oder Haft kann auf Einziehung der Stempel, Siegel, Stiche, Platten oder Formen erkannt werden, auch wenn sie dem Verurteilten nicht gehören.

Vgl. § 188 IVG.
Zu Abs. 1: Vgl. § 360 Abs. 1 Nr. 4, 5 und Abs. 2 StGB.
Zu Abs. 2: Vgl. § 41 StBG.

Auch diese Vorschrift geht über das IVG. insofern hinaus, als sie die unberechtigte Anschaffung der Formen oder Abdrücke gleichfalls mit Strafe bedroht.

Strafbeschwerde.

§ 1500. Auf Beschwerden gegen Strafverfügungen der Anstaltsvorstände und der Versicherungsämter entscheidet das Oberversicherungsamt (Beschlußkammer) endgültig.

Vgl. § 178 Abs. 1 IVG.
Vgl. § 910 Abs. 1.

Das OV. Amt ist als einheitliche Beschwerdeinstanz an die Stelle der höheren Verwaltungsbehörde und des RVA.s (LV. Amts) getreten.

Die allgemeinen Vorschriften für das Beschlußverfahren enthalten die §§ 1780 ff. Das Nähere wird die gemäß § 35 Abs. 2 zu erlassende Kaiserliche Verordnung regeln.

Alphabetisches Sachregister.

Die Ziffern bedeuten die Seiten.

Druck von Rudolf Vierthaler, Wernigerode.

FSC
www.fsc.org
MIX
Papier | Fördert
gute Waldnutzung
FSC® C083411

Kolibri 360 GmbH
Ferdinand-Jühlke-Straße 7
99095 Erfurt, Deutschland
produktsicherheit@kolibri360.de